PHIL BOSMANS

Leben jeden Tag

PHIL BOSMANS

Leben jeden Tag

EIN JAHRESBEGLEITER

Übertragen und herausgegeben
von Ulrich Schütz

HERDER
FREIBURG · BASEL · WIEN

Umschlaggestaltung: Finken & Bumiller, Stuttgart
Umschlagbild: Paul Klee, Garten in der
tunesischen Europäerkolonie St. Germain, 1914,
213; Aquarell auf Papier; 21,2 x 26,8 cm
Metropolitan Museum of Art, New York

Fotos im Innenteil: Wolfgang Müller, Oberried

Zweite Auflage 2000

Druck und Bindung: Clausen & Bosse, Leck
ISBN 3-451-26715-2

INHALT

VORWORT DES HERAUSGEBERS

Unvergeßlich bleibt die erste Begegnung. Das ist bei einer großen Liebe nicht anders als bei einer langen Freundschaft. Ich begegnete Phil Bosmans zum ersten Mal 1976, im Zusammenhang mit dem Erscheinen seines ersten Buches in deutscher Sprache »Vergiß die Freude nicht«. Er nahm sich viel Zeit und zeigte mir die verschiedenen sozialen Einrichtungen des »Bund ohne Namen« in Antwerpen. Irgendwann einmal beim Autofahren, mitten im Großstadtverkehr, sagte er, der damals in seiner flämischen Heimat schon so bekannt war wie der sprichwörtliche bunte Hund, und das ist es, was mir so unvergeßlich geblieben ist: »So viele leidende, verzweifelte Menschen wenden sich an mich, als ob ich ihre Not wegzaubern könnte. Aber das kann ich nicht. Ich bin nicht der große Wundermann. Ich bin nur ein kleiner Mensch, nur eine kleine Glasscherbe, durch die die Sonne scheint.«

Die Texte, die hier für jeden Tag des Jahres vorgelegt werden, sind wie Sonnenstrahlen, die Licht in das Dunkel des Lebens tragen können – dank »der kleinen Glasscherbe«, durch die hindurch die Liebe leuchtet. Sie haben eine eigene Vorgeschichte. Phil Bosmans hat sie selbst erzählt: »In den sechziger Jahren begann ich mit ›Vitaminen für das Herz‹ auf einem Anrufbeantworter. Ich hatte gehört, daß man am Telefon das Horoskop abhören kann. So etwas wollte ich auch machen – mit einer positiven Botschaft. Ich bekam von der Post eine gut zu merkende Telefonnummer. Ich dachte, das Ganze würde nicht lange gehen, aber es erwies sich als ein Renner.«

Über zwölf Jahre lang hat Phil Bosmans jede Woche einen kurzen, nur drei bis fünf Minuten dauernden Lebensimpuls über das Telefon verbreitet. Auch wenn manche dieser Texte in mehr oder weniger veränderter Form in die späteren Bücher aufgenommen wurden, für das vorliegende Jahreslesebuch wurden sie erstmals umfassend ausgewertet, ausgehend von ihrer ursprünglichen Form. Gerade in ihr zeigt sich die besondere Kunst von Phil Bosmans, mit Menschen ins Gespräch zu kommen, sie voller Sympathie, einleuchtender Überzeugungskraft und nicht selten mit Humor unmittelbar anzusprechen.

»Du hast den Hörer am Ohr. Es ist doch eigentlich phantastisch. Ich sehe dich nicht, ich kenne dich nicht, und doch spreche ich mit dir. Vielleicht hast du dich verwählt und denkst: Laß ihn mal reden, ich brauche ja nichts zu sagen. Vielleicht suchst du etwas und denkst, meine Worte könnten dir weiterhelfen. Wenn du müde bist, am Ende, der Kopf tot wie ein Stück Holz und das Herz ausgebrannt, wenn alle Lichter ausgegangen sind und du nicht mehr siehst, wie es weitergehen soll, wenn du gar nichts mehr siehst – da kann ein Wort, ein Gedanke, ein Bild, eine Erinnerung manchmal wie ein Stern in deiner Nacht aufleuchten. Ja, wir sind hier unten sehr oft am Boden, liegen da wie ein Vogel mit gebrochenen Flügeln. Was kannst du machen, wenn du ganz unten bist? Nach oben schauen! Schau zur Sonne, steh auf! Wenn du das Zuviel an Sorgen und Ballast von dir wirfst, wirst du leichter, und dann geht es. Glaub mir.«

Alle Texte wurden für diese Ausgabe aus dem Niederländischen neu übertragen und entsprechend dem jeweils für einen Tag zur Verfügung stehenden Raum von einer Seite redigiert. Sie fügen sich wie viele einzelne leuchtende Mosaiksteine zu einem umfassenden Bild vom menschlichen Leben zusammen, sie sind wie immer neue Variationen zur Grundmelodie des menschlichen Herzens, sie sind wie lebensnotwendige Vitamine. Die verlieren freilich ihre Wirkung, wenn man zuviel auf einmal zu sich nehmen würde. Das gilt auch für die hier angebotenen Vitamine des Herzens: für jeden Tag ein Text. Möge dieser Jahresbegleiter eine tägliche Hilfe sein, mit Herz zu leben, und das heißt: aus der Liebe und für die Liebe.

JANUAR

Menschen glücklich machen
ist der Traum
glücklicher Menschen

GEMEINSAM IM SELBEN BOOT

Ein neues Jahr. Laßt uns gemeinsam fahren.
Wir sitzen im gleichen Boot. Alle Menschen
wie Brüder und Schwestern im selben Boot.
Menschen, die gemeinsam fahren.
Ein phantastischer Traum. Die Sonne tanzt am Himmel.
Die Fische singen im Meer. Alle Menschen
wie Brüder und Schwestern im gleichen Boot der Welt.
Schwache und Starke. Alle Völker und Rassen.
Mächtige und Machtlose. Arme und Reiche.

Menschen, die gemeinsam fahren
wie Brüder und Schwestern auf dem Meer der Welt,
in derselben Sonne, auf denselben Wellen,
mit Wind, gegen Wind, alle im selben Wetter.
Sie fahren gemeinsam.
Es gibt keine Schwachen und keine Mächtigen mehr,
keine Armen und keine Reichen mehr.
Es wird keiner mehr über Bord geworfen, keiner mehr
im letzten Kellerloch allein gelassen, wo er vor Hunger stirbt.
Es gibt keinen Krieg mehr um die Kommandobrücke.
Auf Deck wird gesungen. Alle sind sicher und geborgen.

Ein phantastischer Traum.
Warum muß ich aufwachen und sehen, wie das Boot
schwer angeschlagen, ohne Orientierung dahintreibt?
Warum höre ich Idealisten und Propheten im Boot
verzweifelt nach Menschen rufen mit einem Herzen?
Wirst du es mit ins Boot bringen: dein eigenes Herz?

1. JANUAR

GIB IHNEN DIE HAND

Ich wünsche von ganzem Herzen ein gutes Jahr.
Ein gutes Jahr für dich und für alle Menschen.
Gib anderen die Hand, auch denen, die schon lange
keinen Händedruck mehr von dir bekommen haben.
Gib ihnen die Hand mit einem Herzen
voller guter und ehrlicher Wünsche,
nicht Wünsche wie von einer schönen Maske,
die sich das häßliche Gesicht des Heuchlers aufsetzt.
Schreib ein Kärtchen, klebe einen Kuß drauf.

Ein neues Jahr beginnt. Mach ein gutes Jahr daraus.
Laß deine Güte und Freundlichkeit spürbar werden
zu Hause, in der Schule, am Arbeitsplatz.
Lege allen Streit bei. Halte die giftige Zunge in Zaum.
Mach deinen Mann, deine Frau, deine Kinder glücklich,
mit Taten, nicht nur mit Worten glücklich,
denn du brauchst ihr Glück, um selbst glücklich zu sein.

Suche niemals das Glück nur für dich allein,
nur in deinen eigenen vier Wänden.
Hilf eine Welt zu schaffen, in der wir uns
nicht nur vertragen, sondern wirklich gern haben,
eine Welt, in der Platz ist für ein Lächeln, für eine Blume,
für ein Herz, für ein Stückchen Himmel auf Erden.

2. JANUAR

ZEIT, UM GLÜCKLICH ZU SEIN

Das neue Jahr soll das glücklichste deines Lebens sein.
Nimm dir Zeit, um glücklich zu sein.
Du bist ein wandelndes Wunder in dieser Welt.
Du bist einmalig, einzigartig, unverwechselbar.
Weißt du das? Warum staunst du nicht,
warum freust du dich nicht, überrascht über dich selbst
und über all die anderen um dich?

Findest du nichts dabei, daß du lebst?
Ist es denn so selbstverständlich, daß du leben darfst,
daß du Zeit bekommst, um zu singen und zu tanzen
und um glücklich zu sein?
Warum denn Zeit damit vergeuden,
nach Geld und Besitz zu jagen?
Warum immer wieder anfangen zu streiten,
warum sich langweilen, warum sich anöden,
warum von einem Vergnügen zum anderen fliehen
und warum schlafen, wenn die Sonne scheint?

Nimm dir ruhig Zeit, um glücklich zu sein.
Zeit ist keine Schnellstraße zwischen Wiege und Grab,
sondern Raum, um in der Sonne zu parken.
Jahre sind keine Kilometer, die man verschlingen muß,
sondern jedes Jahr, auch dieses neue Jahr,
ist eine Gabe aus Gottes Hand, umsonst gegeben.
Und du solltest dann nicht glücklich sein?

3. JANUAR

WIE EINE BESSERE WELT BEGINNT

Wir klagen manchmal über schlechte Zeiten
und über eine harte, unbarmherzige Welt.
Aber klagen hilft nicht.
Die Welt ist nur deshalb schlecht, hart, grausam,
weil die Menschen es sind, die da wohnen.
Über die Erde wird nicht im Himmel
oder in der Hölle entschieden,
sondern einzig durch die Menschen,
die auf der Erde leben – so wie du.
Jeder ist verantwortlich.

Eine bessere Welt fällt nicht vom Himmel.
Eine bessere Welt mußt du selbst bauen.
Nicht mit deinem Geld, deiner Wissenschaft,
deiner Macht oder deiner tollen Position,
sondern mit deinem Herzen, mit deiner Güte,
deiner Freundlichkeit und Hilfsbereitschaft.
Für eine bessere Welt gibt es
nur einen guten Anfang: bei dir selbst!
Löse dich selbst, deine Mitmenschen,
deine ganze Umgebung
aus den Klauen des Egoismus.
Dann wird das neue Jahr für dich
und die Deinen ein Spitzenjahrgang.

4. JANUAR

GLÜCKSELIG

Nimm dir heute mal Zeit. Zeit, um glücklich zu sein!
Dazu mußt du deine Arbeit nicht liegen lassen,
vielleicht nur etwas anders anpacken.
Dazu mußt du nicht ins Ausland reisen,
und du brauchst dazu auch kein Geld.
Glücklich sein. Hier und heute!

Nimm dir Zeit, um glücklich zu sein. Das heißt:
Tu alle Streiterei beiseite, alle kleinen Reibereien.
Versuche mal extra gut zu sein,
extra lieb und extra freundlich.
Dann fällt es anderen nicht schwer, dich gern zu haben.
Versuche für die anderen eine Freude zu sein,
eine Art Gabe, ein tägliches Geschenk.
Dann wirst du erstaunliche Dinge erleben.
Dann wirst du die anderen anders sehen,
und vielleicht werden sie anders, und auch du erlebst sie
als ein Geschenk, als eine echte Gnade.

Lieber Mensch, ich wünsche dir ein glückseliges Jahr.
Selig wirst du sein, wenn du mit wenig zufrieden bist,
wenn du nicht ans Goldene Kalb gefesselt bist
und wenn du in einem Sessel einschlafen kannst.
Selig wirst du sein, wenn du Zeit hast für Dinge,
die kein Geld bringen, wenn du noch Vögel singen hörst,
noch Blumen und Bäume siehst und Sterne am Himmel
und wenn du noch wie ein Kind über alles staunen kannst.
So viel Glückseligkeit wünsche ich dir.

5. JANUAR

KREUZUNGEN UND AMPELN

Du kannst im Leben nicht rückwärts fahren.
Du kannst die Tage nicht rückwärts leben,
um dir so die schönsten Tage zurückzuholen.
Du mußt vorwärts. Tag um Tag, Jahr um Jahr.
Du kannst dich nicht anhalten,
keiner kann dich anhalten.

Es gibt sehr viele Kreuzungen.
Du triffst auf Menschen und Dinge.
Du kannst eine Panne bekommen, es kracht auch mal.
Du stößt mit Menschen zusammen, die wie ein Panzer sind.
Sie gehen nie aus dem Weg. Sie bleiben stur in ihrer Spur.
Sie versperren dir den Weg und können viel Ärger machen.
Es gibt sehr viele Kreuzungen. Achte auf die Ampeln.
Rot, das sind die Stopplichter des Lebens.
Dahinter geht es nicht mehr weiter: hemmungslose Habgier,
eingefleischter Egoismus, krankhafter Neid.
Dahinter hören die Wege auf und fangen die Abgründe an.

Freundlichkeit, Versöhnungswille, Hilfsbereitschaft, Sanftmut:
Damit gehen die Ampeln deines Lebens wieder auf Grün,
damit geht dein Weg wieder weiter. Sei freundlich und liebevoll
im täglichen Umgang mit Menschen und Dingen.
Laß den Motor deines Herzens immer warmlaufen.
Vergiß nicht, daß es dafür nur einen Zündschlüssel gibt,
und das ist die Liebe.

6. JANUAR

WAHRER FORTSCHRITT

Ein neues Jahr hat angefangen.
Wir sind schon mitten drin.
Wir erwarten wieder mal alles von ihm.
Aber merken wir uns gut:
Wohlstand und Glück fallen nicht einfach vom Himmel.
Wohlstand kann aus harter Arbeit wachsen,
aber Glück wächst einzig und allein
aus dem Herzen, aus Güte und Freundlichkeit,
mit einem Wort: aus Nächstenliebe.

Der wahre Fortschritt besteht nicht
in noch mehr Kommunikationstechnik,
noch mehr Biotechnik, Gentechnik, Medizintechnik,
sondern darin, daß Menschen auf Erden
besser, freundlicher, glücklicher werden.
Ohne Nächstenliebe hat Kultur keinen Sinn.
Ohne Nächstenliebe sind wir auch im neuen Jahr
nichts anderes als gutgekleidete Barbaren.
Entreißen wir das neue Jahr
den Klauen des Egoismus.
Nächstenliebe soll zur Mode werden,
zur Mode des neuen Jahres.

7. JANUAR

HOL DIE SONNE HERVOR

Das Leben ist kurz, so kurz. Die Welt ist klein, so klein.
Wir wohnen in demselben Dorf, das Erde heißt.
Unser nächster Nachbar ist der Mond.
Warum sich noch länger verfeinden, noch länger bekämpfen
wegen einem Stück Land, einem Haufen Geld,
einem höheren Posten, einem verletzenden Wort?
Wir wohnen in einem kleinen Dorf, das Erde heißt,
und das ist kein Paradies, wie du weißt.
Ein Jahr beginnt und ist schnell wieder zu Ende.
Die Zeit ist kurz. Mach das Beste daraus.

In diesen Tagen haben wir die anderen überhäuft
mit vielen warmen Wünschen. Aber die werden kalt,
wenn du nicht heute noch beschließt,
jeden Tag etwas für die anderen zu tun. Was?
Hole jeden Tag vom Rest des Jahres »Sonne« für sie hervor.
Sie liegt hinter dem Horizont deines Herzens und wartet:
die Sonne deiner Freundschaft und deiner Güte.
Hol sie hervor. Laß sie nicht untergehen in den Wolken
schlechter Laune, im Nebel der Gleichgültigkeit,
in der Nacht des Mißtrauens. Hol die Sonne hervor
für jeden Menschen, den du in diesem Jahr triffst.
Nimm ihn in dein Leben auf als Geschenk, als Gabe,
als echte Freude. Dann wird das Zusammensein ein Fest.
Und es geht doch um nichts anderes als um das Glück,
um ein Fest in jedem Menschenherzen, auch in deinem.

8. JANUAR

JEDEN TAG NEU ANFANGEN

Fang jeden Tag an als ein neuer Mensch.
Jeder Tag soll wieder dein erster Tag sein,
dein allererster Tag.
Gestern und alle früheren Tage und Jahre
sind vorbei, begraben in der Zeit.
An ihnen kannst du nichts mehr ändern.

Gab es Scherben? Schlepp sie nicht mit dir herum.
Denn sie werden dich Tag um Tag verwunden,
bis du am Ende nicht mehr leben kannst.
Es gibt Scherben, die du in Gottes Händen los wirst.
Es gibt Scherben, die du
mit ehrlicher Vergebung heilen kannst.
Und es gibt Scherben, die du bei aller Liebe
nicht heilen kannst. Die mußt du liegenlassen.

Du mußt jeden Tag neu anfangen.
Das ist die Lebenskunst.
Jeden Tag neu sein wie das Licht der Sonne.
Jeden Morgen aus der Nacht aufstehen.
Jeden Tag neu anfangen
mit Händen voller Hoffnung und Vertrauen.
Aber nicht mit den Scherben von gestern!

9. JANUAR

JUNG BLEIBEN

Kümmere dich im neuen Jahr
nicht nur um deine Frisur, um deine Zähne
und um dein ganzes Äußeres.
Kümmere dich zuallererst
um dein Herz und deinen Geist.
Denn wenn Herz und Geist
nicht hundertprozentig in Ordnung sind,
dann bringt dir das neue Jahr viel Kummer,
und du wirst vorzeitig alt.

Herz und Geist werden am stärksten
durch Egoismus angegriffen und untergraben.
Egoismus macht Menschen einsam,
er läßt sie sehr schnell alt und häßlich aussehen.
Herz und Geist bleiben jung und voller Leben,
wenn wir sie mit Liebe und Freundschaft füllen.
Herz und Geist versauern und verbittern,
wenn in ihnen Neid und Haß wuchern.

Wir bekommen das neue Jahr serviert
in Portionen von vierundzwanzig Stunden.
Nicht alles auf einmal!
Pack ein Stück nach dem anderen an.
Mische jeden Tag etwas Sonne hinein
und ganz viel Liebe.
Dann läuft alles wie geschmiert.

10. JANUAR

KEIN SCHLACHTFELD

Sei vorsichtig mit dem, was du sagst.
Worte sind mächtige Waffen,
die großes Unheil anrichten können.
Nie darf deine Zunge andere bloßstellen,
nie darf dein großer Mund andere fertigmachen.
Nimm es hin, daß andere anders denken,
daß sie anders fühlen und anders reden,
daß vor allem Jüngere anders sind als Ältere.

Hast du jemanden durch deine Äußerungen verletzt,
zu Hause oder bei der Arbeit oder wo auch immer,
dann beeile dich, es wieder gutzumachen.
Ein hartes Wort, ein scharfes Wort kann sehr lange
im Herzen eines anderen schmerzen.

Sei behutsam mit deinen Worten, verständnisvoll.
Worte sollen Licht sein, das zu Wahrheit und Liebe führt.
Worte sollen versöhnen, zusammenbringen,
Frieden machen, Freude wecken.

Wo Worte gnadenlos zur Waffe werden,
stehen sich Feinde gegenüber. Familien, Betriebe,
Schulen, Behörden werden zu Kriegsgebieten,
wo Menschen ihre Mitmenschen quälen.
Unser Leben ist viel zu kurz
und unsere Welt viel zu klein,
um daraus ein Schlachtfeld zu machen.

11. JANUAR

AUFMERKSAM AUF DIE EIGENEN FEHLER

Wer etwas lernen will, braucht einen Lehrmeister.
Auch wer leben lernen will, braucht Lehrmeister.
Aber die Zeit der Meister und Meisterinnen scheint vorbei.
Keiner will sich mehr etwas von anderen
sagen und zeigen lassen. Die Zeiten sind vorbei,
wo es hieß: »Vater oder Mutter weiß es am besten.«
Jetzt wissen es alle besser.

Wir sitzen in Babel. Die Verwirrung ist groß.
Immer mehr Menschen ohne Rückgrat, ohne Antrieb.
Sie kommen mit dem Leben nicht mehr zurecht.
In unzähligen Lebensgemeinschaften geht es schief.
Man spricht dieselbe Sprache, aber man versteht sich nicht.
Dabei ließen sich viele Schwierigkeiten vermeiden.
Grund für viele Mißerfolge im Leben ist
Mangel an Charakter, Selbstbeherrschung, Herzensbildung.

Willst du gut und glücklich leben, dann laß es zu,
wenn du auf deine Fehler aufmerksam gemacht wirst.
Sei froh, wenn dir jemand nicht nach dem Mund redet.
Sei dankbar, wenn dir jemand hilft und den Weg zeigt,
den schweren Weg zur Annahme und Hingabe von dir selbst,
den Weg zur Güte und Versöhnungsbereitschaft,
den Weg zu einem Leben im Dienst an den anderen.

12. JANUAR

MENSCH, ICH HAB' DICH GERN

Du kannst nicht leben ohne Menschen, die dich mögen,
Menschen, die dir von Zeit zu Zeit unaufgefordert
zu verstehen geben: Mensch, ich hab' dich gern.
Das ist von größter Bedeutung in der Ehe.
Das ist eine Lebensnotwendigkeit für ein Kind.
Eine Quelle des Glücks für einen alten Menschen.
Ein Stück Gesundheit für einen kranken Menschen.
Ein stiller Trost für einen einsamen Menschen.
Es müssen nicht teure Aufmerksamkeiten sein.
Geschenke können auch dazu mißbraucht werden,
um Menschen zu betäuben, daß keine Liebe mehr da ist.
Wahre Liebe findet tausend Wege zum Herzen des Mitmenschen,
Wege, auf denen du dich selbst verschenkst, gratis.

Du kannst nicht leben ohne Menschen, die dich mögen.
Sieh mal nach, ob vielleicht in deiner Umgebung,
in deiner nächsten Nähe Menschen in der Kälte stehen,
die ohne deine Liebe nicht leben können.
Du hältst ein Stück von ihrem Glück in deinen Händen.
Wenn du am Grab eines lieben Menschen stehst,
sind es gerade die versäumten Liebeserweise,
die vergessenen Aufmerksamkeiten, die am meisten weh tun.
Der einzige Trost, der weit über die Grenzen des Todes reicht,
ist die Liebe und Geborgenheit,
die du anderen in ihrem Leben gegeben hast.
Das einzige, worum es eigentlich geht:
lieben und glücklich sein.

13. JANUAR

NICHT IM HANDEL

Kennst du die Formel vom Glück?
Sie ist nicht zu kaufen, sonst wären alle Reichen glücklich.
Ich habe oft den Eindruck, daß genau das Gegenteil zutrifft.
Sie ist nicht im Handel, und man kann sie auch nicht
wie eine Pille oder ein Pulver einnehmen.

Ist dir schon aufgefallen, daß die Menschen immer sagen:
»Was würde ich glücklich sein, wenn ich bloß
einen anderen Mann oder eine andere Frau geheiratet hätte;
wenn ich mehr Geld oder ein eigenes Häuschen hätte;
wenn ich weniger mit dem Rheuma zu tun hätte; wenn …«
Selten triffst du einen Menschen, der sagt:
»Was bin ich doch reich, was bin ich doch glücklich!
Ich habe zwei Augen, um so viel Schönes zu sehen.
Zwei Füße, um zu laufen und zu springen.
Ich kann singen und arbeiten, ich kann verliebt sein.
Ich bin im siebenten Himmel.«

Für alles in unserer Welt haben wir eine Formel gefunden,
außer für das Glück. Wäre sie auf Knopfdruck zu bekommen,
dann würden wir sie schon längst haben.
Die Formel des Glücks kommt allein aus dem Herzen.
Aber nur aus einem Herzen, das gegen alles Gewohnte
einfach und ehrlich ist, gütig und den Frieden liebend,
das nicht immer fordert, aber immer bereit ist zu geben.
Geh mal in dein eigenes Herz und schau nach,
was dort deinem Glück im Wege steht.

14. JANUAR

ZU ZWEIT

Wenn du verheiratet bist, geht alles zu zweit.
Immer muß dir bewußt sein: Ich bin zu zweit.
Du mußt zu zweit durch alle guten und schlechten Tage.

Wenn du deine eigenen Wege gehst,
wenn du deine eigenen Pläne schmiedest
und auf den anderen keine Rücksicht nimmst,
bist du ein verkappter Junggeselle.
Wenn du dir zum eigenen Vergnügen
heimlich einen Dritten hereinholst,
wird das Eheband bald eine unerträgliche Kette.
Mit keinen noch so schönen Worten
läßt sich auf Dauer verheimlichen, daß du hier
ein falsches und ein gemeines Spiel treibst.

Du hast kein Recht, ohne den anderen zu leben,
mit dem du vor Gott und den Menschen
für das ganze Leben verbunden bist.
Denke an deinen Hochzeitstag,
als ihr miteinander im siebten Himmel wart.
Damals gab es für dich keine Probleme,
weil du dachtest, alles wäre klar.

Hochzeit ist aber kein Ende, sondern ein großer Anfang.
Glücklich werdet ihr sein, wenn eure Liebe stark genug ist,
euch jeden Tag aufs neue miteinander zu trauen.

15. JANUAR

NOCH HEUTE

Heute mußt du glücklich sein. Heute,
nicht morgen oder übermorgen oder nächstes Jahr.
Willst du ein sicheres Mittel wissen,
um niemals glücklich zu werden?
Dann denke dauernd voller Trauer und Wehmut
an die schönen Tage, die vorbei sind.
Dann warte ewig auf das Glück,
das irgendwann kommen soll.
Bilde dir niemals ein, du würdest erst glücklich sein,
wenn du verheiratet bist, viel Geld hast,
eine schöne Wohnung und eine gute Position.

Wenn du heute nicht glücklich sein kannst,
meine nur nicht, daß morgen ein Wunder passiert.
Hör auf, deinen Kummer von gestern wiederzukäuen,
und mach dir keine unnützen Sorgen wegen morgen.
Du suchst dein Glück zu weit weg,
so wie wir manchmal die Brille suchen,
und dabei sitzt sie auf unserer Nase.

Das wahre Glück ist kein phantastischer Traum,
es ist nicht teuer und nicht weit weg.
Das Glück ist ganz nah,
aber du mußt es erkennen und finden.
Auch heute blühen viele kleine Freuden
ganz in deiner Nähe.
Die Kunst ist nur, sie zu entdecken
und dafür dankbar zu sein.

16. JANUAR

MENSCHEN, DIE EINFACH MENSCH SIND

Versuche täglich neu, einfach ein guter Mensch zu sein.
Einer, der ohne anzugeben, der ohne Theater
gut, freundlich und herzlich zu allen ist,
mit denen er zusammenkommt.
Einer, der seine Schwächen, seine Empfindlichkeit,
seine Begrenztheit kennt, ohne darüber den Mut zu verlieren.
Einer, der sich selbst vergißt und es ertragen kann,
wenn andere ihn vergessen.

Für das Zusammenleben miteinander braucht
unsere Welt heute dringend solche Menschen,
einfach gute Menschen, einfach freundliche Menschen,
die dich im Laden mit einem Lächeln bedienen,
die hinter dem Schalter die Geduld nicht verlieren,
die dich im Verkehr nicht bedrohen und gefährden,
die nicht explodieren, wenn du einen Fehler machst.
Nicht Menschen, die meinen, die Welt ginge unter,
wenn nicht alle nach ihrer Pfeife tanzen.
Nicht Menschen, für die alle Andersdenkenden
nicht ganz normal sind.

Gott, verschone uns vor den Panzertypen, die alles niederwalzen,
vor den Posaunentypen, die alles überdröhnen,
vor den Dickhäutern, die nichts berühren kann.
Gott, gib uns mehr Menschen, die einfach Mensch sind.

17. JANUAR

NEHMEN UND GEBEN

Wie kannst du je glücklich werden, wenn du immer alles
von anderen erwartest und alle Schuld auf andere schiebst?
Leben ist geben und nehmen. Aber anscheinend wird
den Menschen nur beigebracht zu nehmen: Nimm dir,
du kannst das verlangen, du mußt das ausnützen.
Und man kassiert und profitiert, man fordert und nimmt.
Jeder, der dir im Wege steht, wird zum Feind.
Plötzlich steckt du in lauter Auseinandersetzungen,
es gibt Ärger und Krach. Du fühlst dich bedroht.
Überall siehst du Menschen, die dir schlecht wollen.
Und du vergißt, daß du dir deine Feinde selbst gemacht hast.

Glück ist eigentlich nur ein anderes Wort für Frieden,
Zufriedenheit, Freundschaft, Freude.
Diese Dinge fallen dir nicht in den Schoß.
Du kannst sie nicht einfach von anderen verlangen.
Aber du bekommst sie gratis, wenn du selbst freundlich bist,
wenn du Vertrauen zu den Menschen hast, wenn du dich liebevoll
um Menschen kümmerst, wenn du auch in der größten Not,
wie schlimm sie auch sei, an dem Glauben festhältst,
daß einmal alles anders und alles gut wird.

Du mußt immer wieder anfangen, nicht für dich zu nehmen
und für dich Ansprüche zu stellen, sondern zu geben, zu helfen,
andere zu trösten und dich selbst dabei zu vergessen.
Dann wirst du eines Tages spüren, wie eine warme Sonne
in dein armes Menschenherz scheint, und das wird dir gut tun.
Und du wirst glücklich sein.

18. JANUAR

EIN SEGEN FÜR ANDERE

Briefe einer Woche. Eine Witwe schreibt:
»Ich bin total am Ende. Hatte eine Vergangenheit
wie in Groschenromanen. Und jetzt? Verlassen, einsam,
zu nichts nütze. Selbstmordgedanken trösten mich.
Ich habe niemanden. Die ich habe, sind,
wie die Bibel sagt, mit dem goldenen Kalb beschäftigt.«

Ein Mann mit drei Kindern, dessen Frau wegging
mit dem Direktor des Büros, wo sie arbeitete:
»Sie wohnt nun bei ihm und hat alles verlassen.
Es sind nun bereits vier Monate her.
Ich komme nicht darüber hinweg, allein, ohne Kraft.
Und das Schlimmste: daß ich sie immer noch mag.«

Weißt du, daß für immer mehr Menschen das Leben
trotz allen Wohlstands zu einem Golgota wird?
Enttäuscht, betrogen, erniedrigt, verraten, verstoßen,
sehen sie keinen Ausweg mehr.
Warum machen es Menschen einander oft so schwer,
warum fügen sie einander soviel Kummer und Leid zu?
Warum können Menschen füreinander nicht immer
zur Freude, zu einer Gnade werden?

Denk darüber nach und versuche durch deine Güte
ein Segen für andere zu sein, die leiden, die allein sind,
die in ihrer Verlassenheit nach einem Mitmenschen suchen,
nach einer Hand, nach einem Herzen.

19. JANUAR

UNGLÜCKLICHE MACHEN NIEMAND GLÜCKLICH

Du darfst nicht unglücklich sein. Das gefällt mir nicht.
Denn bist du unglücklich, dann machst du auch andere unglücklich.
Jeder Mensch hat manchmal allen Grund, tief bedrückt zu sein.
Einem Menschen, den du gern hast, ist etwas zugestoßen,
er hat eine schwere Enttäuschung erlebt,
ist krank geworden, liegt vielleicht im Sterben.
Sein Leid geht dir sehr nahe, du leidest mit ihm. Mit Recht.

Ganz anders ist es aber, wenn du dir dein Leben sauer machst
wegen der kleinen täglichen Zwischenfälle: eine verpaßte Bahn;
eine zu hoch ausgefallene Rechnung; eine Schramme am Auto;
eine Anerkennung, die ausgeblieben ist; ein hartes Wort,
das dich verletzt hat; eine Einladung, die du nicht erhalten hast;
dein Mann, der dich nicht mehr so leidenschaftlich liebt;
deine Frau, die scheinbar ohne Grund oft so gereizt ist; usw. usw.

Hunderterlei Dinge können dich sehr belasten.
Aber wer nur seinen Ärger sieht, sieht nichts anderes mehr.
Wer ganz in seinen Sorgen aufgeht, geht darin zugrunde.
Dann stürzt du nicht nur dich selbst ins Unglück,
sondern auch deine Angehörigen und alle deine Lieben.
Auf deine ganze Umgebung legt sich ein lähmender Druck.

Das darf nicht sein. Du darfst nicht unglücklich sein.
Denn dann bist du nicht mehr in der Lage,
andere Menschen, wen auch immer, glücklich zu machen.
Und das ist doch deine Lebensaufgabe: glücklich machen.
Nur glückliche Menschen können andere glücklich machen.

20. JANUAR

WIEDER ARM WERDEN

Liebe, fröhliche, gastfreundliche Menschen –
man findet sie nicht mehr so oft.
Bei den Reichen, Übersättigten fast gar nicht mehr.
Sie, die in Sesseln leben, in Luxuslimousinen fahren,
in Traumvillen wohnen, in immer fernere Urlaubsorte reisen,
die verdienen, was sie verlangen,
und die sich kaufen können, wovon sie träumen,
sie sehen oft so ausgebrannt aus, so lebensmüde.
Ein junger Mensch mit glänzender Karriere, Erfolg,
Vermögen, allem, was er sich wünschen kann, sagt mir:
»Ich kann nicht leben, ich mache Schluß, ich habe alles satt.«
Ein wohlsituierter Mann beginnt diese Woche eine Schlafkur.
Psychiater sind offenbar machtlos.

Ich glaube, daß ein Mensch auf alles verzichten muß,
um alles wieder genießen zu können.
Das Herz erlahmt, vertrocknet und verschrumpelt,
wenn es an der Kette von Habgier, Reichtum, Luxus liegt.
Lebst du in der Welt von Geld und Korruption,
dann bist du mit tausend Fesseln gebunden.
Du verlierst deine Spontaneität, deine Lebensfreude.

Werde wieder arm, losgelöst. Werde wieder wie ein Kind.
Mach dich frei von der Sucht, immer mehr zu haben,
immer mehr zu besitzen. Arm sein, das heißt:
das Glück nicht zu erwarten von dem, was du besitzt,
sondern von dem, was du geben kannst,
vom Reichtum deines Herzens.

21. JANUAR

BEI GLÜCKLICHEN MENSCHEN

Schon oft habe ich mich gefragt:
Warum sind manche Menschen glücklich
und andere unglücklich?
Auf der Suche nach den tiefsten Gründen
für das Glück des Menschen
habe ich niemals das Geld gefunden,
den Besitz, den Luxus, das Nichtstun,
das Profitieren, Feiern, Genießen.

Bei glücklichen Menschen fand ich aber immer
spontane Freude an kleinen Dingen, Einfachheit.
Verrückte Begierden sind ihnen fremd.
Sie leben mit der Gewißheit,
einen Grund zum Leben zu haben und ein Ziel.

Bei glücklichen Menschen fand ich
niemals ein rastloses Getriebensein,
ein atemloses Jagen nach dem goldenen Kalb,
niemals den Drang, sich selbst in Szene zu setzen
und sich selbst zu verherrlichen.
Sie sind überdurchschnittlich ehrlich,
offen und unkompliziert.

Glückliche Menschen besitzen
eine gehörige Portion Humor.
Er macht es ihnen möglich zu lachen,
manchmal sogar über ihr eigenes Elend.

22. JANUAR

GEDANKEN VOLLER SONNE

Weißt du, daß dein Glück großenteils
davon abhängt, an was du denkst?
Ist dir noch nie aufgefallen,
das dir der Appetit vergeht,
wenn du mit trüben Gedanken herumläufst?

Denkst du an Unglücke und Schicksalsschläge,
die über dich hereinbrechen könnten,
dann kannst du nicht mehr schlafen.
Die Folgen düsterer Gedanken:
Du bist bedrückt, niedergeschlagen, lebensmüde.
Denke niemals: Ich habe sowieso keine Chance.
Ich werde wieder krank werden.
Mir geht alles daneben. Ich mag nicht mehr.
Ich bin alt. Ich bin arm. Ich bin verloren.
Wenn du so denkst, ziehst du wie ein Magnet
Unglücke und Schicksalsschläge an.

Sorge für gute, frische, optimistische Gedanken,
für Gedanken voller Sonne.
In allen Situationen immer daran denken:
»Und doch scheint die Sonne!«
Gedanken voller Sonne verzehnfachen
deine Verstandeskraft und deine Willensstärke
und machen aus dir einen glücklichen Menschen.

23. JANUAR

NIE DEN MUT VERLIEREN

Du darfst nicht zu schnell den Mut verlieren.
Ich weiß: Manchmal sind
die Schwierigkeiten so erdrückend
und die Rückschläge so niederschmetternd,
daß du keinen Ausweg mehr siehst.
Du weißt nicht mehr ein noch aus.
Alles wird dir zuviel, alles ist dir zuwider.
Und dann wirst du unleidlich und unausstehlich,
besonders für Menschen in deiner Nähe.

Du siehst alles viel schwärzer, als es wirklich ist.
Mutlosigkeit wirkt wie eine Art Lähmung
deines Denkvermögens und deiner Willenskraft.
Das ist äußerst gefährlich.
Es ist die letzte Station vor der Verzweiflung.

Wenn es dann wieder besser geht,
lerne daraus als Erfahrung für die Zukunft:
Nie den Mut verlieren, was auch passiert!
Sieh deine eigenen Schwierigkeiten
immer aus einem gewissen Abstand an,
als wären es die Schwierigkeiten eines anderen.
Dann siehst du alles viel klarer.
Dann entdeckst du wieder Lichtblicke.
Und niemals vergessen:
Hinter allen Wolken ist Sonne.

24. JANUAR

SELBSTGEMACHT

Glücklich sein ist gar nicht so schwer.
Auch nicht, wenn du vielleicht viel Elend erlebst,
wenn du unter Druck stehst und unter der Last
deiner Sorgen und Probleme ganz gebeugt gehst.
Glück kannst du dir nirgends kaufen.
Glück mußt du dir selbst machen, selbst schaffen.

Glück und Unglück sind deine eigenen Kinder,
Kinder deines eigenen Herzens
und Kinder deines eigenen Kopfes.
Wenn du dauernd an Krankheiten denkst,
an Niederlagen, Enttäuschungen, Mißerfolge,
wenn du dir jeden Tag ein paarmal einredest:
»Bei mir geht alles schief«, »Mich hat keiner gern«,
dann baust du zwischen dem Glück und dir eine Mauer.

Fülle deinen Kopf mit optimistischen Gedanken
und dein Herz mit aufrichtiger Nächstenliebe.
Leg eine Liste an mit den Dingen,
die dir Spaß machen, und sei dankbar.
Such dir ein paar Menschen aus,
und sei zu ihnen heute mal besonders nett.
Deine Umgebung, dein Mann, deine Frau, deine Kinder,
deine Nachbarn und Kollegen sollen heute mal
ein frisches, freundliches Gesicht
von dir zu sehen bekommen.
Du wirst merken, wie du Frieden und Freude findest.
Du bist auf dem Weg zum Glück.

25. JANUAR

DREI DINGE VON UNSCHÄTZBAREM WERT

Fordere nicht zu viel vom Leben.
Bremse dein Verlangen, immer mehr zu haben,
deine Sucht nach noch mehr Vergnügen, Genuß und Luxus.
Leben heißt nicht: alles mitnehmen, alles ausnützen.
Wenn du alles haben und alles genießen willst,
wirst du am Ende gar nichts mehr genießen.
Ein Egoist ist nie zufrieden und immer unglücklich.

Glücklich wirst du erst, wenn du mit wenig zufrieden bist,
wenn du dich über den Sonnenschein freuen kannst,
über die Blumen und über das Lachen eines Kindes,
wenn du dich mehr um andere kümmerst
als um dein eigenes kleines Ich.

An manchen großen Menschen bewundern wir
ihre Schlichtheit, Fröhlichkeit und Herzlichkeit.
Das Geheimnis ihrer ansteckenden Freude
und ihrer großen Ausstrahlung auf die Menschen
liegt in ihrer Einfachheit, ihrer Armut und ihrer Güte.
Diese drei Dinge kosten kein Geld
und sind von unschätzbarem Wert.

Lerne also einfach zu sein, bedürfnislos,
nicht anspruchsvoll, sondern zufrieden mit dem, was du hast,
und lerne gut zu sein, denn Güte erobert alle Herzen.
So wird auch dein Herz von Frieden erfüllt,
so wirst auch du glücklich werden.

26. JANUAR

HALTE DAS WORT IN EHREN

Tag für Tag rollt eine Lawine von Wörtern über uns hinweg.
Wörter fallen uns an aus Plakaten und Prospekten,
aus bunten Illustrierten und dicken Büchern.
Sie rauschen uns entgegen aus Radio und Fernsehen.
Das kann kein Mensch verkraften.

Wo finden wir in diesem Urwald die Wahrheit?
Was rettet uns aus diesem endlosen Wirrwarr?
So viele Wörter ohne Inhalt: leer, hohl und sinnlos.
So viele Wörter ohne Liebe: hart, verletzend, verhöhnend.
So viele Wörter aus dem kranken Geist von Menschen,
die dich mit unglaublicher Anmaßung belehren wollen.

Wir leben am Rande eines geistigen Bankrotts.
Es wird ein tödlicher Anschlag verübt auf das Wort,
dieses wunderbare Instrument des menschlichen Geistes.
Das Wort ist der Weg, der von Mensch zu Mensch führt,
von Herz zu Herz. Aber er wird vermint und untergraben.
Trotz allem Gerede über Dialog und Kommunikation
herrscht mehr denn je Kurzschluß zwischen den Menschen.

Halte das Wort in Ehren, geh ehrfürchtig damit um.
Fülle zuerst deinen Geist mit guten Gedanken
und dann erst ergreife das Wort. Und laß niemals
eine gute Gelegenheit vergehen – um zu schweigen.

27. JANUAR

IRRWEG

Was ist das Leben anderes, als gut und freundlich
zu den anderen zu sein. Oder bist du schon so tot,
daß du vergessen hast, zu leben, daß du aus einem Mittel
zum Leben das Ziel deines Lebens gemacht hast?
Es ist doch so: Du mußt arbeiten und Geld verdienen,
um zu leben. Leben ist das Ziel. Glücklich leben.
Aber der folgenschwerste Irrweg unserer Zeit ist,
daß viele Menschen das Mittel zum Ziel machen.
Sie leben, um zu arbeiten, und vor allem,
um Geld zu verdienen, soviel Geld wie möglich.
Und so verstricken sie sich in unlösbare Probleme.
Die Grundlage ihres Lebens ist vollkommen falsch.

Laß dich nicht durch all das Verlockende täuschen,
was dir als Leben gegen Bezahlung angeboten wird.
Das Leben ist doch eigentlich sehr einfach. Wenn du Essen,
Kleidung und Wohnung hast, was willst du dann noch mehr?
Dann brauchst du doch nichts anderes zu tun,
als froh zu sein und andere froh zu machen.
Sei nie neidisch auf jene, die mit dem goldenen Kalb flirten.
Sie sind genauso dumm wie das goldene Kalb.
Wer sich darauf einläßt, sitzt in einem engen Gefängnis.

Vergiß nicht zu leben, heute zu leben.
Denk an die anderen, die du gern haben mußt,
denen du das Beste von dir selbst geben mußt.
Vergiß nicht, daß dir jeder Tag gereicht wird
wie eine Ewigkeit, um glücklich zu sein.

28. JANUAR

LICHT UND WÄRME

Ich weiß wohl, die Botschaft des Evangeliums
erscheint vielen heute in einem trüben Licht.
Die Botschaft Jesu wird verdunkelt und verdächtigt,
manchmal sogar durch Menschen,
die eigentlich dafür leben und kämpfen müßten.
Alle Übel dieser Welt hängen sie dem Christentum an.
Sie sind wie Kellner in einem großen Restaurant.
Der Koch hat ein wunderbares Essen zubereitet,
aber sie servieren nichts anderes als die Abfälle.
Viele moderne Theorien stammen aus dem Kopf,
nicht selten aus einem Wirrkopf.

Wirkliches Christentum kommt aus dem Herzen Gottes
und erfaßt den ganzen Menschen.
Es ist nicht nur Licht für den Verstand,
sondern Licht und Wärme für den ganzen Menschen.

Ich liebe es, weil darin Platz für schwache Menschen ist.
Ich liebe das Evangelium über alles,
weil hier den Armen und Bettlern der erste Platz zusteht.
Für mich ist die Botschaft Jesu nichts anderes
als die volle Entfaltung des Menschen in allen Bereichen,
ein Fest für die Menschen, unter der Bedingung,
daß es nicht auf dem Rücken von anderen gefeiert wird.
Außer dem Evangelium, außer Jesus, der Liebe Gottes,
die Mensch geworden ist, sehe ich keinen Ausweg
aus der Verwirrung der Menschen, keinen einzigen.

29. JANUAR

FRIEDEN MACHEN

Um ein bißchen glücklich zu sein,
ein bißchen Freude auf Erden zu haben,
mußt du dich mit dem Leben versöhnen,
mit deinem eigenen Leben, wie es ist,
jetzt, in diesem Augenblick.

Du mußt Frieden machen mit deiner Arbeit,
mit den Menschen, die um dich sind,
mit ihren Fehlern und Mängeln.
Du mußt froh sein über deinen Mann, deine Frau,
auch wenn du inzwischen weißt,
daß du nicht das reine Ideal gefunden hast.

Du mußt Frieden machen
mit den Grenzen deines Portemonnaies,
mit deinem Gesicht, das du dir nicht ausgesucht hast,
deiner Begabung und deinen Lebensumständen,
auch wenn beim Nachbarn alles viel besser ist.
Versöhne dich mit dem Leben.
Du steckst in deiner Haut.
In einer anderen Haut kannst du
nicht mehr geboren werden.

Suche Frieden mit dir selbst,
mit deinem Schicksal, mit deinen Hausgenossen,
mit allen Mitmenschen und – mit Gott.
Und du wirst Frieden finden,
und eine ganze Portion glücklicher sein.

30. JANUAR

EINE GROSSE KUNST

Ist es denn so schwer, glücklich zu sein?
Warum grübeln, nörgeln, seufzen, knurren, klagen
und ein Gesicht machen wie nach einem Liter Essig?
Warum für nichts anderes Augen haben
als für schlechte Menschen und schreckliche Dinge?
Das Leben ist wie ein halbes Glas guter Wein.
Pessimisten blasen Trübsal, weil das Glas halb leer ist,
während Optimisten glücklich sind, daß es halb voll ist.

Meistens liegt es an dir selbst,
ob du glücklich oder unglücklich bist.
Findest du es nicht phantastisch, leben zu dürfen,
daß wir sprechen können, sehen, singen, hören,
daß wir Hände haben, um zu geben, um zu helfen,
Füße, um zu gehen, und ein Herz, um zu lieben?
Du hättest blind, taub, behindert sein können.
Du hättest unheilbar krank sein können.
Ja, das hätte auch dich wie so viele treffen können.

Denk daran, wenn du mal schlecht drauf bist,
bedrückt, verärgert und ungenießbar
wegen der kleinen alltäglichen Widerwärtigkeiten.
Glücklich sein ist eine große Kunst!

31. JANUAR

FEBRUAR

Fang mit einem Lächeln an!
Nur Optimisten
werden überleben

EIN FRÖHLICHES GESICHT

Fang mit einem Lächeln an!
Wenn du ein brummiges oder
ein trauriges Gesicht machst,
ist das vielleicht deine eigene Schuld.
Wer alles schief und häßlich ansieht,
bekommt ein schiefes, häßliches Gesicht.
Weißt du, daß dein Gesicht zuerst
für die anderen bestimmt ist?
Du brauchst es ja nicht selbst anzuschauen,
höchstens beim Frisieren oder Rasieren.

Fang jeden Tag mit einem fröhlichen Gesicht an!
Es besteht eine Wechselwirkung
zwischen deinem Gesicht und deinem Herzen.
Alles verändert sich, wenn sich dein Gesicht verändert.
Du wirst nicht so müde bei der Arbeit,
wenn du mit einem entspannten,
fröhlichen Gesicht loslegst.
Die guten und schönen Seiten des Lebens
kannst du viel mehr genießen.
Für die Menschen um dich geht eine Sonne auf.
Und selbst wenn etwas danebengeht,
hast du mehr Widerstandskräfte.

Ein offenes, lachendes Gesicht
ist ein Segen für alle deine Mitmenschen.
Darum: Fang mit einem Lächeln an!

1. FEBRUAR

DU BIST EIN WUNDER

Du bist ein wunderbarer Mensch.
Hat dir das noch keiner gesagt?
In deinem Innersten bist du einmalig, unverwechselbar.
Von Ewigkeit zu Ewigkeit wird keiner so sein wie du.
Unter der Oberfläche deines Bewußtseins stößt du
auf das Wunder, das du selbst bist.

Sei du selbst! Das ist unerläßlich,
um zu den Mitmenschen in fruchtbaren Kontakt zu kommen.
Du magst zur Not den gleichen Rock, die gleiche Jacke tragen.
Du magst die gleiche Arbeit und die gleichen Hobbys haben.
Aber laß dich nicht gleichschalten von einer Gesellschaft,
nach der alle Menschen im gleichen Rhythmus reagieren sollen,
im Rhythmus von Produzieren und Konsumieren,
von Geldverdienen und Geldausgeben. Sei du selbst!

Darum geht der Kampf deines Lebens: frei zu werden,
frei von der grauen Materie, vom farblosen, freudlosen Dasein.
Menschen ersticken in sinnlosen Sorgen um Nebensächlichkeiten
und verlieren alle Lebensfreude. Zurück zum Wesentlichen!
Dringe zum Wunder vor, das tief in deinem Innern lebt.
Staune wieder wie ein Kind – über dich selbst!

Frage dich: Wofür lebe ich? Für Geld, Arbeit, Ansehen? Wofür?
Du bist gemacht, um Menschen Liebe und Freude zu bringen.
Du mußt dein kleines Stück Welt verwandeln in ein kleines Paradies.
Erwarte nicht zu viel von anderen. Mach es selbst!
Du bist ein wunderbarer Mensch. Du kannst es.

---

2. FEBRUAR

KALTES ODER WARMES HERZ

Ein kalter Winter ist etwas Schlimmes.
Viel Leid und Not kommt über die Menschen.
Aber mit Kohlen-, Öl- oder Gasheizung
läßt sich der Winter aus der Wohnung vertreiben.
Ein kaltes Herz ist etwas viel Schlimmeres.
Mit einem kalten Herzen in der Brust bleibt man
ein Eisbär selbst am wärmsten Kachelofen.
Wo so ein kalter Mensch lebt und arbeitet,
wird die Luft eisig, und alle Freude erstarrt.
Bei einem kalten Herzen gibt es nichts zu lachen,
kein friedliches, freundliches Wort, kein bißchen Glück.

Ein Mann mit einem kalten Herzen kennt keine Gefühle,
eine Katastrophe für seine Frau, seine Familie
und seine Mitmenschen.
Eine Frau mit einem kalten Herzen ist oft hart, verbittert,
unleidlich und voller Vorwürfe gegen ihre Umgebung.
Bei jeder Berührung fällt das Stimmungsbarometer
unverzüglich in den Keller.
Kalte Herzen machen unsere Welt zu einer Eiswüste.
Da kann kein Mensch leben und ein Zuhause finden.
Schau dir mal dein eigenes Herz an.
Könntest du nicht ein bißchen mehr
Wärme und Liebe verbreiten, dort, wo du lebst,
und vor allem bei den kleinen und armen Leuten?

3. FEBRUAR

FÜR DIE FREUDE GEMACHT

Eine gesunde Lebensphilosophie,
das braucht jeder Mensch, auch du.
Du mußt lernen, »spielend« zu leben, hier und heute.
Eine gesunde Lebensphilosophie
muß auf Freude und Auferstehung beruhen,
nicht so sehr auf den Schattenseiten dieses Tränentals.
Todesfälle in der Familie, Verlust von Hab und Gut,
das Grübeln über Belastungen, Häuser und Hypotheken,
über Einsamkeit und alle möglichen Lebensprobleme
haben viele Menschen krank gemacht
und manche vor der Zeit ums Leben gebracht.

Optimisten leben länger als Pessimisten.
Pessimisten, das sind nicht Menschen,
die eine Zeitlang traurig sind und Kummer haben,
sondern die immerzu und über alles traurig sind.
Solche Menschen werden selten alt.
Mach dir eine Lebensphilosophie zu eigen, die sagt,
daß der Mensch in der Welt weder ein Arbeitstier
noch ein Kostenfaktor, sondern ein Kind Gottes ist.
Versuche an einen Gott zu glauben, der Vater ist.
Er will nicht, daß du ständig dein Unglück wiederkäust,
deinen neuen oder alten Kummer verhätschelst.
Er hat dich für die Freude gemacht.
Suche in der richtigen Richtung, und du wirst finden.

4. FEBRUAR

UNTER MENSCHEN

Menschen faszinieren mich, je länger, je mehr.
Menschen sind jeden Tag ein Abenteuer,
wenn man sie mit Sympathie zu nehmen weiß.
Wenn man zu staunen vermag, nicht nur über den Leib,
den man sehen und berühren kann,
sondern vor allem über das unergründliche Geheimnis,
das dir in einer so wunderbaren Verpackung ganz nahekommt
und gleichzeitig unendlich fern und unerreichbar bleibt.

Sicher, es gibt Menschen mit gläsernen Gesichtern,
hinter denen alles leer scheint, und Menschen ohne Gesicht,
die an dir vorbeihasten, als ob eine unsichtbare Macht
sie magnetisch anziehen würde, die ihnen keine Ruhe läßt.
Ich verstehe die Menschen nicht … Und habe sie doch gern.
Ich kann nicht auf sie verzichten.
Auf die Menschen, die mich nötig haben,
und auf die Menschen, die ich nötig habe.

Menschen mit fragenden Augen, mit gespannten Gesichtern.
Menschen, die leiden, die verbittert und verzweifelt sind.
Menschen, unfähig, an irgend etwas Freude zu haben.
Ich versuche, sie aus dem selbstgemachten Gefängnis zu befreien.
Und dann gibt es noch die Menschen,
die dich zum Nachdenken und zum Lachen bringen,
Menschen, die froh sind, dich zu sehen und dir das auch sagen.
Viele gute einfache Menschen mit einem verborgenen,
unbegreiflichen Reichtum in ihrem Herzen.
Es ist so oft ein Fest, unter Menschen zu sein.

5. FEBRUAR

STIMMUNGEN UND CHARAKTER

Die meisten Menschen sind wie das Wetter:
sehr unbeständig, voller Stimmungen und Launen.
Sag nicht: Das sind die Frauen, sie sind unberechenbar
und wissen nie, was sie wollen.
Männer sind genauso abhängig von Stimmungen,
heute vielleicht mehr denn je.

Wenn du nur »aus dem Bauch heraus« lebst,
nach Maßgabe deiner Gefühle, wie dir gerade zumute ist,
dann bist du heute aus dem Häuschen,
und morgen sitzt du im tiefsten Loch.
Eine Kleinigkeit, ein Mißverständnis,
ein unvorsichtiges Wort, eine unbedachte Bemerkung
kann Sturmböen und Orkane entfesseln,
eine Katastrophe für das menschliche Zusammenleben.

Viel leichter und schöner und glücklicher
wird das Leben, wenn du Charakter hast.
Charakter haben heißt die Kraft besitzen,
zu sich selbst auch mal nein zu sagen
und nicht ständig den eigenen Launen,
Wünschen und Begierden freien Lauf zu lassen.
Das muß man jeden Tag üben.
Also weg mit allen launenhaften Stimmungen.
Laß dein Gesicht aufklaren.
Bei dir soll immer Schönwetter sein.

6. FEBRUAR

GESICHTSPFLEGE

Hast du heute morgen in den Spiegel geschaut?
Wie sah dein Gesicht aus: frisch, lustlos, unleidlich?
Vergiß nicht, daß dein Gesicht eigentlich für andere da ist.
Sie müssen es anschauen. Nichts ist so mies, als tagelang
ein mürrisches Gesicht ansehen zu müssen.
Dein Gesicht ist mehr als eine schöne Fassade,
mehr als ein Aushängeschild, eine Visitenkarte.
Pflege dein Gesicht nicht nur deinetwegen,
um dich vor dem Spiegel schön zu finden,
sondern vor allem wegen der anderen.

Die beste Pflege sind nicht allerlei Schönheitscremes
Puder, Wimperntusche oder Lidschatten.
Pflege dein Gesicht vor allem von innen.
Lege Licht und Frohsinn in die Augen.
Entspanne deinen Mund zu einem Lächeln.
Verleihe deinem Gesicht freundliche Mienen.
Aber das kannst du nur, wenn du etwas tiefer,
in deinem Herzen, Hausputz hältst.

Räume alle Verbitterung und Verdrießlichkeit aus,
weg mit dem Wiederkäuen des täglichen Ärgers.
Zeige dich von deiner besten Seite,
mit deinem freundlichen, lachenden Gesicht.
Dann wird es nicht schwer sein, dich gern zu haben.

7. FEBRUAR

WO DER FRIEDE BEGINNT

Will man die Menschen verrückt machen?
Das frage ich mich manchmal. So viel Unsinn wird geredet,
so viel Überflüssiges gekauft, es passiert so viel Wahnsinn,
daß man an einer besseren Welt verzweifeln möchte.
Die Menschen wollen Liebe. Sie wollen Liebe. Sie wollen Glück.
Und sie rennen genau in die entgegengesetzte Richtung.

Ich lese eine Zeitschrift über den Frieden,
und selbst die ist voll von Gewalt, Gewalt in Worten,
durch die andere fertiggemacht werden sollen.
Gewalt in Gestalt schwerer Anklagen gegen einige wenige,
die für alle Übel der Welt verantwortlich gemacht werden.
Warum ständig Steine zur Anklage suchen? Um zu steinigen?
Wer andere anklagt und verurteilt, sagt gleichzeitig:
»Ich bin besser«, und spielt sich zum unfehlbaren Richter auf.
Wer steinigt, bekommt selbst schmutzige Hände.

Ich werde dir sagen, wo der Friede beginnt:
Der Friede beginnt bei dir selbst.
Nicht auf dem Schlachtfeld, wo einer besiegt werden soll,
sondern in deinen eigenen Worten und Taten.
Nicht am Konferenztisch beginnt der Friede,
sondern in deinem eigenen Leben, indem du verzichtest
auf alle Macht, die zur Unterdrückung anderer werden kann,
und auf allen Besitz, der auf Ausbeutung anderer hinausläuft.
Verweigere jede Form von Gewalt in deinem Lebensraum
und in deinem Herzen. Dann wird dort Platz geschaffen
für Frieden und Liebe und wahres Glück.

8. FEBRUAR

MEDIZIN GEGEN SCHLECHTE LAUNE

Du mußt freundlich sein.
Nicht nur abends, wenn die Arbeit vorbei ist
und dir keiner mehr auf die Nerven geht.
Nicht nur, wenn du mit Freunden zusammen bist
oder wenn Gäste zu Besuch kommen.
Du mußt freundlich sein – zuallererst zu Hause,
zum Ehemann, zur Ehefrau, zum Vater, zur Mutter,
zu allen, mit denen du zusammen lebst.

Du mußt freundlich sein – überall,
selbst wenn dir einer auf die Zehen tritt.
Mach nicht so ein ungenießbares Gesicht,
vor allem nicht am Morgen, sonst bekommst du
die traurige Morgenmuffelkrankheit.
Geh beizeiten schlafen,
denn morgen mußt du freundlich sein.

Schlechte Laune läßt sich nicht mit Pillen kurieren.
Mach deine Erholung nicht zu einer
nervenaufreibenden Mitternachtsgeschichte.
Sei kein Sklave des Fernsehers,
sondern geh mal wieder früh zu Bett.
Du wirst merken: Eine gute, gesunde Nachtruhe
ist eine sehr heilsame Medizin gegen schlechte Laune
und gegen viele andere moderne Übel.
Bist du ausgeschlafen und freundlich,
geht alles viel besser,
und du fühlst dich viel glücklicher.

9. FEBRUAR

BRÜCKEN STATT MAUERN

Was steht zwischen dir und deinen Mitmenschen:
eine Mauer oder eine Brücke?
Du wohnst mit anderen im selben Haus, in derselben Straße.
Du arbeitest mit anderen im selben Büro, im selben Betrieb.
Du gehst mit anderen in dieselbe Schule,
ihr besucht dieselben Kurse, macht dieselben Reisen,
ihr eßt dasselbe Brot …
und seid vielleicht einander doch ganz fremd.
Zwischen euch stehen Mauern der Gleichgültigkeit,
der Verständnislosigkeit, des Mißtrauens, der Abneigung.
Brich diese Mauern ab. Fang an, Brücken zu bauen!

Wenn du jung bist, bau eine Brücke zu deinen Eltern.
Sie machen sich Sorgen um dich. Versuch, sie zu verstehen.
Wenn du Vater oder Mutter bist,
bau eine Brücke zu deinem schwierigen Kind.
Sei gut zu ihm und vor allem geduldig.
Wenn du Unterricht gibst, hab deine Schüler gern.
Sie sind mehr als eine Ansammlung von Köpfen,
die mit Wissensstoff vollgestopft werden müssen.

Wer du auch sein magst, fang noch heute damit an:
Mauern abreißen und Brücken bauen.
Die beste Brücke zu deinem Mitmenschen:
ein freundliches Gesicht, ein Lächeln.

10. FEBRUAR

SAG NOCH HEUTE ETWAS GUTES

Benimm dich nie wie ein Bär mit schwarzer Brille,
der zu allem nur knurren und brummen kann,
der von anderen nie etwas Gutes weiß,
der niemals eine Leistung anerkennt,
sondern beim kleinsten Fehler die Zähne zeigt
und die ganze Umgebung tyrannisiert.

Sei auch kein Eisbär, kalt und gleichgültig,
der alles Fröhliche erstarren läßt
und den kein Lächeln, keine Wohltat,
kein freundliches Wort auftauen kann.
Sei ein Mensch und zeige dein Herz!

Probier mal, noch heute etwas Gutes zu sagen
über deinen Mann, deine Frau, deine Nachbarn
oder deine Schwiegermutter.
Das ist nicht so schwierig, wie du meinst,
und die Reaktion ist phantastisch.
Die andern werden plötzlich anders, umgänglicher.
Sie lachen, und alles läuft wie von selbst.

Sag zum Beispiel einfach »Danke!« für alles,
was andere für dich tun, danke für jede Aufmerksamkeit
zu Hause, auf der Straße, im Büro, wo auch immer.
So läßt sich mit ein wenig gutem Willen
die Welt ein wenig besser und schöner machen.
Worauf wartest du noch?

11. FEBRUAR

SEI NIEMALS HART

Sei sanft! Du weißt, wie klein, wie arm, wie einsam
die Menschen sind, wie zart und zerbrechlich.
Du weißt, daß es Tränen gibt, und keiner kann trösten.
Du weißt, daß es kaum eine größere Traurigkeit gibt
als in einem Herzen, das sich von keinem verstanden fühlt.
Du weißt, daß das Leben für manche Menschen
eine unerträgliche Qual ist. Sei sanft!

Tu dein Bestes, um Menschen zu verstehen,
um ihnen zu helfen. Tritt ein in ihr Leid, in ihre Verlassenheit.
Steig herab vom Hügel deiner Selbstzufriedenheit,
geh ins Tal zu den Menschen, die allein sind, die leiden,
zu den Menschen ohne Schutz und ohne Geborgenheit.
Sei niemals hart, auch nicht in deinem Urteil.

Sei sanft! Suche in ihren vielleicht unsinnigen Begierden
ein unerhörtes Heimweh nach Glück wahrzunehmen.
Dann wirst du selbst glücklich werden.
Dann kommen in deine eigene Einsamkeit und Schwäche
wunderbare Augenblicke, die dich herausreißen
aus dem müden Trott des alltäglichen Lebens.

Habe ein schwaches Herz, das mitzuleiden vermag,
aber auch ein großes, weites Herz,
mit dem du alle Menschen in deine Arme schließt.
Sei sanft! In der Sanftmut liegt ein unendlicher Trost
für alle Menschen, die unter der Kälte unseres herzlosen,
seelenlosen Zusammenlebens leiden.

12. FEBRUAR

DIE TÄGLICHE ARBEIT LIEBEN

Dein Glück liegt zum großen Teil in der Freude,
die du bei deiner täglichen Arbeit findest.
Wenn du widerwillig ins Büro gehst,
wenn du widerwillig den Haushalt machst,
wenn du widerwillig lernst und widerwillig arbeitest,
wenn du nur darum lebst,
weil es ein Wochenende, weil es Urlaub gibt,
weil das Fußballspiel so spannend ist,
weil die Stars von Film und Fernsehen so toll sind,
weil im Sommer der Strand am Meer lockt,
weil man auf Reisen so viel sehen und erleben kann,
weil du dann dem täglichen Ärger endlich
für ein paar Tage oder Wochen entfliehen kannst ...
Wenn du allein aus solchen Gründen arbeitest,
dann tust du mir leid,
denn du verpaßt tausend Gelegenheiten,
um glücklich zu sein.

Denk dran, hör auf dein Herz,
und liebe deine tägliche Arbeit,
denn sie verbindet dich mit vielen Mitmenschen,
die dich brauchen, und sei es
auf noch so verborgene Weise.
Darum mach deine Arbeit mit Liebe,
denn dann brauchst du nicht
aufs Wochenende zu warten,
um ein glückliches Gesicht aufzusetzen.

13. FEBRUAR

ÜBUNG AM MORGEN

Nein, du hast kein häßliches Gesicht.
Das glaube ich nicht. Alle Gesichter sind schön,
wenn ein gutes Herz dahintersteckt.
Darum stell dich ruhig morgens vor den Spiegel;
und fang den Tag mit folgender Übung an.
Schau dir deine Fassade an,
und sprich zu dir mit voller Überzeugung:

Mensch, sei doch zufrieden, daß du lebst.
Heute gibt es kein Jammern und Klagen.
Von einem traurigen Gesicht hat keiner was.
Es kommt ein wunderbarer Tag.
Sei Gott dankbar und lebe einfach.
Nicht so viel rauchen,
nicht zu viel essen und trinken.
Teile, denn nebenan leiden Menschen
Hunger und Durst.
Laß dich von Sorgen nicht unterkriegen,
und geh beizeiten schlafen.
Halte dein Herz frei von Haß und Neid.
Tu alles mit Liebe.

Wenn du diese kleine Übung vollziehst,
kommen Leib und Seele in Schwung.
Du wirst entspannt und froh. Glaub mir,
nach einem Monat bist du ein anderer Mensch,
ein glücklicher Mensch.

14. FEBRUAR

DAS EINZIG WICHTIGE AUF DER WELT

Das ist herrlich: Mensch sein, leben.
Einfach Mensch sein, in die Luft schauen, nach der Sonne,
nach den Blumen und in der Nacht nach den Sternen.
Einfach leben, gut sein, nicht alles haben wollen,
nicht neidisch sein, nicht jammern und klagen, helfen,
mittun, trösten, einen Kranken besuchen,
dasein, wenn einer dich braucht, sich für ihn abmühen,
und das alles, nicht weil du mußt, sondern weil es dir gefällt,
weil du Mensch bist, Mitmensch, weil du lebst.

Kennst du die Gefahr, die in dieser Zeit droht?
Wir leben im Zeitalter der Effektivität und Rentabilität.
Die Menschen fragen: Wozu dient das, wie funktioniert das,
wie schnell geht das, wieviel bringt das?
Man steht unter Druck. Man ist überlastet. Man rechnet.
Es muß Geld herauskommen. Und man vergißt,
daß die Schönheit des Lebens in den Augenblicken liegt,
da man nicht rechnet, da man einfach Mensch ist,
da man einfach und zufrieden lebt.

Die Menschen leben immer länger, aber nicht immer fröhlicher.
Sie meinen noch immer, das sei das Glück des Menschen:
viel haben, sich viel leisten, gut versorgt sein, lange leben.
Wehre dich. Du bist keine Maschine, du bist mehr
als deine Funktion, deine Position, deine Aufgabe, deine Arbeit.
Du bist an erster Stelle Mensch, um zu leben, um zu lachen,
um zu lieben, einfach: um ein guter Mensch zu sein.
Und das ist das einzig Wichtige auf dieser Welt.

---

15. FEBRUAR

FREI, UM GENIESSEN ZU KÖNNEN

Um leben zu können, mußt du vor allem genießen können.
Ruhig genießen können. Damit meine ich nicht
die verhängnisvolle, manchmal krankhafte Genußsucht,
von der so viele Menschen besessen sind
und die so viele Menschen ins Unglück stürzt.
Die Gier nach allen möglichen und unmöglichen Dingen,
mit denen die Überflußgesellschaft dich ködert,
reißt dich in einen Strudel animalischer Instinkte,
aus dem es nur schwer ein Entrinnen gibt.

Um leben zu können, mußt du genießen können.
Um genießen zu können, mußt du frei sein,
frei von aller Jagd nach Besitz, frei von aller Gier,
frei von Haß und Neid, frei von aller Leidenschaft,
die dich innerlich spaltet und zerreißt.
Um genießen zu können, brauchst du eine gesunde Harmonie
zwischen deinen Gefühlen, deinen Vorstellungen
und deinem Verhältnis zu Menschen und Dingen.

Wenn du genießen kannst, kannst du lachen und fröhlich sein.
Dann bist du dankbar, daß jeden Morgen die Sonne aufgeht.
Dann bist du selig, weil das Bett weich, deine Wohnung warm ist.
Dann triffst du freundliche Menschen.
Dann kommt die Freundschaft Gottes auf dich zu
in jedem Lächeln, in jeder Blume, in jedem guten Wort,
in jedem warmen Händedruck, in jeder Umarmung.
Wenn du die kleinen Dinge ruhig genießen kannst,
wohnst du in einem Garten voller Seligkeit.

16. FEBRUAR

KEINE KLAGEMAUER

Ich gebe zu, es gibt sehr viele Dinge,
über die man klagen kann. Aber ich frage mich:
Hat das Klagen irgendeinem aus der Not geholfen?

Klagen lähmt jede Aktivität, jedes Weitergehen.
Die Tage, die du mit Klagen anfüllst,
sind deine schlechtesten Tage.
Du kommst nicht weiter, deine Beine sind schwer wie Blei.
Und du machst auch deinen Angehörigen,
Freunden und Bekannten nur das Leben sauer.

Sicher, jeder Mensch hat seine Sorgen und sein Leid.
Aber muß man anderen damit die Ohren vollheulen?
Dein Mitmensch ist keine Klagemauer.
Warum ständig das Gejammer über die schlechten Zeiten,
über die schlechten Menschen, über das Wetter
und über wirkliche und eingebildete Krankheiten?

Es gibt noch soviel schöne und gute Dinge,
für die wir dankbar sein müssen
und über die wir uns gemeinsam freuen können.

17. FEBRUAR

LAUNEN UND LAPPALIEN

Du bist schlecht gelaunt?
Bist du mal dem Grund dafür nachgegangen?
Hat dein Chef ein schiefes Gesicht gemacht?
Gab es zu Hause bissige Bemerkungen?
Wurdest du übergangen, hat etwas nicht geklappt?
Hat jemand über dich gemeckert?
Fehlte ein Knopf oder das Salz?
Gab es Streit übers Putzen, Abwaschen
oder das Fernsehprogramm?

In Augenblicken von wirklich schwerem Leid –
und welcher Mensch macht das nicht durch –
kommen uns solche Sachen furchtbar kindisch vor.
Wir begreifen nicht, wie einmal so etwas
unser inneres Gleichgewicht durcheinanderbringen konnte.

Was hat es für Sinn, sich über Lappalien zu ärgern,
wenn das Leben ganz anderes Leid mit sich bringen kann?
Schlag die Zeitung auf, verfolge die Nachrichten
im Fernsehen oder Radio, und du erfährst
von schlimmen Schicksalen deiner Mitmenschen.
Damit verglichen, sind deine kleinen Probleme wie nichts.

Schlechte Laune führt zu keiner Lösung.
Heb dir deine Energie lieber auf,
um Probleme zu lösen, die wirklich wichtig sind.

18. FEBRUAR

NICHT JEDEN TAG THEATER

Was für ein Gesicht hast du?
Ist es wirklich dein wahres Gesicht
oder eine Art Maske für den täglichen Gebrauch,
für den täglichen Umgang mit den Mitmenschen?

Sehr verständlich ist es, wenn du beim Karneval
mal ein ganz anderes Gesicht aufsetzt.
Jeder hat wohl mal das Bedürfnis,
den Dummen zu spielen, und findet es lustig,
mit einer roten Knollennase herumzulaufen
oder sich zu verstecken hinter dem Gesicht eines Clowns,
eines großen Zauberers, einer exotischen Prinzessin
oder eines Ganoven mit schwarzem Schnauzer.

Mach ruhig einen Tag lang den Clown,
das kann sehr gesund sein.
Aber spiel nicht jeden Tag Theater.
Wechsle nicht dein Gesicht,
so wie du dein Hemd wechselst:
gesprächig und charmant im Freundeskreis,
mundfaul und patzig zu Hause
unbeugsam, wo du das Sagen hast,
katzbuckelnd, wo du der Untergebene bist.
Immer sei dein Gesicht Spiegel des Herzens,
doch zuerst sorge für ein gutes Herz.

19. FEBRUAR

LASS DICH NICHT VERSKLAVEN

Wenn dein Herz und dein Kopf von Dingen voll ist,
die dich versklaven, geht viel Lebensfreude verloren.
Du kannst Sklave des Geldes oder des Fernsehers werden.
Du kannst ans Essen, Trinken, Rauchen versklavt sein.
Du kannst sogar Sklave deines Hobbys werden.
Das sind alles gute Dinge, sie gehören zum Leben.
Aber wenn sie für dich zum Götzen werden,
vor dem du anbetend in die Knie gehst,
dann gehen Lebensfreude und Freiheit verloren.
Du liegst an der Kette. Du wirst zum Sklaven.

Genieße alles, aber werde niemals zum Sklaven.
Gebrauche dein Geld, um zu leben und leben zu lassen,
aber laß dich von der Habgier nicht erwürgen.
Gebrauche dein Auto, deinen Fernseher, aber so,
daß dein Zusammensein mit anderen nicht leidet.
Halte Maß im Essen und Trinken und Rauchen.
Dein Bauch soll nicht dein Gott werden.
Selbst dein Hobby kann dein Tyrann werden,
der in deinem Leben keinen Platz mehr für andere läßt.

Wo liegst du gebunden? Mach dich frei!
Nur wahre Liebe zu deinen Mitmenschen macht dich frei.
Darum liebe, setz dich ein, vergiß dich selbst,
und tausend unerwartete Freuden werden dir
wie Sterne aus dem Himmel zufallen.

20. FEBRUAR

KOMPROMISSBEREIT

Sei kein Sturkopf!
Starrsinn ist eine so verhängnisvolle Sache,
daß sie das ganze Leben vergiften kann.
Starrsinn verweist auf Kurzsichtigkeit,
Dickköpfigkeit und Egoismus.
Beim Starrsinnigen steht der Herr Ich,
die Frau Ich im Vordergrund.
Diese Person duldet keinen Widerspruch.
Sie irrt sich nie, hat immer recht und gibt nie nach.

In der Ehe und Familie entstehen hierdurch
die größten Spannungen und Probleme,
denn bei starrsinnigen Menschen
geht alle Freude, alles Glück in die Brüche.
Sie sind immer bockig, gereizt, unleidlich.
Für das Zusammenleben sind sie eine Katastrophe.

Sei einlenkend und kompromißbereit.
Vielleicht hast du durch deinen Starrsinn
einen guten Freund verloren
oder viel von dem Glück zertrampelt,
das der Mensch wie Luft zum Leben braucht.
Aber alles wird wieder gut, wenn du
jeden Tag gegen deinen Dickkopf ankämpfst.
In Güte, Freundlichkeit und einfacher Nächstenliebe
liegt unendlich mehr Freude als in Starrsinn.

21. FEBRUAR

ALLE WOLLEN MEHR

Der Wohlstand richtet uns alle – zugrunde.
Wir wissen nicht, wieviel Idealismus
er bereits in uns ausgelöscht hat,
wieviel Hilfsbereitschaft er vernichtet,
wie sehr er unsere Interessen
auf lauter materielle Dinge konzentriert hat.

Der heutige Mensch ist nicht so glücklich,
wie der Wohlstand den Anschein erweckt.
Im Gegenteil! So gut wie niemand
scheint zufrieden mit dem Stück vom Kuchen,
das er abbekommen hat. Jeder will mehr.
Arbeiter wollen mehr, Beamte wollen mehr,
Banken wollen mehr, Ärzte wollen mehr,
gutgehende Unternehmen wollen mehr,
der Staat will mehr, alle wollen mehr.
Und so richten wir unseren Wohlstand
langsam, aber sicher zugrunde.

Wo jeder nehmen und keiner geben will,
ist ein gesundes Gemeinschaftsleben unmöglich.
Wir sind krank, Parteien und öffentliche Organe
unserer Gesellschaft sind krank,
krank an Eigeninteresse, Kurzsichtigkeit und Egoismus.
Krisen sind nur das Aufbrechen eines Geschwürs,
das längst in unseren Institutionen
und in der Mentalität von uns Menschen wuchert.

22. FEBRUAR

»GROSSER BAUCH«

Unser Zeitalter wird in die Geschichte eingehen
als das Zeitalter der Habgier, sagte neulich ein Professor,
der über die Gesellschaft von morgen sprach.
Wenn von Fortschritt geredet wird,
geht es praktisch ausschließlich
um Geld, Technik, Macht und Genuß.

Alles dreht sich um Befriedigung materieller Bedürfnisse.
In der Öffentlichkeit werden pausenlos
triebhafte Instinkte des Menschen angestachelt.
Überall wird die Gier, immer mehr haben zu wollen,
nach allen Regeln der Kunst aufgeputscht.
Müßte man ein Denkmal für diese Zeit errichten,
wäre »Großer Bauch« das richtige.
Auf dem Bauch ein Kopf voll Elektronik,
und wohin das Herz soll, das weiß ich auch nicht.

Es wird höchste Zeit,
die Werte des Geistes wieder aufzuwerten.
Unser Elend ist nicht Mangel an Wohlstand,
Sicherheit, Bequemlichkeit und Fassade,
sondern Mangel an Einfachheit, Genügsamkeit,
Güte und guten Gedanken.

23. FEBRUAR

HUMOR ENTLASTET

Wenn man sieht, mit welchem tödlichen Ernst
Menschen an ihrem eigenen Standbild bauen,
wie sie ganz von sich selbst eingenommen sind,
wie sehr sie um ihren Ruf und ihre Fassade bemüht sind,
dann bekommt man richtig Mitleid mit ihnen.
Sie haben die wahren Lebenswerte verlassen,
um sich in ein Labyrinth zu begeben,
wo sie geradezu wissenschaftlich, mit Methode
und schrecklichem Ernst Egoismus praktizieren.

Ich möchte beten: Herr, gib uns Sinn für Humor.
Gib uns den Mut, über lächerliche Eitelkeiten zu lachen,
über die Sturheit und den Stumpfsinn jener Dickhäuter,
die uns die Welt manchmal schickt,
um uns den Frieden und die Freude zu nehmen.

Ja, wir müssen mehr lachen. Lachen ist gesund!
Denkst du auch an diese Seite deiner Gesundheit?
Lachen befreit. Humor entspannt, entlastet,
gibt dir das Gefühl, wie relativ alles ist.
Humor kann sich selbst auf den Arm nehmen
und macht dich wieder wie ein Kind.
Lachen und Humor befreien dich von übertriebenen Sorgen
und von dem Trott, in dem du an manchen Tagen erstickst.
Lachen und Humor schaffen in deinem Herzen
neuen Raum für die Menschen um dich herum.

24. FEBRUAR

MEHR FREUDE AM FEIERN

Ich sehe, wie Menschen Karneval feiern gehen.
Es ist Faschingszeit, die Zeit, um verrückt zu spielen,
um hinter einer Maske einmal ganz anders zu sein.
Du kannst dich geben, wie du willst, je verrückter, je lieber.

Aber müssen so viele Feiern in Saufereien
und anderen Exzessen enden? Warum ist man hinterher
so kaputt, so halbtot? Jedes Fest sollte doch
die Menschen Freude am Leben spüren lassen.
Wenn das Fest nicht mehr ist als Befriedigung von Gier
und Genußsucht, hilft das nicht weiter.
Feste, über die man sich hinterher ekeln muß,
sind schlecht für die Gesundheit und verstopfen die Poren,
mit denen wir die Lebensfreude einatmen können.

Wir müssen uns die Frage stellen,
ob wir nicht den Sinn des Feierns verloren haben.
Ich bin überzeugt, daß wir mehr Freude am Feiern haben,
wenn wir um den Sinn von Fasten und Verzichten wüßten
und wenn wir nicht so übersättigt wären.

Es gibt zwei Arten zu leben:
Die eine beginnt mit Enthaltsamkeit und endet mit dem Fest.
Die andere beginnt mit dem Feiern und endet
mit Kopfschmerzen, Lebensüberdruß und allerlei Neurosen.

25. FEBRUAR

MASKE AUFS GESICHT, NICHT AUFS HERZ

Es ist für den Menschen schwer,
immer im Gleichgewicht zu bleiben
und sein Gesicht zu wahren.
Denk an Karneval, schau dir die Menschen an,
wie sie zu Masken greifen und bei wilder Musik
zwischen Papierschlangen und Konfetti
ihren Verstand verlieren.
Karneval ist menschenunwürdig,
wenn er zum Alibi wird für primitivste Entgleisungen.

Feiere Karneval, sei ausgelassen, nicht losgelassen.
Setz eine Maske auf dein Gesicht,
aber nicht auf dein Herz.
Sei für einen Tag ein Clown mit Glöckchen und Tröte,
aber verfalle nicht in Sauferei und Seitensprünge,
damit du, wenn das Spiel vorbei ist,
unglücklich stehst an den Trümmern
eines zerbrochenen Ehe- und Familienlebens.

Gib acht auf die Unbekannten,
die sich verkleidet ins Fest mischen,
um gierig nach Beute zu suchen.
Feiere ruhig Karneval, aber vergiß nicht,
daß danach Fasten kommt:
das Teilen von deinem Brot und deinem Reichtum
mit Millionen, die vor Hunger sterben.

26. FEBRUAR

ENTSPANNEN

Lebe nicht so angespannt!
Immer unter Druck beim Stehen und Gehen,
beim Essen und Arbeiten und selbst beim Schlafen.
Denk nicht unentwegt an deine Sorgen, an morgen,
an ungelöste und vielleicht unlösbare Probleme,
Dauerdruck führt zu unnötiger Erschöpfung,
und ständiges Gespanntsein überlastet die Nerven.
Die Spannkraft ist weg, die Schaffenslust verflogen.
Der Mensch fühlt sich ausgelaugt, ausgebrannt, am Ende.

Wenn du dir eingestehen mußt: »Ich bin dauernd müde
und kann mir gar nicht erklären warum«,
dann ist das ein Zeichen, daß du zu angespannt lebst.
Lerne entspannt leben und auch entspannt arbeiten.
Die verkrampften Schultern lockern, ruhig durchatmen,
Muskeln entspannen, gelöster leben.

Schau etwas mehr auf Kinder
und etwas weniger auf tausend teure Dinge,
die dir in den Läden zum Kauf aufgedrängt werden.
Schau etwas mehr auf deine Mitmenschen
und etwas weniger aufs Fernsehen.
Sorge für innere Entspannung, und lache etwas mehr.
Dann wirst du bestimmt länger und glücklicher leben.

27. FEBRUAR

HUNGER NACH EWIGEM GLÜCK

Unsere Zeit ist voll von Jagd nach Geld und Genuß,
nach Spaß und Vergnügen und Abenteuer.
Viele Menschen macht das nervös und gehetzt.
Sie kommen nicht zur Ruhe.
Ihr Inneres findet keinen Frieden mehr.
Sie wirken manchmal geradezu gequält
durch eine schier unersättliche Sucht
nach immer Neuem, nach immer mehr.

Aber auf diesem Wege werden wir niemals
unserem Herzen auf Dauer Frieden verschaffen.
Denk einmal zurück an alle rauschenden Genüsse,
die dir die Welt in deinem Leben bot.
Warst du zuletzt nicht immer ein bißchen enttäuscht?
Während und vor allem nach dem tollsten Rausch
kann man sich todunglücklich fühlen.
Nach einem kurzen Augenblick des Vergnügens
stellt sich heraus, daß wir nichts gewinnen,
nur eine noch größere Unruhe.

Unser Herz verträgt keinen Ersatz!
Unser Herz wird erst Frieden und Ruhe finden
in grenzenloser Güte, in einem Gott,
der »Vater« ist und »Liebe«. Ohne es zu wissen,
hungert unser Herz nach ewigem Glück.
Mit weniger können wir uns nicht zufrieden geben.

28. FEBRUAR

NARR UNTER NARREN

Wenn man im Karneval Menschen trifft,
weiß man nicht recht, woran man ist.
Da läuft so ein Karnevalsjeck oder Fasnetsnarr
verkleidet durch die Straßen, und man weiß nicht,
ob dahinter ein hohes Tier oder ein armer Schlucker steckt,
der für einen Tag in einer anderen Welt leben möchte.
An Karneval ist man Narr unter Narren und lacht mit.

Wenn wir aber vergessen,
nach dem Karneval die Masken abzusetzen,
dann ist das nicht mehr lustig.
Sorge also dafür, daß die Menschen,
denen du begegnest, niemals getäuscht
und betrogen werden – durch dich!
Tritt immer und überall deinen Mitmenschen
vollkommen ehrlich gegenüber.

Karneval ist gut für ein paar Tage,
aber wer das ganze Leben zur Maskerade macht,
der zerstört das Zusammenleben der Menschen.
Denn es fehlt ihm an dem Respekt,
auf den jeder Mensch ein Recht hat.
Hilf mit, eine Welt ohne Masken aufzubauen.
Hab die Menschen um dich gern,
dann werden sie dir zum Belügen und Betrügen
zu schade sein.

29. FEBRUAR

MÄRZ

Steh auf aus der Nacht
der Mutlosigkeit,
auf zu einem neuen Frühling

BALD KOMMT DER FRÜHLING

Jeden Morgen dankbar sein für den neuen Tag!
Oder hast du Angst vor dem Leben? Fällt es dir zu schwer?
Gehst du jeden Abend ins Bett mit einem Seufzer:
»Gottseidank, wieder ein Tag vorbei!«?
Vielleicht langweilst du dich zu Tode,
alles kommt dir nutzlos und sinnlos vor.
Vielleicht hat dir der Fernseher alle Phantasie,
alle Unternehmungslust und Geselligkeit gestohlen.
Vielleicht möchtest du dauernd Spaß
und Unterhaltung, die dich doch nicht fröhlicher machen.

Du bist kein Mensch mehr, wenn du unter dem Druck
der herrschenden Mentalität und Verhältnisse
zu einem Wesen geschrumpft bist, das nur noch
produziert, Geld verdient und Geld verbraucht.
Es blühen keine Blumen mehr für dich, denn du siehst sie nicht.
Es spielen keine Kinder mehr, dafür hast du kein Auge.
Menschen lachen nicht mehr mit dir, weil du für sie tot bist.
Es gibt keine Ruhe, keinen Frieden, keine Freude mehr,
weil jegliche Liebe in deinem Herzen abgestorben ist.

Du suchst das Glück, wo es niemals zu finden ist:
in leblosen, sinnlosen Dingen, die dich nie befriedigen.
Verändere dich von innen her, kehr um!
Werde wieder Mensch. Denn jeden Morgen
geht die Sonne auf, bald kommt der Frühling.
Und du merkst nichts davon?

VON INNEN VERÄNDERT

Bist du müde und lustlos?
Hast du dich erdrücken lassen
von deinen vielen Sorgen und Schwierigkeiten,
so daß der ganze Schwung weg ist,
die Begeisterung, die Lebenslust?
Legst du keinen großen Wert mehr auf das Leben,
ist alle Freude vergangen, wie weggeflogen
wegen der tiefen Wunden in deinem Herzen?

Nimm es doch nicht so tragisch,
versuch dich wieder zu fangen!
Nicht mit Alkohol und Betäubungsmitteln,
nach denen der Schmerz nur noch heftiger wird.
Suche in aller Ruhe nach Licht, Wahrheit, Frieden.
Suche Gott. Wenn du ihn suchst, wird alles gut.

Mach jeden Abend deinen Kopf leer,
so wie du dein Tagespensum zu Ende bringen mußt.
Wirf alle schwarzen Gedanken hinaus,
alle Bitterkeit, allen Pessimismus,
und bitte Gott, daß er dich über Nacht,
in der Stille und von innen verändert,
daß er dich mit neuer Energie erfüllen möge,
mit Optimismus und mit Lebensmut.
Du wirst überrascht sein, wie du sehr bald wieder
morgens aufwachen wirst als ein neuer Mensch.

2. MÄRZ

VÖLLIG DURCHEINANDER

Es gibt in unserem Leben dunkle, schwarze Tage.
Da dreht sich uns alles vor Augen.
Wir verlieren allen Halt und bekommen Angst,
Angst vor uns selbst.
Unsere Gefühle geraten völlig durcheinander.
Wir sind bis ins Innerste aufgewühlt, in Panik.
Da kommen verrückte Dinge zum Vorschein,
die sonst vielleicht nie Gelegenheit hatten durchzubrechen.
Da malen wir uns alles Mögliche und Unmögliche aus
und meinen, daß hier Gott-weiß-was im Spiel ist.
Wir kennen uns selbst nicht mehr wieder
und laufen Gefahr, kopflos alles aufzugeben.
Manchmal genügen Nichtigkeiten,
um uns zur Verzweiflung zu bringen,
um uns schachmatt zu setzen.

Trotz allem, was passiert sein mag:
Versuche, solchen dunklen, schwarzen Tagen
nicht mehr Bedeutung zu geben, als sie haben.
Sie sollten uns nicht allzusehr verwirren.
Halten wir immer ganz fest daran:
Was auch in unserem Leben geschieht –
Gott ist Vater. Er ist der einzige,
der alles versteht und alles vergibt
und uns zu aller Zeit unermüdlich begleitet
mit seiner Liebe.

3. MÄRZ

AUFWACHEN

Mit dem ständig steigenden Wohlstand
wächst unter den Menschen auch eine Art
von Langeweile, von geistiger Lustlosigkeit.
Überall trifft man antriebslose, müde Menschen,
aber diese Müdigkeit hat nichts mit dem Leib zu tun.
Es ist eine geistige Verkümmerung und Leere.
Es handelt sich um einen geheimen, tiefsitzenden
Pessimismus gegenüber dem Leben.

Laß deinen Kopf und dein Herz nicht im Bauch versinken.
Wenn du kein höheres Ideal hast als Essen und Trinken,
als Geldverdienen und Geldausgeben,
dann wird die Arbeit ein notwendiges Übel
und all dein Tun ein sinnloses Getue.
Dann stehst du morgens auf mit einem Seufzer
und ergreifst die Flucht vor allem, was Mühe macht.
Dann sitzt du bis tief in die Nacht vor dem Fernseher
wie ein gehirnlose Mumie.

Du kannst dich selbst heilen, du mußt nur aufwachen,
deine Fenster aufmachen für das Licht und die Sonne,
wieder an das Gute und an Gott glauben,
dein Herz leer machen und neu füllen
mit wahrer Liebe und gesundem Optimismus.
Du bist keine Nummer in einer farblosen Masse,
kein seelenloses Teilchen an einer Riesenmaschine.
Du bist Mensch, geschaffen für die Freude und für das Glück.

4. MÄRZ

ZWEI ARTEN ZU LEBEN

Du lernst Auto fahren. Du gehst mit der Mode.
Du kennst dich mit High-Tech aus. Du lernst tausend Dinge.
Und trotzdem, eines Tages geht es nicht mehr weiter,
weder vor noch zurück. Ich bekam einen Brief, darin hieß es:
»Ich bin noch jung. Aber bereits tot. Ich kann nicht leben.«

Man hat den Menschen alles beigebracht,
aber leben, das hat man ihnen nicht beigebracht.
Jetzt sitzen viele hoffnungslos fest.
Sie haben vom Leben eine völlig falsche Vorstellung.
Man hat ihnen beigebracht: Du mußt vorwärtskommen,
möglichst viel Geld verdienen, möglichst viel haben.
Als ob das Glück auf der Schiene der Habgier läge!
Wie die Geier stürzen sich die Menschen auf »Brot und Spiele«.
Sie meinen, frei zu sein. Sie denken, glücklich zu werden.
Aber sie liegen fest an der Kette ihrer verrückten Gier.

Es gibt zwei Arten zu leben. Die eine fängt an mit Verzicht,
mit dem Tun der täglichen Pflicht und endet mit dem Fest.
Die andere fängt mit Feiern an und endet mit Übelkeit,
Ekel am Leben, Frustrationen und Depressionen.
Du mußt dich entscheiden, jeden Tag neu.
Aber ich fürchte, daß du das nicht allein kannst.
Darum ist es so wichtig zu glauben:
Durch alle Enttäuschungen hindurch kann ich mich
in einer höheren geistigen Macht geborgen fühlen,
die mich gern hat und mir treu bleibt.
Mit Gott in deinem Leben gehen viele neue Lichter an.

5. MÄRZ

ZURÜCK ZUM EINFACHEN LEBEN

Die innere Not wächst von Tag zu Tag.
»Letzte Nacht habe ich ernsthaft an Selbstmord gedacht«,
sagte ein junger Mann zu mir. Ein anderer schrieb:
»Ich weiß mir überhaupt nicht mehr zu helfen.
Das hier ist das erste Mal, daß ich mich
mit einem anderen Menschen aussprechen kann.
Ich bin innerlich völlig am Ende.«

Briefe, Telefonanrufe, viele Gespräche
versetzen mich in einen Dschungel,
wo Menschen einander erniedrigen, fertigmachen,
quälen und zur Verzweiflung bringen.
Es ist der Dschungel, wo die Bestie Mensch
Triumphe feiert, wo die brutalsten Instinkte sich austoben:
Gier, Gewalt, Arroganz, Machtmißbrauch, Korruption.

Wenn ich dann ohnmächtig bei den vielen Opfern sitze,
die am Ende ihrer Kräfte das Leben wegwerfen wollen,
dann möchte ich in unsere geistige Wüste schreien:
Zurück, ihr Menschen! Kehrt um zum einfachen Leben,
zu den einfachsten Dingen des Lebens:
zur Zufriedenheit, zur Güte, zur Freundschaft.
Lernt wieder leben!

6. MÄRZ

AUF ZU EINEM NEUEN MORGEN

Wir brauchen einen neuen Frühling, einen Frühling des Geistes.
Das Mädchen, das mir schreibt, sie möchte tot sein,
weil sie keine Lust mehr hat zu leben.
Der Mann, der keinen Frieden mit seiner Frau findet.
Die Frau, die an Selbstmord denkt, weil keiner da ist,
der sie braucht und für den sie leben kann.
Der Drogenabhängige, der keinen Ausweg mehr sieht ...
Menschen mit leerem Herzen und mit einem verwirrten Gemüt,
umgetrieben von den Trends der Zeit und tödlichen Begierden.

Wir haben den Wohlstand gekostet und liegen satt am Boden.
Wir müssen aufstehen. Wir müssen uns aufrichten,
neu werden mit neuen Gedanken und einem neuen Herzen.
Das geht. Aber nicht mit einer Apotheke von Pillen und Pulvern,
sondern mit Hilfe jener geheimnisvollen Kräfte,
die tief in jedem Menschenherzen schlummern.

Lieber Mensch, wenn du tot bist für jede Freude,
für jede Liebe, für jedes Glück, wenn du nicht mehr
an dich selbst glauben kannst und an die Menschen:
Dann versuche all das Häßliche, Bittere, Dunkle, Finstere
abzulegen und dich selbst von alldem zu reinigen.
Steh auf aus der Nacht deiner Mutlosigkeit und Lebensmüdigkeit!
Auf zu einem neuen Morgen voller Sonne, voller Vögel und Blumen!
Auf zu neuem Frühling, zu neuem Licht,
zu neuen Möglichkeiten!
Steh auf! In jedes Blatt eines jeden Baumes
hat Gott Auferstehung geschrieben
und ganz bestimmt auch in dein armes Menschenherz.

7. MÄRZ

VERLIERE NIE DEN MUT

Was dir auch geschehen mag, verliere nie den Mut!
Wenn dich die Menschen im Stich lassen,
wenn die eigenen Kinder deine Träume zerschlagen haben,
wenn die Sonne aus deinem Leben verschwunden ist,
dann suche den Stern, den Gott eigens für dich entzündet hat.
Wenn du mit leeren Händen dastehst und nichts mehr
anzubieten hast, dann sei gewiß:
Gott verlangt von dir keine Ernte, keine vollen Scheunen.

Wenn die Herzen bei dir zu Haus hart sind wie Stein,
wenn du vor verschlossenen Türen stehst,
wenn man nirgends mehr öffnet, sosehr du auch klopfst,
dann wende dich nicht in grenzenloser Bitterkeit ab.
Prüfe dein eigenes Herz, und mach es bereit für ein Fest.
Gott mag dich. Er wird irgendwo und irgendwie
ein Menschenherz anrühren, dich das wissen zu lassen.
Der Regen wird aufhören. Die Kälte wird vorbeigehen.
Im Strahlen eines Lächelns und in einer zärtlichen Hand
wirst du den Frühling fühlen und wieder leben.

Wenn du deine Botschaft in eine Wüste bringen sollst,
wo niemand da ist, der zuhört, dann sei gewiß:
Gott hat verborgene Antennen aufgestellt, die jedes Wort
aus deinem Herzen auffangen und weitergeben
über alle verdorrten, unfruchtbaren Felder hinweg
zu dem Stückchen Erde, wo die neue Welt geboren wird.
Verliere nie den Mut! Was auch geschieht, Gott mag dich.

8. MÄRZ

DU SIEHST NICHT SO VIELE FEHLER

Wie siehst du die Fehler von deinem Mann,
von deiner Frau, von deinen nächsten Angehörigen?
Die Fehler der Mitarbeiter, der Kolleginnen,
der Vorgesetzten, der Klassenkameraden, der Nachbarn?
Ich meine nicht die Fehler von Menschen,
die du nicht näher kennst, Fehler, die dir nicht weh tun.
Sondern die Mängel der Menschen, mit denen du
Tag für Tag zusammenlebst und zusammenarbeitest.
Wenn ihre Mängel in deinen Augen riesengroß werden,
daß du nichts anderes mehr sehen kannst,
wenn es darüber andauernd zum Streit kommt,
dann schau mal in dein Herz. Dann ist die Liebe dünn.
Du mußt nicht blind werden für die Fehler anderer.
Aber wenn du wirklich liebst, siehst du nicht so viele Fehler.

Liebe ist in dieser Hinsicht immer ein bißchen blind.
Wenn Liebe und Freundschaft anfangen dahinzusiechen,
geht auch diese sympathische Blindheit verloren.
Die unvermeidlichen Fehler und Mängel der anderen
stören immer mehr, sie werden von Tag zu Tag größer.
Du bekommst schlechte Augen und siehst am Ende
nichts anderes mehr, nur Fehler und Mängel.
Nimm schnell an deinem Herzen Maß, teste deine Liebe.
Mach die Liebe wieder dick, dann werden die Fehler dünn.
Sie lassen sich viel leichter ertragen,
das Leben mit den anderen wird wieder ein Fest.

9. MÄRZ

KEINER IST PERFEKT

Auch wenn jeder daran arbeiten muß, besser zu werden,
hat keiner das Recht, von anderen zu verlangen,
daß sie perfekt und vollkommen sind.
In unserer hochtechnisierten Welt besteht die große Gefahr,
Menschen wie Roboter anzusehen,
von denen man perfektes Funktionieren verlangt.
Aber der Mensch ist keine Maschine.
Er läßt sich nicht in feste Formeln einfangen.
1 + 1 = 2. Das gilt in der Mathematik, aber nicht beim Menschen.

Selbst die besten kommen im Leben meist nur auf 1,8 oder 1,9.
Aber auch wer weniger schafft, muß sich nicht verkriechen,
schamrot verstummen oder anfangen zu jammern.
Wenn jemand sein Bestes getan hat, muß man das
zu schätzen wissen, wie das Ergebnis auch sein mag.
Wenn die Gesellschaft Menschen unter Druck setzt,
sie müßten immer und überall hundertprozentig perfekt sein,
müssen die Menschen einander in Schutz nehmen.

Darum hab die Menschen gern, so wie sie sind.
Es gibt keine anderen. Sag zum Mann, zur Frau,
zum Freund, zur Freundin, zum Arbeitskollegen:
»Für mich mußt du nicht vollkommen sein.«
Das schafft eine Atmosphäre des Vertrauens,
der Wärme und Geborgenheit. Sei ein Mensch,
der mit dem Mitmenschen von Herzen glücklich ist,
selbst wenn es ein Mensch mit gebrochenen Flügeln ist.

10. MÄRZ

UNBEQUEMES CHRISTENTUM

Wir sind umgeben von Gier und Gewalt,
vom Mangel an Sinn, Hoffnung und Mut.
Auf den Weltmärkten werden die armen Länder
nach wie vor durch die reichen Länder ausgeplündert.
Fernsehen und Presse quellen über
von Mord, Verbrechen und Skandalen.

Wir nennen uns Menschen mit Bildung und Kultur,
vielleicht sogar Christen, aber wir träumen
von einem Christentum ohne das unbequeme Kreuz.
Für Anstrengung, Opfer und Verzicht haben wir nichts übrig.
Wir lieben ein Christentum im sanften Sessel,
mit einem warmen Bett, mit reich gedecktem Tisch
und schön klingenden modernen Worten,
die unseren verkappten Egoismus verschleiern.

Ich traf in den Slums von Paris einen Priester,
der unter den Armen lebte. Er sagte:
»Wir kennen in der Geschichte
Zeiten des Verstandes und Zeiten des Gefühls,
heroische und romantische Zeiten.
Heute triumphieren die Instinkte:
Gewalt, Gier, Konsum, Sex.«

In einer solchen Zeit voll Verwirrung, Triebhaftigkeit,
Sinnlosigkeit und Leere wollen wir umkehren,
hin zu einem einfachen, nüchternen Leben
voller Hoffnung, Selbstbeherrschung, Hilfsbereitschaft.

11. MÄRZ

ICH HABE GENUG

Wenn ich die großen Tenöre der Politik und Wirtschaft höre,
wenn ich alle Jahre das Feilschen um mehr Lohn sehe
und erlebe, wie danach Steuern und Preise höher werden,
kann ich nur fragen: Warum? Warum mehr verdienen,
mehr Geld, mehr Gewinn, mehr kaufen, mehr verbrauchen?
Warum und wozu und für wen? Sicher nicht für die Unproduktiven,
die Armen, denn die geraten immer mehr ins Abseits,
die sehen niemals mehr als ein paar Krümel.

Bin ich nur ein großer Narr, wenn ich frage,
welche unsichtbaren Mächte hier am Werk sind?
Sind es die düsteren Mächte menschlicher Habsucht
und Gier, oder tragen sie andere Namen?
Am liebsten möchte ich beten, das wird mir keiner übelnehmen:
»Herr, erlöse uns von dem Besitz, der uns besessen macht.
Erlöse uns von der krankhaften Habgier.
Erlöse uns von dem Verlangen nach Dingen,
die uns doch nicht befriedigen und nur noch gieriger machen.«

Am liebsten möchte ich, daß jeder sagen kann:
»Ich habe genug.
Ich habe zwei Augen, kostbar wie Diamanten,
einen Mund, um zu pfeifen,
und eine Gesundheit, die nicht zu bezahlen ist.
Ich habe genug. Ich habe eine Sonne am Himmel.
Ich habe ein Dach überm Kopf. Ich habe zu tun.
Ich habe genug zu essen, und ich habe Menschen,
um sie zu lieben. Ja, ich habe genug.«

12. MÄRZ

LAZARUS VOR UNSERER TÜR

Wenn ich an den Hunger in der Welt denke,
habe ich Millionen Menschen vor Augen,
die mich wie Skelette traurig und drohend ansehen.
Und ich höre ihre kraftlose Stimme,
die mir durch Mark und Bein geht:

Wir heißen Lazarus und liegen vor eurer Tür.
Wir haben Hunger.
Wir heißen Lazarus und liegen zu Millionen
seit Jahren vor eurer Tür.
Ihr seht uns nicht, aber ihr wißt,
daß es uns gibt, daß wir
in demselben Dorf wohnen, das Erde heißt.
Ihr seid gebildet, sagt man.
Ihr seid entwickelt, sagt man.
Wir sind ungebildet und unterentwickelt.
Ihr seid christlich.
Ihr sagt, daß wir Brüder und Schwestern sind.
Ihr sagt: Friede sei mit euch.
Aber Friede ist Brot für uns.
Warum laßt ihr uns dann vor Hunger sterben?
Warum bekommen wir nicht mehr als die Krümel?
Wir heißen Lazarus
und liegen sterbend vor eurer Tür,
vor eurer Tür, ihr Reichen.

13. MÄRZ

SELBSTBEHERRSCHUNG

Auch du hast das nötig: von Zeit zu Zeit
auf etwas zu verzichten.
Du weißt und hast es wohl schon selbst erfahren:
Die meisten Schwierigkeiten im Zusammenleben
der Menschen kommen daher, daß der eine
nicht zugunsten des anderen auf etwas verzichten kann.
In der Karnevalszeit gönne dir deinen Spaß,
aber in der Fastenzeit übe dich in Selbstbeherrschung.
Entsagung und Verzicht ist nicht nur etwas für Christen,
sondern das haben alle Menschen nötig.

So viele sind mehr als satt und doch so müde.
Rede nicht von Fortschritt und Freiheit,
wenn dein Geist in einem Kerker gefangen sitzt,
unter der Knute der Tyrannen »Geld« und »Genuß«.
So werden Menschen immer weniger Mensch.
Im Denken unbeweglich und unfruchtbar,
entgehen ihnen viele echte Freuden.

In einer Zeit, wo jeder nach Lust und Laune lebt,
leiste Widerstand: Verzichte! Tu es freiwillig.
Wo bist du gefangen? Mach dich frei davon.
Glück ist nicht wie eine fröhliche Maske für einen Tag.
Glück gedeiht auf dem Mutterboden des Verzichts,
der Einfachheit und Selbstbeherrschung.

14. MÄRZ

VERZICHTEN KÖNNEN

Was kannst du dir alles versagen,
wenn es um dein eigenes, liebes Ich geht?
Ich wette, daß du fasten kannst,
wenn es um deine schlanke Linie geht.
Du kannst die Leckerbissen stehen lassen,
wenn du an deine Leber oder deinen Blutdruck denkst.
Aber was kannst du dir versagen,
wenn es um andere geht?
Denk darüber mal gründlich nach!

Was kannst du sein lassen aus Liebe
zu deinem Mann, deiner Frau, deinen Mitmenschen?
Kannst du mal einen Abend nicht ausgehen
oder weniger trinken, weil das deiner Frau lieber ist?
Kannst du auf eine Kostbarkeit verzichten,
wie sie vielleicht die Nachbarin oder Kollegin hat,
um mehr für deine Lieben übrig zu haben?

Und was kannst du dir versagen für jemanden,
den du gar nicht kennst, aber von dem du weißt,
daß er heute noch vor Hunger sterben wird?
Du würdest womöglich Hunderte und Tausende,
ja alles hergeben, um dein Leben zu retten.
Und solltest du dann für das Leben eines Mitmenschen
nicht auf etwas mehr verzichten können
als auf ein Bierchen, ein paar Leckereien?
Nimm als Maß dein Herz!

15. MÄRZ

HAB' DIE MENSCHEN GERN, SO WIE SIE SIND

Schau mal um dich, schau dir die Menschen an,
mit denen du jeden Tag zusammen leben mußt.
Mit diesen Menschen mußt du auskommen,
in Frieden leben und an deinem Glück bauen.
Du hast die Menschen nicht selbst gemacht,
vielleicht sind sie nicht nach deinem Geschmack.
Du kannst nicht verstehen,
daß sie so sind, wie sie sind, ganz anders als du.

Wenn du täglich mit ihnen zusammen bist,
geht dir immer mehr auf die Nerven,
wie viele Fehler und Schwächen sie haben.
Mit der Zeit siehst du nichts anderes und denkst:
Wenn ich mit dem oder mit jener verheiratet wäre,
dann würde es viel besser gehen.
Oder du denkst: Wenn ich andere Eltern hätte,
wenn die Kinder anders wären,
dann könnte ich viel glücklicher sein.

Sehr viele Menschen sind ein Leben lang unglücklich,
weil sie sich niemals anpassen können oder wollen.
Im Grunde ist das nichts anderes
als verkappter Egoismus.
Denk nicht so viel an dein eigenes Ich,
lebe in Liebe mit deinen Mitmenschen.
Hab' sie gern, so wie sie sind.
Das ist der beste Weg zu deinem Glück.

16. MÄRZ

EIN BISSCHEN SELBSTERKENNTNIS

Jeder Mensch kann sich verbessern – auch du!
Wenn es zu Hause, bei der Arbeit oder sonstwo
Schwierigkeiten, Ärger und Reibereien gibt,
dann sag nicht: »Meine Frau ist nicht auszuhalten«,
»Mein Mann ist unausstehlich«,
»Mein Chef ist unfähig,« »Mein Kollege vermurkst alles«,
»Meine Nachbarn sind unmögliche Leute« und so weiter.

Schau mal zuerst in deinem eigenen Herzen nach,
nach deinen eigenen Fehlern.
Du machst eine lächerliche Figur,
wenn du ständig über andere herziehst,
während die anderen so oft Zeugen
deiner eigenen Dummheiten werden.
Wenn du meinst, selbst keine Macken zu haben,
liegt es ganz einfach daran,
daß du sie nur noch nicht entdeckt hast.
Dann wird es höchste Zeit,
ein bißchen Selbsterkenntnis zu treiben.

Wenn ein Mensch sich selbst, seine Fehler,
seine Mängel und Unzulänglichkeiten kennt,
wenn er erkennt, wie klein er ist,
dann wird er viel milder anderen gegenüber,
wird er selbst ein ganz anderer Mensch,
ausgeglichener und vor allem mehr Mitmensch.
Darum: Erkenne dich selbst und werde selbst besser!
Und fang noch heute damit an.

17. MÄRZ

SAG AUCH MAL WAS GUTES

Benimm dich niemals wie ein Brummbär,
der immer nur brummen und knurren kann,
der von anderen nie etwas Gutes zu sagen weiß,
der niemals gut findet, was ein anderer tut,
der beim kleinsten Fehler die Zähne zeigt
und der seine ganze Umgebung tyrannisiert.

Sei ein Mensch und zeige dein Herz!
Auch das heißt »geschwisterlich teilen«.
Sag heute noch etwas Gutes
über deinen Mann, deine Frau, deine Kinder,
deine Eltern, deine Nachbarn, deine Arbeitskollegen.
Alle diese Menschen werden plötzlich
ganz anders werden, viel umgänglicher.
Sie werden ein freundliches Gesicht machen,
und alles läuft wie gut geölt.

Und noch etwas ist ganz wichtig.
Bring leicht ein »Danke!« über deine Lippen,
für alles, was ein anderer für dich tut,
für das Essen, das auf den Tisch kommt,
für jede kleine Aufmerksamkeit zu Hause,
auf der Straße, im Bus oder in der Bahn.
Mit etwas gutem Willen kannst du täglich, stündlich
die Welt besser und schöner machen.
Fang gleich an und warte nicht,
bis nachts der Mann im Mond erscheint.

18. MÄRZ

EINE GEFÄHRLICHE KRANKHEIT

Wenn dein Herz nur voll ist von dir selbst,
von deinem eigenen angebeteten Ich,
kannst du allerlei überflüssigen Ärger erleben.
Du wirst viel versäumen, das versichere ich dir,
wenn du nicht imstande bist,
deine Leidenschaften zu beherrschen
und deine Begierden zu zügeln.

Egoismus ist eine gefährliche Krankheit.
Wie ein tödlicher Virus untergräbt sie
alle deine geistigen und seelischen Kräfte.
Du wirst unruhig und nervös.
Du wirst eifersüchtig und neidisch –
das dümmste Laster, das es gibt.
Du wirst wütend, aufbrausend, cholerisch.
Du willst – koste es, was es wolle –
ein Paradies nur für dich, aber jeden Abend
sitzt du enttäuscht auf deinem Trümmerhaufen.
Denn es gibt kein Paradies für dich allein.

Hör zu! Auch du wirst erst glücklich werden,
wenn du dich selbst vergißt,
wenn du mehr für andere lebst
und besser für andere sorgst.

19. MÄRZ

EIFERSUCHT UND NEID

Du darfst nicht eifersüchtig sein.
Eifersucht entstellt und macht dich häßlich.
Die Frau, die auf ihren Mann eifersüchtig ist,
verliert ihren Charme und wird unausstehlich.
Der Mann, der auf seine Frau eifersüchtig ist,
wird ein Tyrann und macht das Leben unerträglich.

Eifersucht ist das nagende Gefühl des Neides,
das nicht nur in der Ehe so viel Unheil anrichtet.
Auch im alltäglichen Umgang der Menschen
verdirbt der Neid alle Freude und Freundschaft.
Du darfst nicht neidisch sein!
Laß dich nicht auf jenes gefährliche Spiel ein,
zu dem dich der Neid verführen möchte:
Du ein Auto – ich ein Auto,
du ein Haus – ich ein Haus,
du in der Zeitung – ich in der Zeitung,
du auf Haiti – ich auf Haiti.

Ruiniere dich nicht!
Starre nicht blind auf das, was andere haben.
Genieße, was du hast,
und mach dich nicht arm – aus Neid.

20. MÄRZ

WIR HABEN FIEBER

Warum bist du so sauer, wenn du mal
den Bus verpaßt und zu Fuß laufen mußt?
Du weißt doch: Im Fernen Osten laufen Menschen
tagelang zwischen Wagendeichseln für eine Handvoll Reis.
Warum beklagst du dich über eine Unpäßlichkeit,
machst du dir Sorgen über Falten im Gesicht?
Du weißt doch: Tausende müssen jahrelang
mit einem unheilbaren Leiden ihres Leibes leben,
Tausende werden gefoltert wegen ihrer Überzeugung,
ihrer Hautfarbe oder wegen gar nichts.

Warum schimpfst du, wenn du mal im Regen stehst,
ein Stück zu Fuß gehen oder aufs Essen warten mußt?
Denkst du nie an andere, die keine Beine mehr haben,
die im Bett liegen müssen und überglücklich wären,
wenn sie noch einmal stehen oder gehen könnten?
Wenn das Essen nicht pünktlich ist, hast du etwa vergessen,
daß Millionen niemals an einem gedeckten Tisch sitzen?

Was sind wir doch für seltsame, lächerliche, verrückte Wesen!
Wir versauern uns und anderen das Leben mit Lappalien,
während wir doch jeden Tag froh und dankbar sein müßten
für so viele gute Dinge, die wir nicht einmal verdienen.
Wir haben Fieber, und unser Fieber heißt:
krankhafte Selbstsucht.

21. MÄRZ

DAS VERSCHNUPFTE ICH

Jeder Krach und Streit ist im Grunde
nicht der Mühe wert und dabei sehr nachteilig
für die Gesundheit von Leib und Seele.
Auslöser ist in 99 von 100 Fällen eine Nichtigkeit.
Eine kleine Enttäuschung, eine kleine Unüberlegtheit,
ein unbedachtes Wort – und das liebe Ich
ist verschnupft und gekränkt und außer sich.
Jetzt kommt alles bei ihm falsch an,
alles wird andersherum verstanden.
Und dann heult die liebe Frau wegen nichts,
und der liebe Mann knallt die Tür zu.
So menschlich ist das.

Wer noch ein bißchen Verstand hat,
kommt sich selbst kindisch und blöd vor.
Aber nachgeben, das kommt nicht in Frage.
Wozu hat man seinen Stolz ...
Der dicke Egoist, der in jedem Menschen wohnt,
läßt nicht zu, daß du einlenkst.
Wenn du bei niemandem Recht findest,
bleibt dir immer noch
die Rolle der gekränkten Unschuld.
Dann kann das liebe Ich auch noch Theater spielen.
Wenn du nochmal Krach und Streit anfängst,
dann tritt an gegen das liebe Ich –
in deinem eigenen Herzen.

22. MÄRZ

WUTAUSBRUCH

Wenn du schnell wütend wirst
und dich leicht aufregst, dann hör mal gut zu.
Du hast kein Recht, vor Wut zu toben,
denn deine Wut macht alles nur viel schlimmer,
erhöht die Spannungen in deiner Ehe, in deiner Familie,
in deinem Freundeskreis und unter deinen Arbeitskollegen.
Wut ist eine höchst ungesunde Gefühlsreaktion.
Denn wenn du in Wut gerätst,
ballen sich deine Hände unwillkürlich zu Fäusten.
Deine Stimme wird lauter und schärfer,
das Herz schlägt schneller, die Muskeln sind gespannt.
Psychologisch gesehen, machst du dich klar zum Gefecht.
Wut ist ein Rest des Urmenschen in unserem Nervensystem.
Bei einem Wutausbruch schießt Adrenalin
aus den Nebennieren in den Körper.
Das erhöht den Blutdruck mit weiteren schlimmen Folgen.

Sei doch nicht so unvernünftig!
Wut ist die dümmste und allerschlechteste Reaktion,
wenn wir uns über etwas ärgern, wenn uns einer beleidigt.
Wenn du merkst, wie du wütend wirst,
dann setz dich erst einmal in aller Ruhe hin
oder, noch besser, leg dich hin.
Denn es ist sehr schwierig,
wütend zu werden, wenn man – liegt.

23. MÄRZ

UNGLÜCKLICH

Sei nicht allzu leicht mutlos und verzagt,
denn in einem Zustand der Mutlosigkeit
siehst du alles viel schwärzer, als es ist.
Du fühlst dich tief unglücklich
und weißt manchmal nicht einmal, warum.
Du stellst dir vor, daß keiner dich mag,
und könntest stundenlang heulen.
Du bist überempfindlich geworden,
und alles stimmt dich traurig und zu Tode betrübt.
Du hast keine Lust mehr zu arbeiten.
Jede Bewegung wird zur Anstrengung,
du magst nicht einmal mehr essen.
Du denkst und bist fest davon überzeugt,
du wärest das unglücklichste Wesen der Welt.
Doch ... das ist einfach nicht wahr.

Du bist dein eigener Gefangener.
Du sitzt mit deinen Gedanken, deiner ganzen Phantasie
hoffnungslos fest in deinem eigenen Elend.
Es gibt nur eine Lösung: Verkriech dich nicht
in deinem Schneckenhaus. Komm heraus!
Vergiß dich selbst, entdecke die Not der anderen.
Andere brauchen dich. Tu etwas! Hilf Menschen in Not.
Tu es möglichst im stillen und mit Feingefühl.
Im Lächeln der anderen wirst auch du
wieder Mut und Freude finden.

24. MÄRZ

KEIN PROBLEM

Das Problem von heute ist,
daß die Menschen voller Probleme sind.
Aus allem machen sie ein Problem.
Geht es nicht mehr in der Ehe: ein großes Problem.
Klappt es mit der Jugend nicht: viele Probleme.
Gibt es Schwierigkeiten im Alltag: überall Probleme.
Probleme über Probleme: ein richtige Krankheit.
Befreie dich aus dem Netz der Probleme.

Sei vernünftig.
Nicht alle Schwierigkeiten sind Probleme.
Ein Problem ist etwas, was du lösen kannst und mußt.
Mach dir Mut und sage: Kein Problem!
Aber es gibt einen Haufen von Schwierigkeiten,
bei denen es nichts zu lösen gibt.
Die muß man hinnehmen, denn sie hängen
mit dem Leben selbst zusammen.

Vor schwierigen Tagen in der Ehe
muß man nicht weglaufen,
man muß sie gemeinsam gehen.
Vor Schwierigkeiten in jungen Jahren
muß man nicht kapitulieren,
man muß sich durchbeißen.
Wer meint, er hätte ein Problem,
wenn er das Kreuz auf seinen Schultern fühlt,
kommt hoffnungslos durcheinander
und wird am Ende selbst zum Problem.

25. MÄRZ

GROSSREINEMACHEN

Das Schlechteste, was du haben kannst,
ist ein schlechtes Gewissen.
Es ist wie ein Geschwür in deinem Innern.
Du kannst es zwar verbergen und übertünchen,
indem du äußere Formen wahrst,
dir nichts anmerken läßt oder dich lustig gibst.
Dennoch wird es dich langsam, aber sicher zerfressen.
Du wirst unruhig, lachst viel weniger,
bist schlecht gelaunt und streitsüchtiger.
Ein schlechtes Gewissen ist für deine Seele,
was eine schlechte Verdauung für deinen Leib ist:
der Anfang von einem Haufen Ärger und Unglück.

Mit einem reinen Gewissen
scheint die Sonne für dich viel schöner,
sind die Menschen viel freundlicher,
die Abende ruhiger und die Nächte voll Frieden.
Mit einem reinen Gewissen bleibst du jung und froh,
bist du jeden Tag im siebten Himmel.

Sorge also nicht nur für Essen, Wohnung, Kleidung,
sondern geh tief in die Kammer deines Herzens.
Mach dich an ein Großreinemachen.
Schaffe wieder Platz für Gott.
Er liebt dich von Kindesbeinen an.
Er steht an deiner Tür
und wartet mit seinem Frieden.

26. MÄRZ

DIE EINZIGE ANTWORT

Wenn du ein denkender Mensch bist, kommt irgendwann
der Augenblick, wo du im Leben Antwort auf Fragen suchst,
die in der Öffentlichkeit meistens nicht gestellt werden,
aus Angst, daß es keine Antwort darauf geben könnte.
Du gibst dich dann nicht mehr zufrieden mit schönen Theorien,
wie Wissenschaft und Philosophie sie anbieten.
Du empörst dich im tiefsten Innern gegen Leiden und Tod.
Nicht gegen Leiden und Tod im allgemeinen,
sondern gegen das manchmal unmenschliche Leiden,
das einen konkreten Mitmenschen zugrunde richtet,
den du kennst und liebst. Damit kannst du dich nicht abfinden.

Es muß eine Antwort geben. Aber die kann nur befriedigen,
wenn sie tief genug ist, um alle Menschen zu umfassen.
Sie muß dem Leben eines Rollstuhlfahrers Sinn geben,
dem Leben eines Behinderten, eines unheilbar Kranken,
dem Leben einer Mutter mit einem schwerbehinderten Kind,
dem Leben eines Greisen, der nichts mehr zu erwarten hat.

So eine Antwort finde ich in keiner Philosophie und Ideologie.
Wenn das Absurde von Leiden und Tod das Blut
in meinen Adern stocken läßt, ist für mich die einzige Antwort:
Gott. Er ist das einzige Licht und die einzige Kraft,
die das Blut in meinen Adern wieder strömen läßt.
Alles, was ich sagen kann, heißt: Gott. Er ist Liebe.
Und es lohnt sich, ihm zu begegnen oder wenigstens
sich auf den Weg zu ihm zu machen.

27. MÄRZ

WARUM SOVIEL LEID

Weißt du, daß es Menschen gibt,
für die das Leben auch in unserem Wohlstand
voller Qual, ein richtiger Kreuzweg ist?
Weißt du, wie viele an Leib und Seele schrecklich leiden
unter allen Arten von Schmerzen, Torturen,
Ängsten, Enttäuschungen, Erniedrigungen?
Wie viele an ihrem Leib gezeichnet sind
von Krankheit oder Behinderung?
Wie viele in ihrem Herzen verletzt sind
durch betrogene und verratene Liebe?
Sie fühlen sich ausgestoßen, alleingelassen.
Sie möchten manchmal lieber tot sein,
als Tag und Nacht ihr Leid tragen zu müssen.

Warum soviel Leid, soviel unheilbares Leid
bei so vielen Menschen? Ist das alles sinnlos?
Bleibt nichts übrig als ein empörter Aufschrei
nach Gerechtigkeit, Vergeltung und Rache?
Oder ist es nicht vielmehr für uns eine Aufforderung
zu mehr Liebe, mehr Zuwendung?
Und für sie eine Einladung in unbekannte Fernen,
um durch alle Tränen hindurch
eine neue Welt zu entdecken, die Welt Gottes,
die Welt wahrer Freude, die Welt wahren Glücks.

28. MÄRZ

SELTSAMES MENSCHENLEBEN

Das Menschenleben ist so seltsam, so unbegreiflich.
Es gibt Tage, da scheint die Sonne. Du weißt nicht warum.
Du bist zufrieden. Du siehst die schönen Seiten des Lebens.
Du freust dich, du bist dankbar. Deine Arbeit läuft gut.
Alle sind freundlich zu dir. Du weißt nicht warum.
Vielleicht hast du gut geschlafen, Anerkennung erlebt,
Erfolg, Geborgenheit. Wenn diese Zeit doch nie aufhörte!

Aber auf einmal verändert sich alles.
Es ist, als ob eine übergroße Sonne die Wolken anzieht.
Eine unerklärliche Traurigkeit kommt über dich.
Dir fällt alles schwer, du siehst alles schwarz.
Du meinst, daß die anderen dich nicht mehr mögen.
Du beklagst dich über Kleinigkeiten, machst Vorwürfe.
Du denkst, das bleibt so und wird nie mehr anders.
Und wieder weißt du nicht, warum das so ist.
Vielleicht bist du müde? Du weißt es nicht. Warum ist das so?

Weil der Mensch ein Stück Natur ist: mit Frühling und Herbst,
mit der Wärme des Sommers und der Kälte des Winters,
mit Ebbe und Flut, wie der Rhythmus des Meeres.
Weil sich in unserem Dasein fortwährend Leben
und Sterben wiederholt. Wenn du das begreifst, kannst du
voll Mut und Vertrauen weiter, denn dann weißt du:
Nach jeder Nacht kommt wieder ein neuer Morgen.
Wenn du glauben kannst, wirst du selbst erfahren,
daß dieses regelmäßige Sterben notwendig ist,
um wieder neu und tiefer und voller Freude zu leben.

29. MÄRZ

VERSÖHNE DICH MIT DEM LEBEN

Wieder sah ich einen Mann schrecklich leiden
unter dem unwiderruflichen Verlust seiner Frau.
Er erinnerte mich an einen anderen, der vor einiger Zeit
bei mir saß wie ein Granitblock, mit versteinertem Gesicht.
Die Worte, die er mit Pausen hervorstieß, klangen wie ein Fluch:
»Das darf nicht wahr sein: meine Frau – tot. Verunglückt.
Es geht nicht ohne sie. Ich kann nicht. Ich mache Schluß.«
»Versuche dich zu versöhnen«, sagte ich leise.
»Ich will nicht, ich kann nicht, ich mache Schluß.«

Manchmal kann Leben für Menschen entsetzlich sein.
Arthur Miller schreibt in einem seiner Theaterstücke:
»Ich träumte. daß mein Leben ein Kind von mir war.
Aber es war verunstaltet, mongoloid, und ich lief weg.
Immer wieder kroch es mir auf den Schoß, bis ich dachte:
Wenn ich es küssen kann, kann ich vielleicht schlafen.
Und ich bog meinen Kopf über sein verzerrtes Gesicht,
es war schrecklich ... aber ich küßte es.«

Ja, ich glaube: Am Ende mußt du
dein Leben in die Arme nehmen,
so wie dein Leben ist, und mußt dich damit versöhnen,
so hart und schwer das auch ist. Aber wenn du es geküßt hast,
wird es anders, erträglicher. Mach dir keine Illusionen.
Glück ist keine Dauervorstellung im Theater des Lebens.
Tiefes Glück kommt und geht und dauert meist nicht lang.
In der übrigen Zeit heißt es: daran denken und darauf warten!
Versöhne dich mit dem Leben, so wie es ist. Heute. Jetzt.
Um das bißchen Glück, das auf dich wartet, nicht zu verfehlen.

30. MÄRZ

VERLIEREN UND LOSLASSEN

Wer je über das Leben nachdenkt, stößt unvermeidlich
auf die fundamentale Ohnmacht des Menschen.
Jeden Tag passieren viele Dinge, bei denen du
nichts machen, nichts ändern, nichts verhindern kannst,
ob du viel oder wenig Geld hast, ob du einsam und bedrückt
oder scheinbar unbeschwert und sehr erfolgreich bist.

Du bist und bleibst als Mensch ein Verlierer.
Du kannst nichts festhalten. Alles fällt dir durch die Finger.
Du träumst, du baust, du feierst Triumphe,
und auf einmal ist das Leid da, das Alter, die Nacht.
Manchmal plötzlich wie ein Blitz.
Ein Unfall, sagt man, ein schreckliches Unglück.
Du kennst Menschen mitten im Leben, jung und alt,
die ausfallen, verschwinden, nie mehr zurückkommen,
vielleicht sehr liebe, nahestehende Menschen.
Du möchtest sie festhalten, so wie dich selbst.
Du möchtest, daß ein glücklicher Augenblick
nie vergeht, daß ein schöner Tag nie endet.
Und mußt doch loslassen, an jedem Abend einen jeden Tag.

Als Verlierer darfst du deine Verluste nicht ewig beweinen.
Denn erst wenn du deine völlige Ohnmacht erfahren hast,
wirst du reif für Gott, und alles bekommt Sinn und Ziel:
deine Angst, dein Leid, dein Gesundsein, dein Kranksein,
dein Leben und dein Sterben.
Erst wenn am anderen Ufer kein Gott wäre,
keine unsterbliche Liebe, wäre alles sinnlos, absurd.

31. MÄRZ

APRIL

Mit jedem guten Menschen
auf der Welt
geht eine Sonne auf

ICH HAB' DICH GERN

Mensch, ich hab' dich gern!«
Hast du nie das Verlangen gespürt, alle Menschen
vor Freude zu umarmen und glücklich zu machen?
In uns lebt ein ewiges Suchen nach dem Unendlichen,
nach etwas, das uns ganz und für immer erfüllt.
Aber alles, auch die schönste Begegnung,
ist so vorläufig, daß es sehr tief schmerzen kann.

Mensch, ich hab' dich gern!«
Du bist genauso verletzlich und ebenso allein wie ich.
Du gehst denselben Weg zum selben Ziel und Ende.
Gehetzt, gelassen, glücklich, ängstlich, ich weiß es nicht.
Aber wir sind zusammen unterwegs. Wir sind noch nicht da.
Wir laufen in dieser Welt herum wie in einem Supermarkt:
sehen, aussuchen, nehmen, kaufen, geben, wegwerfen.
Mit der Zeit wird das entsetzlich langweilig und sinnlos,
wenn wir das tiefste Verlangen in uns –
Liebe zu empfangen und Liebe zu geben –
mit Dingen betäuben, die man mit Geld bezahlen kann.

Wir müssen eine neue Art von Kapital investieren,
wollen wir als Menschen nicht in der Wurzel verfaulen.
Das sagenhafte Kapital der menschlichen Güte,
der menschlichen Zuwendung und Freundschaft.
Wir haben zwei Welten, um darin zu leben:
die Welt des Geldes und die Welt des Herzens.
Entscheide dich mit mir für die Welt des Herzens,
wo du das Leben genießen kannst wie ein Kind.

1. APRIL

TRAURIGER FALL

Weißt du, was Mensch sein bedeutet? Mitmensch sein!
Darum ist es gut, sich von Zeit zu Zeit zu fragen:
Bin ich wohl noch genügend Mitmensch?
Wenn du dich in deinem Ich einmauerst,
ausschließlich an deine eigene Wichtigkeit denkst,
einzig für deine erhabene Existenz sorgst,
dann bist du für alle anderen ein trauriger Fall.
Niemals wirst du auf diese Weise glücklich werden.
Egoist sein ist eine Art Selbstmord:
Das Menschsein in dir wird umgebracht.

Geist und Herz unterscheiden dich vom Tier.
Geist hast du, um zu denken,
und ein Herz hast du, um andere zu lieben.
Wenn mir meine Mitmenschen völlig egal sind,
dann bin ich als Mensch bereits gestorben.
Dann kann ich reich sein, intelligent, vom Adel,
ein Experte, mit Titeln geschmückt
und in ganz bedeutender Position –
in Wirklichkeit bin ich tot,
unbrauchbar für die Gemeinschaft, wertlos.
Viele von diesen dürren, frostigen Elementen
lassen das menschliche Miteinander erstarren.
Ihretwegen geht es in vielen Häusern,
wo Menschen miteinander leben und arbeiten,
so ungemütlich zu, eiskalt und unerträglich.

2. APRIL

MORGENGEBET

Herr, gib mir Sonne, eine Blume, ein Lächeln,
die Augen eines Kindes. Herr, gib mir Freude.«

Steig mit diesem Gebet jeden Morgen aus deinem Bett.
Mach kein so schrecklich ernstes, zerfurchtes Gesicht.
Ich weiß, du hast eine ganze Menge Probleme.
Aber blase sie nicht noch weiter auf
zu riesigen, schicksalsschweren, schwarzen Wolken,
die dir den ganzen Himmel verdunkeln.
Du brauchst kein Superoptimist zu sein,
aber für einen, der alles schwarz sieht,
geht die Sonne schon am Morgen unter.
Wer materiell überfüllt ist, wird geistig untergehen.
Wer ständig unter Hochspannung steht,
wer immer gehetzt und überdreht lebt,
dem hilft keine kommerzielle Entspannung.
Im Gegenteil, sie macht alles nur noch schlimmer.

Bitte um die Augen und das Herz eines Kindes,
das über den Rasen jauchzend zu einer Blume läuft,
das einen kleinen Fisch im Wasser anstaunt
und fragen kann, wer die Sterne am Himmel anzündet.
Du mußt wieder staunen können, begeistert sein
über tausend gute Dinge, die dich jeden Tag umgeben.
Dann wird in dir wie von selbst Freude aufkommen,
und viele moderne Krankheiten bleiben dir erspart.

3. APRIL

WENN DU DICH NUR ÖFFNEST

Bring Freude ins Leben.
Wirf alle Sorgen von dir, denn Sorgen um morgen
kommen immer einen Tag zu früh.
Sei optimistisch.
Es ist noch Liebe und Licht in der Welt,
auch in deiner Welt, wenn du dich nur öffnest
und deine Augen aufmachst.

Es gibt Menschen, die behaupten,
das Leben sei finster, kalt, traurig und trostlos.
Aber die Fenster ihres Herzens
halten sie dicht verschlossen gegen die Wärme
und gegen jeden Sonnenstrahl.
Bewußt verkriechen sie sich in den Schatten
finsterer Gedanken und dunkler Gefühle.
Sie leben hinter Mauern, die sie selbst gebaut haben.

Leben aber ist ein Weg, der ins Freie führt.
Leben ist etwas Offenes, Aufsteigendes, etwas mit Zukunft.
So wie man Berge zeichnet mit ansteigenden Linien.
Darum bring Freude ins Leben.
Und wenn auch mal der Himmel voller Wolken ist
und die Welt voller Elend und Streit,
verliere nicht den Mut, sondern halt dich fest am Vertrauen.
Scheint draußen keine Sonne,
dann hab Sonne in deinem Herzen,
und es wird alles, alles wieder gut werden.

4. APRIL

EINE HOCHVERZINSLICHE ANLAGE

Findest du nicht auch: Die Menschen lachen zu wenig.
Darum geht es an vielen Orten so traurig zu.
Siehst du auch immer so todernst aus?
Dann mußt du entschieden lockerer werden
und ein Lächeln probieren.
Mit einem Lächeln bist du bestimmt attraktiver.

Viele Menschen geben viel Geld aus für ihre Schönheit.
Von dem Wunsch, attraktiv zu sein, lebt eine ganze Industrie.
In Schönheitsinstituten wird die Fassade des Menschen
auf Hochglanz gebracht. Eine teure vergängliche Kunst.
Warum so viel Geld und so viel Mühe,
wenn du deine ganze Umgebung
mit einem Lächeln bezaubern kannst?

Wenn du lachst, geht alles viel flotter,
gibt es weniger Streit, kannst du mehr vertragen
und bringst du mehr zustande.
Wenn du lachst, dann werden auch andere anfangen,
mitzulachen bei dir zu Haus, im Büro, im Laden,
bei der Besprechung, an deinem Arbeitsplatz.
Dann beginnt überall Liebe zu wachsen.

Ein Lächeln anlegen,
das ist eine hochverzinsliche Anlage.
Es kostet nichts und bringt doch so viel.
Lach doch mal wieder!

5. APRIL

ANSTECKEND

Güte ist etwas Ansteckendes.
Wohnt Güte in deinem Herzen, findest du leicht Freunde,
bist du oftmals eine Anlaufstelle, ein richtiger Hafen
für Unglückliche, Einsame und Notleidende.
Güte heißt nicht Wortschwall oder großer Aufwand.
Güte äußert sich in Verständnis, Freundlichkeit, Behutsamkeit,
in Herzlichkeit und Zärtlichkeit, in der Bereitschaft,
zuzuhören, zu vergeben, schlicht und einfach zu helfen.

Güte ist Wegbereiter der Liebe. Ohne sie wäre Liebe verlogen.
Gut sein, das ist Sinn, Grund und Ziel deines Daseins.
Wer zu anderen gut ist, wird nie seine Macht mißbrauchen.
Niemals wird dann Gewalt den Ausschlag geben.
In dieser Welt gibt es zu wenig Güte. So kommt es,
daß manche Menschen für ihre Macht und ihren Ruhm
über Leichen gehen. So kommt es, daß Bomben fallen.
So gibt es keinen Frieden, kann es keinen Frieden geben.

Gute Menschen fallen gewöhnlich nicht auf, nirgendwo.
Dabei sind sie die einzigen, die das Leben erträglich machen.
Dank guter Menschen gibt es Freude und Freundschaft.
In der Dunkelheit dieser Zeit ist alles Gutsein
wie ein mildes Licht, das die Welt erhellt.
Wer ein Christ ist, weiß, daß die christliche Botschaft
keine Botschaft von Gottes Allmacht und Gerechtigkeit ist,
sondern zuerst eine Botschaft von seiner Gnade,
seiner Menschenfreundlichkeit und Vergebungsbereitschaft,
eine Botschaft von Gottes Güte.

6. APRIL

FREUNDLICHKEIT

Du mußt aufpassen.
Wenn du unfreundlich, grimmig dreinschaust,
ungenießbar und kurz angebunden bist,
dann leiden alle Leute darunter,
vor allem die, mit denen du zusammenlebst.
Dann gibt es heute Ärger, weil die Suppe zu kalt ist,
und morgen, weil sie zu heiß ist.

Wenn du im Büro, im Laden, im Betrieb
anderen vorgesetzt bist, dann schwebe nicht
über deinen Leuten wie eine schwarze Wolke.
Sitzt du am Post-, Bank- oder Fahrkartenschalter,
oder es wenden sich sonstwo Menschen an dich,
dann setz kein Totengräbergesicht auf
und knurre nicht die Menschen an,
die deine Hilfe nötig haben.

Das Leben ist für die meisten schon traurig genug.
Denk daran: Freundlichkeit wirkt Wunder.
Freundlichkeit verwandelt die Menschen.
Freundlichkeit verändert die Welt.
Die anderen brauchen dich, um glücklich zu sein.
Versetze deine Mitmenschen in die Sonne.
Schenke ihnen dein schönstes Lächeln!

7. APRIL

LEBEN UND STERBEN LERNEN

Viele Menschen kennst du mehr oder weniger oberflächlich.
Aber einen Menschen mußt du gründlich kennenlernen,
und selbst dann wirst du nicht immer durchschauen,
warum er so fühlt und warum seine Leidenschaften
manchmal so ausbrechen wie ein Vulkan.
Einen Menschen gibt es, mit dem du täglich leben mußt
und von dem du dich nicht leicht lösen kannst.
Dieser Mensch sitzt in deiner eigenen Haut.
Dieser Mensch bist du selbst.

Und nun sage ich etwas ganz Seltsames:
Um leben zu lernen, mußt du sterben lernen.
Um glücklich zu sein, mußt du eine Menge Dinge loswerden.
Unter anderem mußt du dich lösen von deiner Selbstsucht,
von deinem krankhaften Starrsinn, von deiner Gier.

Aber wie? Du mußt keine verrückten Dinge machen.
Das gewöhnliche tägliche Leben ist dein bester Lehrmeister.
Immer dasselbe, dieselben Gesichter, dieselben Arbeiten.
Derselbe tägliche Ärger, die unvermeidlichen Reibereien.
Immer wieder Wünsche, die nicht in Erfüllung gehen.
Immer wieder Mißverständnisse und Mißerfolge.
Das alles wird dich schleifen wie einen Diamanten.
Es tut weh, ich weiß es, und manchmal geht es nicht.
Aber es gibt keinen anderen Weg zum inneren Frieden
als den Weg, der im Schatten des Kreuzes verläuft.
Es ist der österliche Weg zur Auferstehung, zur Freude.

8. APRIL

WAS DU BRAUCHST

Du hast einen Leib, aber auch Geist, Herz und Seele.
Wenn du zuviel an deinen Leib denkst,
wirst du ein Egoist, ein ganz unsoziales Wesen.
Dann kann für dich das Essen nie gut genug sein.
Dann hast du Angst vor schwerer Arbeit.
Dann suchst du Bequemlichkeit und Luxus.
Und wenn dir irgendwo irgendwas weh tut,
wirst du das unausstehlichste Geschöpf der Welt.

Sorge gut für deinen Leib, aber sorge zuallererst
für dein Herz und deinen Geist.
Was du brauchst, ist Güte.
Güte und Liebe zu anderen Menschen,
Freundlichkeit, Zuneigung, Herzlichkeit.

Der Geist, der dich beseelt,
der wird auch in deinem Hause wohnen.
Es liegt an dir, ob dein Zuhause ein Stück Himmel ist
oder ein kalter Raum zwischen toten Steinen.
Fühlst du dich in dieser harten Welt nicht imstande
zu Güte, Freundlichkeit und Liebe,
dann behalte deine Not nicht für dich.
Versuche zu beten. Wende dich an Gott,
der tote Herzen zum Leben erwecken kann,
daß er dein gefrorenes Herz auftaut
und ein wenig seinem Herzen gleich macht,
das Liebe ist.

9. APRIL

ÜBER JEDEM LEBEN HÄNGT EIN KREUZ

Warum soviel Leid, soviel unbegreifliches Leid?
Vielleicht auch bei dir zu Hause, in deinem Herzen.
Leid, über das du nicht sprechen magst,
weil es schon seit Jahren in deinem Innersten nagt.
Leid, das du nicht herausgefordert hast.
Unglück, das dich verfolgt,
Schicksalsschläge, die dich treffen.
Eine gescheiterte oder erkaltete Ehe.
Langwierige Krankheit ohne große Aussicht auf Heilung.
Sorgen, Enttäuschungen, Verständnislosigkeit,
Undankbarkeit, jahrelanger Streit in der Familie.
Eine Beleidigung, ein böses Wort, eine Gemeinheit,
weswegen du nachts nicht schlafen kannst.
Vielleicht eine große Einsamkeit auf deine alten Tage.

Über jedem Leben hängt ein Kreuz.
An jeder Tür warten Leid und Tod.
Wenn du dich empörst, wächst die Verbitterung
wie ein schreckliches Geschwür in deinem Herzen.
Und das Kreuz wird noch schwerer.
Wir haben keine Wahl. Wir müssen uns beugen
vor dem Geheimnis des Leidens,
vor Gott, dem einzigen,
der selbst in unseren dunkelsten Nächten
noch Sterne scheinen lassen kann.

10. APRIL

MIT AUGEN, DIE GEWEINT HABEN

Früher oder später stößt du gegen den elenden Querbalken,
der dein Leben zu einem Kreuz macht. Du wirst krank.
Du verlierst deine Arbeit. Du verunglückst. Du wirst betrogen.
Ein geliebter Mensch stirbt. Du wirst alt. Du kannst nicht mehr.
Der Querbalken kann alle Formen und Ausmaße annehmen.
Alles ging so gut. Und plötzlich: der schreckliche Querbalken.
Er kann dir soviel Schmerzen bereiten, daß du –
enttäuscht, entmutigt, verzweifelt – tot sein möchtest.

Das Kreuz ist eine Realität in jedem Menschenleben.
Aber immer weniger Menschen werden damit fertig.
Sie akzeptieren es nicht mehr, sie halten es nicht mehr aus.
Doch du hast keine Wahl. Entweder du trägst dein Kreuz,
oder das Kreuz wird dich erdrücken.
Aber du kannst es nur tragen, wenn du Sinn
und Aufgabe des Kreuzes verstehen lernst.

Das Kreuz bringt dich zurück zu deiner Wahrheit,
zu dem wahren Maß eines armen, schwachen,
verletzlichen, kleinen Menschenkindes.
Es ist wie eine Antenne,
womit du eine Botschaft von Gott empfangen kannst.
Schau auf das Kreuz des Karfreitags.
Es wird dich nicht von deinem Leid befreien,
aber es wird dich erlösen von der Sinnlosigkeit des Leidens.
Alles wirst du anders und viel besser sehen
mit Augen, die geweint haben.

11. APRIL

IN DER SONNE PARKEN

Du bist nicht ewig auf dieser Welt.
Du bekommst zwischen der Ewigkeit vor deiner Geburt
und der Ewigkeit nach deinem Tod die Zeit,
um auf unserem kleinen Planeten zu parken.
Laß die Parkuhr laufen. Du kannst sie nicht zurückstellen
oder länger laufen lassen, indem du Geld hineinsteckst.
Deine Zeit auf dieser Welt ist unerbittlich begrenzt.
Es gibt keine Instanz, die hier etwas für dich tun kann.
Dein Leben ist wie das, was du in den Sand schreibst.
Ein kleiner Wind, und alles ist verweht.
Was nun? Versinke darüber nicht in Traurigkeit.
Damit mach dir das Herz nicht schwer.
Versuche vielmehr, dein Leben zu parken in der Sonne,
nicht in einem Wespennest von Ärger, Sorgen und Problemen.

Schöne Tage machen! Begeistert sein über das Licht,
über die Liebe, über gute Menschen und schöne Dinge.
Freundlich und herzlich sein zu dem alten Menschen,
der weiß, daß seine Parkzeit um ist, zu dem Kranken,
dem Behinderten, Notleidenden, Enttäuschten,
dem Betrogenen und den vielen Unglücklichen,
die keinen Platz mehr in der Sonne fanden.

Schöne Tage machen für sie und für alle Menschen um dich!
Mehr brauchst du eigentlich nicht, um selbst glücklich zu sein.
Den Kopf mit fröhlichen Gedanken füllen,
das Herz mit Liebe und den Mund mit einem Lachen.
In der Sonne parken und die Parkuhr laufen lassen!

12. APRIL

ZEIT ZUR BESINNUNG

Hast du noch Zeit zur Besinnung?
Gibt es noch irgendwo in deinem Leben
Augenblicke der Stille, um über alles nachzudenken,
über den Sinn, das Warum und Wozu von allem?
Oder läßt du dir jeden Abend den Kopf
bequem vom Fernsehen abfüllen?
Brauchst du alle Zeit für Sport und Unterhaltung,
für Mode und Make-up und den neuesten Lifestyle?

Sei du selbst! Sieh zu, daß du selbst lebst.
Laß dein Denken nicht fremdbestimmt sein,
beherrscht von den Meinungen der Medien,
von den Fernsehfilmen und der Sensationspresse.
Setz deinen eigenen Kopf in Bewegung,
bring deine eigenen Gehirnzellen in Gang.

Vor zweitausend Jahren schleppte sich ein Mensch
durch die Straßen einer Stadt mit einem Kreuz,
zum Tod verurteilt, verhöhnt und geschlagen.
Und doch brachte er es fertig, zu allen Zeiten
und auch heute Menschen zur Besinnung zu bringen,
zum Nachdenken über den tiefsten Sinn ihres Daseins.
Versuche in dieser Zeit vor Ostern einmal,
jeden Tag einen Augenblick der Stille
und Besinnung in dein Leben einzulassen.
Du wirst merken, wie gut das tut.
Du wirst dich mehr als Mensch fühlen.

13. APRIL

WER IMMER MIT SICH SELBST BESCHÄFTIGT IST

Bist du richtig glücklich? Tief im Herzen glücklich?
Dann gib von deinem Glück
jeden Tag ein bißchen ab – an andere.
Sonst geht auch dein Glück verloren.
Bist du nicht glücklich? Lachst du selten oder nie?
Bist du deprimiert und unzufrieden?
Dann denkst du sehr wahrscheinlich
zu viel an dein empfindliches Ich,
an dein Geld, deine Gesundheit,
deine eigenen kleinen Sorgen.
Du denkst viel zu viel an dich selbst
und viel zu wenig an die anderen.

Wer immer mit sich selbst beschäftigt ist,
kann nicht glücklich werden,
weil er nicht mehr lieben kann.
Und nicht mehr lieben können,
das ist das Ende jeder Freude
und der Anfang der Hölle.

Probier es mal mit Freundlichkeit und Güte.
Versuche, dich selbst zu vergessen,
und zeige dein Herz, vor allem zu Hause.
Helft einander, steht einander bei, seid gut zueinander.
Laßt über einem Streit die Sonne nicht untergehen.
Denn Feindseligkeit, die sich einnistet im Herzen,
macht vor der Zeit alt und häßlich.

14. APRIL

GEH IN DEIN HERZ

Bist du schon mal bei dir im Innern gewesen?
Hast du schon mal in dein eigenes Herz geschaut?
Wenn du immer nur an der Außenseite lebst
und immer nur Interesse hast für die Fassade,
für dein Aussehen und deinen guten Ruf,
dann hängt dein Glück am Pendel von Äußerlichkeiten.
Dann bist du heute glücklich und morgen unglücklich,
heute gut aufgelegt und morgen ganz niedergeschlagen.

Geh mal in dich hinein, tu etwas für dein Inneres,
für das Innere deines Herzens.
Du kannst stundenlang deinem Hobby frönen.
Du hast alle Zeit, Kleider auszusuchen.
Beim Frisör unter der Haube wirst du nicht nervös.
Warum hast du so wenig Zeit, für dein Herz zu sorgen?
Du weißt doch, die Gefühle, die da geboren werden,
sind bestimmend für dein ganzes Leben.
Ist dein Herz leer, dunkel, verwirrt, verwahrlost,
dann wachsen dort Gefühle von Enttäuschung,
Verbitterung, Neid, Sinnlosigkeit, Ekel, Verzweiflung.

Geh in das Innere deines Herzens.
Tu das in einer Stunde der Stille,
der Sammlung, des Gebets.
Du wirst von der Wirkung überrascht sein.

15. APRIL

ARME REICHE MENSCHEN

Die ärmsten Menschen wohnen in den reichen Ländern.
Sie essen zu viel, trinken zu viel, sind immer umgetrieben.
Sie kennen keine Ruhe und keinen Frieden.
Wenn nichts zu tun ist, wenn nichts los ist,
nichts Sensationelles passiert, langweilen sie sich zu Tode.
Sie haben alles, nützen alles aus und nehmen alles mit.
Aber sie können nichts mehr einfach genießen.
Sie können sich nicht mehr ohne Hintergedanken freuen.
Bei allem, was sie tun, geht es um Geld.
Sie zahlen für alles, sogar für gute Beziehungen.
Sie verschmutzen die Luft, die sie einatmen.
Sie verschmutzen das Wasser, das sie trinken.
Sie verschmutzen ihr eigenes Nest.

Die reichsten Menschen sind oft die ärmsten Menschen.
Sie können nicht mehr glücklich sein. Sie sind nicht mehr
empfänglich für die einfachen Freuden des Lebens.
Die äußere Vitalität, wie sie die Erlebnisindustrie produziert,
übertüncht nur die totale Ohnmacht von Menschen,
deren Bauch voll, deren Herz leer und deren Geist verwirrt ist.

Arme reiche Menschen! Wir brauchen Befreiung.
Erlösung von Langeweile, Verwirrung und Verzweiflung.
Diese Erlösung kommt nicht aus der Apotheke.
Sie liegt in der Umkehr zur Einfachheit und Armut,
im Freiwerden von der Versklavung an Macht und Besitz.
Wer das Glück hat, an Gott zu glauben,
für den ist der Weg auf Ostern hin ein Weg zur Befreiung.

16. APRIL

LEBEN IST DER MÜHE WERT

Sag mal, lebst du auch ohne Lust auf Leben?
Wenn ich mir die Menschen so anschaue,
gewinne ich oftmals den Eindruck:
Vielen tut es geradezu leid, daß sie leben.
Sie starren im Leben immer auf die verkehrte Seite,
sie haben kein Auge mehr für das Gute und Schöne.
Sie sehen den Dreck und vergessen die Sterne.
Sie sitzen im Gefängnis ihrer Sorgen
und sind blind für die vielen kleinen Freuden,
die es auch gibt, die uns jeden Tag begegnen.

Bist du glücklich verheiratet,
herrscht bei dir zu Hause Frieden,
sei dankbar und sag nicht:
»Wenn wir das doch hätten …!
Wenn wir da doch wären …!«
Scheint die Sonne, sag nicht:
»Morgen wird es Regen geben.«
Genieße, was du jetzt hast, und sei zufrieden.
Lebe gern und arbeite gern.
Es gibt soviel Gutes zu tun. Sei begeistert.
Das Leben ist der Mühe wert.

17. APRIL

RUFE DEN FRÜHLING AUS

Viele Menschen sind krank vor Langeweile,
sie langweilen sich zu Tode, weil sie übersättigt sind.
Das Haus steht voll. Der Tisch ist reich gedeckt.
Es kommt kein neuer Tag. Alle Tage dasselbe: Konsum.
Dichte Mauern halten alles ab, drinnen ist es immer kalt.
Niemals dringt neues Leben ein.
Sie sehen die Blumen nicht mehr, die Vögel nicht mehr.
Ihr Papagei und ihr Hund sind genauso tot wie sie selbst.
Sie gehen abends aus und amüsieren sich bis in die Nacht,
um zu schlafen, wenn die Sonne scheint.
Sie gehen zum Doktor, zum Nervenarzt, zum Psychiater.
Niemals fühlen sie sich richtig wohl.

Bedeutende Leute sitzen um Konferenztische
in luxuriösen Gebäuden zwischen Glas und Beton.
Todernst. Endlose Sitzungen über große und kleine Probleme.
Die Papiere stapeln sich. Sie wachsen wie Riesenpilze:
die Schränke voll, die Büros voll, die Welt voll,
bis es stockfinster ist. Wo will man hin mit so einer Welt?

Rufe den Frühling aus, rufe die Sonne aus!
Laß dich fangen vom Wunder des Lichts und des Lebens.
Mehr Fröhlichkeit, mehr Lebenslust,
und viele Probleme verschwinden von selbst.
Warum singt die Lerche? Sie muß keine Miete zahlen.
Schau in den Himmel und singe,
weil die Sonne für dich gratis scheint.

18. APRIL

OHNE FALLEN KEIN AUFERSTEHEN

Kennst du ein einziges Leben, das niemals
von Kreuz und Leid gezeichnet wurde?
Einen Menschen, der nicht Schmerz erfahren hätte?
In jedem Leben gibt es Zeiten der Last und Sorge,
der Nacht und Finsternis, der Angst und Verzweiflung,
aber auch Zeiten voll Freude und Sonnenschein,
voll Frieden und Ruhe, Augenblicke voller Seligkeit.
In jedem Menschenleben gibt es dunkle Tage, Karfreitage,
Tage des Kreuzes, ob du gläubig bist oder nicht.

Wenn du in solchen Tagen nicht in Verbitterung versinkst,
in Wut und Verzweiflung, wirst du Licht von Ostern erleben.
Tage der Auferstehung, neues, erfüllteres, freieres Leben.
Ich bin überzeugt, daß Kreuz und Leid tiefen Sinn haben.
Sie machen reifer, geläutert, frei von vielem Wertlosen.
Meist ist es so: Was zuerst wie eine Katastrophe aussah,
hat sich später, oft sehr viel später, als Gnade herausgestellt.

Mit dem Menschen ist es wie mit der Natur: Auf und Ab,
Tag und Nacht, Frühling und Herbst, Ebbe und Flut.
Wer nie Kummer erlebt, wird nie tiefere Freude erfahren.
Am Boden, am Ende sein – wer das nicht kennt,
weiß nichts von Aufstehen, ohne Fallen kein Auferstehen.
Wenn du gläubig bist, sage ich dir noch dies:
Alles erhält seinen tiefsten Sinn dadurch,
daß Jesus von Nazaret diesen Weg selbst gegangen ist:
den Weg von Karfreitag nach Ostern.

19. APRIL

DU WIRST STERBEN UND NEU LEBEN

Du wirst auferstehen!« Das ist Ostern.
Eine unglaubliche Botschaft, eine phantastische Freude.
Moderne Philosophen sagen: »Du wirst sterben.«
Dein Äußeres bricht zusammen. Der Tod ist
ein absolutes Ende, das Leben darum sinnlos, absurd.
Aufstehen, essen, Bus, vier Stunden arbeiten, essen,
vier Stunden arbeiten, Bus, essen, schlafen,
Montag bis Freitag, immer derselbe Rhythmus.
Farblos, freudlos, hoffungslos. Letztlich wäre
das einzige Lebensproblem der Selbstmord.

Und doch ist man im Innersten nicht einverstanden
mit der grausamen Sinnlosigkeit eines endgültigen Totseins.
Biologisch betrachtet, ist Sterben das natürliche Ende
eines natürlichen Lebensprozesses. Aber du spürst,
daß im Innern deines Lebens etwas gegenwärtig ist,
das dir anders und tiefer zu eigen ist als dein Leib.

Du wirst sterben, aber du wirst wieder leben.
Du wirst auferstehen.
Wenn du das glauben kannst,
wird es dich so überwältigen,
daß du vor Freude tanzen und springen möchtest.
Deine Tage werden neu werden.
Die Sonne wird scheinen.
Die Menschen werden lachen und froh sein.
Du hast ein Stück wiedergefunden
vom verlorenen Paradies.

20. APRIL

ECHTE LIEBE

Jeder Mensch stellt sich die Frage: Was ist wirklich Liebe?
Denn das Glück jedes Menschen hängt an der Liebe,
die er kennt, die er sucht, die er erlebt und erfährt.
Suche die Liebe nicht dort, wo sie als Sex zur Schau gestellt wird,
wo sie die Fingerabdrücke gewissenloser Geschäftsleute trägt.
Sie haben die Liebe wie einen Diamanten in die Kloake geworfen.

Echte Liebe hat mit Gabe und Hingabe zu tun.
Sie hat ihre Freude daran, einander gegeben zu sein,
ein Herz füreinander zu haben. Sie hat mit Zärtlichkeit zu tun,
mit Freundlichkeit und Vergebungsbereitschaft,
Sie hält Abstand zu Macht, Gewalt und Besitz,
ja sie vermag Abstand zu nehmen von sich selbst.
Vor zweitausend Jahren schrieb ein gewisser Paulus,
vor allem durch die Christen gut bekannt,
die Magna Charta der Liebe, die auch heute noch aktuell ist.

Wenn du wissen willst, wieviel du von dieser Liebe besitzt,
dann brauchst du nur für das Wörtchen Liebe
deinen eigenen Namen einzusetzen. Da heißt es:
»Die Liebe sucht überall das Gute. Die Liebe ist nicht neidisch.
Die Liebe bildet sich nichts ein. Die Liebe sucht nicht sich selbst.
Die Liebe läßt sich nicht verbittern und rechnet das Böse nicht an.
Die Liebe hat keine Freude an den Fehlern anderer.
Sie freut sich am Guten, das getan wird. Sie erträgt alles.
Sie glaubt alles. Sie hofft alles. Sie duldet alles.«
Glaub mir, dies ist die einzige Liebe, die Bestand hat.
Diese Liebe geht niemals in die Brüche.

21. APRIL

WER AN DIE AUFERSTEHUNG GLAUBT

Ostern ist das Fest der Auferstehung,
das Fest des Jungseins, das Fest des ewigen Lebens.
Wer an die Auferstehung glaubt,
wird niemals alt, kann immer neu anfangen,
findet nach der schwärzesten Nacht
immer einen leuchtenden Morgen.
Wer an die Auferstehung glaubt,
braucht keine Angst vor dem Leben zu haben,
braucht vor Leid und Tod nicht zu verzweifeln.

Wer an die Auferstehung glaubt,
vermiest und versauert und vergiftet nicht sein Leben
und verfängt sich nicht im feingesponnenen Netz
unlösbarer Probleme, die nur noch unlösbarer werden,
wenn man den Menschen total begraben will,
mit Seele und Geist und mit allem.

Ich glaube an die Auferstehung.
Ich glaube an das Leben.
Ich glaube an die Vergebung der Sünden
und daß schlechte Menschen, wenn es die gibt,
wieder gute Menschen werden.
Ich glaube an die Liebe als die absolute Macht,
die alle Menschen und die Welt
und den ganzen Kosmos bewegt.
Ich glaube an Gott, der Liebe ist.

22. APRIL

FEST DER FREUDE

Ostern! Komm mit in die Sonne.
Spürst du nicht den Frühling in deinem Herzen?
Jetzt ist die Zeit der Erneuerung,
der neuen Hoffnung in einer todesmüden Welt.
Ich glaube an die Auferstehung, weil ich an die Liebe glaube,
weil ich ein sinnloses Dasein nicht hinnehmen kann.

Ostern! Komm mit in die Freude.
Steh auf aus der Finsternis und Aussichtslosigkeit
des Materialismus und Egoismus,
aus der Sorge um gutgefüllte Bäuche und Konten.
Erneuere dich selbst und reinige dein Herz.
Jedes Herz braucht von Zeit zu Zeit ein Großreinemachen,
um Schimmel und Schmutz zu beseitigen
und empfänglich zu werden für die Freude.

Vergiß das Mißlungene, fange wieder neu an,
dich einzusetzen, ohne zu fragen, was es dich kostet,
und so wirst du wieder Freude finden.
Du kannst nicht leben ohne Freude.
Aber die Freude stirbt, wenn du im Überfluß ertrinkst
und versuchst, deine Leere und alles Unerfüllte in dir
mit Ersatz, mit Alkohol oder Pillen zu vergessen.

Entscheide dich für die Auferstehung!
Entscheide dich für den Frühling. Dürre Zweige fallen ab.
Nur in allem, was neu und erneuert ist,
feiern wir das Fest von Ostern, das Fest der Freude.

23. APRIL

DAS LEBEN HAT WIEDER SINN

Das Christentum ist eine Religion,
die an der Liebe zu erkennen sein muß.
Wenn du ein Christ sein willst,
dann benimm dich nicht wie ein dickhäutiger Egoist,
der die sich verströmende Liebe Gottes
ganz für sich allein haben möchte:
»Mein Gott«, »Mein Heiland«, »Meine Seele«,
»Meine Seligkeit«. Denk daran: Wer für sich allein
in den Himmel kommen will, kommt da nie hin.

Sei vor allem kein Pharisäer,
der alle Nichtchristen als schwarze Schafe ansieht
und alle, die nicht in die Kirche gehen,
für gottlos und verdammt hält.
Sei nicht scheinheilig, sondern ehrlich und treu,
und laß die Freude Gottes in dir wachsen.

Christus ist auferstanden. Das ist wirklich so.
Freu dich, denn das Leben hat wieder Sinn.
Wir sind nicht dazu verurteilt,
in einem schwarzen Loch zu verenden.
Ostern! Du bist mit Millionen anderer Menschen
auf dem Weg in eine leuchtende Zukunft,
die Himmel heißt.

24. APRIL

EIN NEUER MENSCH WERDEN

Ostern! Zeit des Neuwerdens.
Zeit für neues Leben, für neue Menschen in einer neuen Welt.
Höchste Zeit, um aus der Finsternis und Nacht
eines unerträglichen Egoismus aufzustehen.

Ostern! Ich mache mein Fenster auf und schaue hinaus.
Nichts ist anders geworden. Die Sonne, die Wolken, die Luft.
Die Bäume, die Häuser, die Straßen. Menschen und Dinge.
Was ich sehe, hat sich nicht verändert. Und doch!
Es gibt die Möglichkeit, ein neuer Mensch zu werden.
Ein Mensch auf dem Weg zum Licht.
Ein Mensch, der von der Gier läßt, der neue Wege geht.

Ostern! Auferstehung. Das ist erforderlich für alle,
die im eigenen Egoismus erstickt und gestorben sind.
Aber das ist nur möglich, wenn man zuerst bereit ist,
seine Habgier und Selbstsucht zu kreuzigen.
Medikamente machen keinen neuen Menschen.
Neues Leben kommt nie von außen durch allerlei Mittel,
die machen dich höchstens eine Zeitlang high
und stürzen dich danach noch tiefer ins schwarze Loch.
Neues Leben wird von innen geboren,
in Stille und Besinnung, in Schlichtheit und Gebet.
Ostern ruft dich zu einem tieferen Leben im Geist.

Ostern! Lebe in der Freude. Christus ist auferstanden.
Aller Tod ist überwunden, aller Pessimismus am Ende.

25. APRIL

SUCHE UND BRINGE SONNE

Geht es dir gut? Bist du glücklich?
Sitzt du in der Sonne?
Dann denk an andere und gönn ihnen
ihr Plätzchen in der Sonne.
Denn wir dürfen nicht vergessen:
Auch unsere Nachbarn, unsere Konkurrenten,
selbst unsere Feinde haben Recht
auf ein bißchen Sonne, auf Freude
und eine Handvoll Glück im Leben.

Darum: Alle Menschen gehören in die Sonne.
Werfen wir anderen niemals Steine in den Weg
und Knüppel zwischen die Beine,
wenn sie nach ein wenig Sonne suchen.
In den Herzen vieler Menschen ist es viel zu finster.

Bring Sonne in deine Familie,
in deine Straße, dein Dorf oder deine Stadt.
Bring Sonne den Hinfälligen, den Kranken,
den Armen und den Heruntergekommenen,
die immer im Schatten sitzen.
Aber Sonne kannst du nur bringen,
wenn du liebst. Mit der Liebe
geht die Sonne in deinem Herzen auf,
ohne Liebe geht sie unter.

26. APRIL

LIEBE IN DER POLITIK

Hast du in der Politik je von Liebe gehört?
Liebe in der Politik ist Utopie, sagt man,
etwas für naive oder verrückte Phantasten.
Es gibt keine Liebe in der Politik.
Nur das Berechnen von Machtverhältnissen.
Immer das Kämpfen um Einfluß, um mehr Einfluß.
Niemals die eigenen Interessen aufgeben
oder die Interessen der eigenen Partei.
Niemals dem Gegner Zugeständnisse machen.

Liebe in der Politik ist Schwäche, sagt man.
Und darum gibt es keinen Frieden,
kein Existenzminimum für die Notleidenden,
keinen Lebensraum für Minderheiten,
keine Nahrung, keine Wohnung, keine Schule, keine Klinik,
keinen Wohlstand für Millionen Hungernde in der Welt.
Darum gibt es soviel Gewehre, soviel Munition,
soviel Kanonen, Panzer, Bomben und Raketen.
Darum gibt es soviel Soldaten, zuviel Soldaten,
zuviel Tote, zuviel Verwundete, zuviel Opfer.
Darum sind die Augen so vieler Mütter müdegeweint.

Ich möchte von Liebe in der Politik hören,
von einfacher echter Liebe,
die frisch wie der Frühling die Politik erneuert.
Ich wünsche allen Politikern mehr als ihre Diäten,
ich wünsche ihnen ein Herz.

27. APRIL

WORIN DER UNTERSCHIED LIEGT

Das Leben ist wie ein Los aus der Lotterie.
Man weiß nie, was man zieht.
Viele meinen, sie hätten ein schlechtes Los gezogen,
und was noch schlimmer ist, sie sind überzeugt,
ihr lebenslustiger Nachbar hätte ein Glückslos gezogen.
Doch so unterschiedlich sind die Lose nicht.
Manche können sich ein paar Schnörkel mehr leisten
als andere, aber das ist auch alles.
Der Unterschied liegt darin, wie man die Dinge sieht,
wie man sie annimmt, wie man mit ihnen umgeht.
Und das hängt von dir selbst ab.

Ich bin vielen verschiedenen Menschen begegnet,
und ich habe ihre tiefsten Geheimnisse gehört.
Aber niemals habe ich einen Menschen getroffen,
der das große Los gezogen hätte, das vollkommene Los.
Alle hatten irgend etwas, das sie drückte und quälte.
Die Gläubigen nennen es Kreuz.
Die anderen sagen: Ich habe kein Glück.

Es waren Menschen dabei, die trotz Kummer und Leid
froh und zufrieden blieben. Andere wurden
von ihren Problemen erdrückt und waren verzweifelt.
Oft hatten sie dasselbe durchgemacht,
aber heraus kam etwas ganz anderes.
Das Leben ist wie ein Los aus der Lotterie.
Aber du kannst sehr viel selbst daran machen.

28. APRIL

NÖRGELN VERSAUERT DAS LEBEN

Schimpfen, nörgeln, kritisieren ist männlich wie weiblich.
Es gibt nicht nur Meckerziegen, sondern auch Rohrspatzen.
Dabei gäbe es doch so viel Schönes zu erzählen, Herr Rohrspatz!
Und so viel Nettes weiterzusagen, Frau Meckerziege!

Bist du auch so schnell am Schimpfen,
wenn etwas nicht klappt, so voll am Jammern,
wenn du deinen Willen nicht bekommst,
wenn einer nicht genau das tut, was du sagst?
Das kann richtig krankhaft werden.

Der Ton deiner Stimme wird dann sterbenslangweilig.
Mit dem Nörgeln über hundert Nichtigkeiten
kann man sich das Leben restlos versauern.
Der Miesepeter sieht es bereits bei Sonnenschein regnen.
Und für die Tränensuse sind alle Zeiten todtraurige Zeiten.
Kritiker finden überall Dinge, die faul sind,
und überall Menschen, die ihnen nicht passen.
Manchmal habe ich den Eindruck, daß sie das sehr genießen,
während es allen anderen längst zum Hals heraushängt.

Wir wollen den Nörgler schnell begraben,
zumindest wenn er in unserer eigenen Haut steckt.
Mach Licht in deinem Herzen an,
dann kommt von selbst Licht in deine Augen:
Du siehst schöne Dinge und liebe Menschen.
Und dann ist es wirklich keine Kunst, etwas Gutes zu sagen.
Ich fühle schon, wie die Welt wärmer wird.

29. APRIL

WIE DER WEISSE KERN EINER FLAMME

Ich wünsche dir Freude.
Ich wünsche dir, daß du Freude erfahren darfst,
den Kern von allem Lebensglück.

Aber denk daran: Freude haben
ist nicht dasselbe wie Spaß haben.
Sich amüsieren ist mehr für den Leib und die Sinne
und darum so vergänglich.
Ein alkoholbeschwingter Abend kann dich
für ein paar Stunden alles vergessen lassen.
Aber am nächsten Tag ist nicht mehr viel davon da
als vielleicht ein Brummschädel.

Freude liegt viel tiefer, in deinem Herzen.
Freude ist wie der weiße Kern einer Flamme,
die dein ganzes Wesen durchströmt.
Niemand kann so recht sagen, was Freude ist.
Freude mußt du selbst erfahren.

Freude kommt plötzlich
wie ein wunderbares Gefühl über dich,
wenn du dich selbst vergißt,
wenn du ein guter Mensch wirst,
wenn du dir endlich bewußt wirst,
daß Gott dir ganz nahe ist – wie ein Vater,
der alles versteht und alle deine Not kennt.
Ich wünsche dir Freude.

30. APRIL

MAI

Allein die Liebe
ist das Haus, in dem du ewig
wohnen kannst

FREUDE AN DER ARBEIT

Erster Mai – Tag der Arbeit.
Ein Feiertag, aber auch ein Tag zum Nachdenken.
Darum eine einfache Frage: Arbeitest du gern?
Oder findest du: Keine Arbeit haben ist schlimm,
aber arbeiten müssen ist auch ein Unglück?

Der Lebensstandard ist bei uns gewaltig gestiegen
und die Lebenserwartung so hoch wie noch nie.
Wer trinkt heute, wenn er Durst hat, einfach Wasser?
Wer findet es noch wunderbar, einfach Brot zu essen?
Die meisten lieben es möglichst schön und bequem,
doch auf Arbeit haben nur die wenigsten Lust.
Sie arbeiten nur, weil sie Geld zum Leben brauchen.
Ich frage mich, ob solch ein Fortschritt nicht dazu führt,
Menschen von innen her zu zerstören.

Das ganze Leben wird elektronisch durchorganisiert,
nichts dem Zufall überlassen. Alles geht vollautomatisch.
Es sieht so aus, als ob Menschen nur noch gebraucht werden,
weil Maschinen noch nicht weit genug entwickelt sind.
Wir dürfen diese Welt nicht verfluchen,
aber wir müssen sie neu beseelen
mit Freude über den Wert der Arbeit
und über einen ganz gewöhnlichen Arbeitstag.
Freude an der Arbeit ist heute eine gemeinsame Freude.
Mehr denn je hängt unsere Arbeit zusammen
mit tausend anderen Menschen. Mit ihnen arbeiten wir
für ein menschenwürdiges Leben und für eine neue Welt.

1. MAI

DAS HERZ JEDER FAMILIE

Der Mai ist der Monat aller Mütter.
Geschäfte animieren uns, zum Muttertag etwas zu kaufen.
Vergessen wir aber niemals: Das schönste Geschenk ist
unsere Hochachtung, Sorge und kindliche Liebe für sie.

Trag die Mutter auf Händen.
Wahre Mütter sind etwas Wunderbares.
Sie verstehen uns, arbeiten für uns,
sorgen für uns, lieben uns, beten für uns.
Das einzig Schlimme, was sie uns antun:
sterben und uns verlassen.
Wenn du noch eine Mutter hast, halte sie in Ehren.
Warte nicht, bis sie tot ist, um ihr Blumen zu bringen.
Sei gut zu ihr, und das nicht nur am Muttertag.

Wenn deine Mutter alt ist und sich vielleicht
mit ihrer Gesundheit abplagt, sorge doppelt für sie.
Sie trug dich durch den Morgen des Lebens,
trage du sie voll Liebe durch den Abend des Lebens.
Die Mutter ist das Herz jeder Familie,
das Band, das alles zusammenhält,
das Feuer im Herzen, das alle wärmt.
Wie alt du auch wirst
und was du auch angestellt haben magst,
für die Mutter bleibst du immer ihr Kind.
Wahre Mütter sind zu den unmöglichsten
und wunderbarsten Dingen der Liebe imstande.
Mütter sind einmalig, unersetzlich.

2. MAI

SPONTANE LIEBE

Lege deine Liebe nicht auf die Goldwaage.
Fang nicht zuerst an, abzuwiegen, wieviel du geben,
und abzumessen, wie weit du gehen sollst.
Deine Liebe soll spontan sein.
Abgewogene, abgemessene Liebe ist keine Liebe.
Das ist Berechnung. Das macht keine Freude.
Damit wirst du nicht glücklich.
Regungslos und gleichgültig lebst du vor dich hin,
die Tage ziehen vorüber wie ein müder Bummelzug.
Niemals wird es warm in deinem Innersten.
Niemals hast du Lust, zu singen und zu springen.

Spontane Liebe ist etwas Phantastisches.
Spontane Liebe zu deinem Mann, deiner Frau,
zu Menschen in deiner Nähe, in deiner Umgebung.
Zu einem, der leidet; zu einem, der am Rand steht.
Spontane Liebe: durch sie wirst du erst Mensch.

Nicht was du hast, was du an materiellen Gütern besitzt,
macht deinen Reichtum aus, sondern was du genießt.
Wenn du dich an einer Blume freuen kannst,
an einem Lächeln, am Spiel eines Kindes,
bist du reicher und glücklicher als ein Millionär.
Spontane Liebe zu den Menschen und Dingen,
die dich umgeben, das ist dein größter Reichtum.
Dann kannst du auf vieles andere verzichten.

3. MAI

WAS MÜTTER MACHEN

Nie warst du mit einem Menschen so eins,
nie mit einem so innig verbunden
wie mit deiner eigenen Mutter.
Sie hat dich getragen, genährt, gebildet –
Fleisch von ihrem Fleisch, Blut von ihrem Blut.
Du hast dein Leben getrunken
aus dem Kelch ihrer Liebe.
Deine Geburt war für sie nach allen Wehen
eine wunderbare Freude.
Und es wäre ein Jammer, wenn du heute
für deine Mutter keine Freude mehr wärst.

Echte Mütter sind phantastisch, die älteren
wie die jüngeren, die eben erst Mutter wurden.
In aller Regel machen sie keine Erfindungen,
haben keinen Lehrstuhl,
bauen keine Straßen und Brücken und Städte.
Sie machen unendlich viel mehr.
Sie machen Menschen für morgen.
Mütter bringen in die Welt,
was das allerwichtigste ist: die Liebe.

Gott liebt jedes Kind mit dem Herzen seiner Mutter.
Wo Mütter kapitulieren, stirbt die Liebe.
Und wo die Liebe tot ist, kann kein Mensch mehr
an Gott oder an das Leben glauben.

4. MAI

GEBORGENHEIT

Jeder Mensch, der auf die Welt kommt,
ist sein Leben lang auf der Suche nach Geborgenheit.
Er will ein Zuhause finden, Sicherheit, menschliche Wärme.
Wer keine Geborgenheit findet, ist angeschlagen.
Er fühlt sich nicht wohl in seiner eigenen Haut.
Ein Kind muß Zärtlichkeit und Geborgenheit
bei einer Mutter und bei einem Vater finden.
Jungen suchen Geborgenheit bei Mädchen und umgekehrt.
Menschen suchen Geborgenheit in Ehe und Freundschaft.

Der Grund jeder Geborgenheit ist Liebe.
Wo keine Liebe, sondern Selbstsucht herrscht,
wird Geborgenheit zerstört. Menschen werden einsam,
sie wissen nicht mehr, wo sie hingehören.
Sie verlieren allen Halt, sind ohne Heimat,
immer getrieben und niemals zufrieden.
Das Drama unserer Zeit ist, daß wir einander
keine Geborgenheit mehr geben können.
Wir können einander kein Zuhause mehr geben,
weil wir selbst nicht mehr geborgen sind,
weil wir die Liebe verlernt haben,
weil wir die Quelle aller Liebe, Gott, verlassen haben.

Ich möchte dir nur einfach sagen: Versuche
in stiller Zuwendung zu Gott die Liebe wiederzufinden.
Wenn du in Gott geborgen bist, kannst du auch
deinen Mitmenschen Wärme, Geborgenheit,
ein Zuhause geben. Und so wirst du glücklich werden.

5. MAI

WENIGER BEGEHREN

Um glücklich zu sein, mußt du an erster Stelle
nicht deinen Besitz vermehren,
sondern dein Begehren vermindern.
Viele gehen genau umgekehrt vor.
Sie sind unzufrieden mit dem, was sie haben,
und suchen Dinge zu bekommen,
die sie eigentlich gar nicht brauchen.
Aber sie wollen das, weil andere das auch haben,
weil die Werbung das anpreist,
und nicht zuletzt, um damit Leuten zu imponieren,
die sie nicht leiden können.

Mach dabei nicht mit! Du wirst nicht zufriedener
und machst womöglich noch Schulden.
Du hast ein nutzloses Ding mehr.
Morgen hast du wieder Lust auf etwas anderes.
Früher oder später mußt du doch feststellen,
daß du mit all diesen überflüssigen Dingen
nicht glücklicher wirst.

Du bist reich und glücklich,
nicht wenn du viel besitzt,
sondern wenn du viel entbehren kannst.
Suche nicht Reichtum zu besitzen,
sondern suche für andere
ein Reichtum zu sein.

6. MAI

WO SIND DIE BLUMEN GEBLIEBEN

Sag, wo sind die Blumen geblieben?
Die Blumen der guten, erfreulichen, schönen Dinge
in den Zeitungen und im Fernsehen,
in den täglichen Gesprächen?
Sie sind erstickt und gestorben
in einer Lawine von Berichten über Gewalttaten,
Mord, Katastrophen, große und kleine Skandale.
Keiner hat sie gesehen, keiner hat von ihnen gehört.
Sie sind erstickt und gestorben
an der Börse der Spekulanten mit Sensationen,
auf den Lippen der Unglückspropheten.

Sag, wo sind die Blumen geblieben?
Die Blumen der kleinen Aufmerksamkeiten?
Die Blumen, daß man füreinander Geschenk ist:
der Mann für die Frau, die Frau für den Mann.
Alle Menschen füreinander.
Sie sind untergegangen in häuslichen Kleinkriegen,
in Krisen und Streit, weil wir so stur sind,
weil wir über unsere lächerlichen Empfindlichkeiten,
über unsere Gereiztheit nicht hinwegkommen.

Sag, wo sind die Blumen geblieben?
Die Blumen der Geborgenheit,
die wir einander geben können?
Du hast ein Herz, und da ist ein Mensch,
der dich braucht.
Bist du etwa blind und taub?

7. MAI

WEGE ZUM HERZEN

Wir können Raketen auf ferne Planeten schicken.
Satelliten übertragen blitzschnell Nachrichten
von einem Ende der Erde zum anderen.
Aber wir finden immer schwerer Wege
zum Geist und zum Herzen derer, die wir lieben.

Die Frau sagt: »Er ist für mich meistens unansprechbar.«
»Ich finde keinen Kontakt mehr zu ihr«, sagt der Mann.
»Ich kann mir den Mund fusselig reden,
aber das Kind hört überhaupt nicht zu«, sagen Eltern.
Wie lange ist es her, daß du mit deinem Mann
oder deiner Frau Arm in Arm spazieren gingst?
Kannst du dich noch aufs Spiel der Kinder einlassen?

Ein Händedruck, ein Streicheln, eine leise Berührung,
und schon entsteht eine Atmosphäre der Zuwendung
und der Zuneigung, die tiefer geht als Worte.
Nähe, Kontakt, Zärtlichkeit sind Dinge,
die oftmals gerade jene Menschen entbehren müssen,
die es am meisten brauchen: Kranke, Einsame, Leidende.

Eine liebevolle Berührung wirkt manchmal mehr
als ein ganzer Wasserfall von schönen Worten.
Aber sieh zu, daß aus dem Berühren
kein vereinnahmendes Habenwollen wird.
Hab gern, aber nicht mit Händen, um zu besitzen,
sondern mit dem Herzen, um zu geben.

8. MAI

MITEINANDER LEBEN

Heiraten ist schön, aber Verheiratetsein,
das ist noch etwas anderes.
Viele Ehen gehen heutzutage auseinander.
Immer wieder stehe ich vor der Frage:
Warum halten die Menschen die Liebe nicht durch?
Sie haben sich doch leidenschaftlich gewollt,
haben sich füreinander entschieden.
Warum wird es so schwer, wenn sie
Tag für Tag miteinander leben müssen?

Man erwartet meistens zuviel voneinander.
Der andere soll freundlich sein.
Der andere soll mich auf Händen tragen.
Der andere soll keine schlechte Laune haben.
Der andere soll keine Vorwürfe machen.

Darum ist es äußerst wichtig, daß gegenseitige
Hochachtung und Liebe ständig weiterwachsen.
Schon Kleinigkeiten können das Klima verbessern:
ein anerkennendes Wort, ein Kompliment,
ein aufmerksam ausgesuchtes Geschenk.
Versucht immer wieder, in Ruhe miteinander zu reden.
Ein vertrautes Gespräch, eine geteilte Freude
und ein gemeinsam getragenes Leid
erneuern und bekräftigen die Verbundenheit.
Liebe Frau, sei herzlich und verständnisvoll.
Lieber Mann, sei nicht gleichgültig und kalt.
Habt Zeit füreinander. Nur wirkliche Liebe hält durch.

9. MAI

NICHT WARTEN, BIS ES ZU SPÄT IST

Vielleicht hast du Vater und Mutter noch,
vielleicht bist du verheiratet.
Dann sei vor allem zu Hause freundlich,
voller Aufmerksamkeit und Güte zu den anderen.
Denn wenn Vater oder Mutter, Mann oder Frau sterben,
kommt es oft vor, daß es den Hinterbliebenen,
den Kindern oder dem Ehepartner, sehr leid tut,
manchmal so wenig liebevoll zu ihnen gewesen zu sein.

Du wirst dann zuerst an Augenblicke denken,
in denen du zum alten Vater oder zur alten Mutter
ungeduldig, hart und verständnislos warst,
wenn es vielleicht große Schwierigkeiten gab.
Als Ehemann wirst du dich dann vor allem erinnern,
wie wenig Respekt und Einfühlungsvermögen
du manchmal der eigenen Frau entgegenbrachtest.
Und als Ehefrau wird dir vielleicht bewußt,
wie sehr dein Mann enttäuscht gewesen sein muß
wegen deiner Launen und deiner Eifersucht,
wegen deiner ausgebliebenen Zuwendung.

Dann erst werdet ihr nachempfinden,
wie sehr der andere im stillen gelitten hat.
Dann werdet ihr, ohne daß es einer sieht, weinen:
»Hätte ich doch noch fünf Minuten, um alles zu sagen
und alles wieder gutzumachen, nur fünf Minuten!«
Aber es tut einem immer zu spät leid,
wenn man wartet, bis einer tot ist.

10. MAI

DIE EINZIGE CHANCE

Wenn das Leid dich trifft, werde nicht rebellisch.
Sage nicht: »Unmöglich! Alles, nur das nicht.
Das kann ich nicht annehmen.
Das ist zu schwer und zu ungerecht.
Das habe ich nicht verdient.«

Das Leid ist ein Geheimnis.
Es schlägt plötzlich zu, brutal und ohne Mitleid:
ein Unfall, eine Krankheit, eine Behinderung,
Abwege, auf die ein Kind gerät,
der Tod eines geliebten Menschen ...
Du erstickst fast vor Kummer
und möchtest alles hinwerfen, alles aufgeben.
Aber das ist Verzweiflung,
und die macht alles nur noch schlimmer.

Versuche anzunehmen.
Vielleicht kannst du ein neuer Mensch werden,
innerlich tiefer und reicher, gütiger,
einfühlsamer in die Lage anderer.
Versuche anzunehmen.
Das ist deine einzige Chance.
Das Leid macht dein Herz größer und weiter
und öffnet es für nie gekannte Freuden.
Durch eigenes Leid erfahren,
kannst du ein rettender Hafen werden
für Menschen in großer Not.

11. MAI

EIN MÄRCHEN WIRD WAHR

Sei gut zu den Menschen, freundlich, aufmerksam.
Vor allem zu den Kranken, Behinderten, Betagten,
zu Menschen, die das Leben an den Rand gedrängt hat.
Bring den Menschen Blumen, solange sie leben.
Warte nicht, bis sie tot sind, um dann gefühlvoll
zu seufzen: »Sie haben vom Leben nicht viel gehabt.«

Warum haben so viele Menschen nichts vom Leben?
Weil sie keine Freunde haben, Menschen, die sie mögen.
Weil sie nirgendwo Zeichen der Sympathie finden.
Weil für sie niemals Blumen aufblühen.
Dabei können Blumen manchmal Wunder wirken.
Es müssen keine teuren, kostspieligen Blumen sein.
Gewöhnliche, einfache Blumen: ein Lächeln,
ein gutes Wort, eine kleine Geste. Auch das sind Blumen!

Die kleinste, mit warmem Herzen verschenkte Blume
erzählt denen, die sie bekommen, eine schöne Geschichte.
Das wunderbare Märchen von einem Stück Himmel auf Erden,
wo die Menschen füreinander Engel sind, wo für jede Angst,
jedes Leid und jede Träne ein liebevoller Trost da ist,
wo die Menschen füreinander wie die Blumen blühen.
Ich höre aus dem Mund von Tausenden Kranken,
Behinderten, Betagten und Einsamen denselben Schrei:
»Bring deine Blumen, bevor ich tot bin.«
Mach, daß das Märchen wahr wird. Heute!

12. MAI

GEWISSENSERFORSCHUNG

Muttertag! Mütter sind die rastlos tätigen,
immer im Schatten arbeitenden Frauen,
ohne Achtstundentag, Urlaubsgeld und Streikrecht.
Die Gruppe der am meisten vergessenen Frauen,
die am wichtigsten ist und die größte Verantwortung trägt.

Zwar rufen Geschäftsleute: »Der lieben Mutter zu Ehren.«
Aber so uneigennützig ist das nicht.
Im kommerzialisierten öffentlichen Leben werden selbst
höchste Werte fürs Portemonnaie mißbraucht.
Die alles beherrschende Werbeindustrie benützt die Frau
einzig und allein als Köder, um mehr zu verkaufen.
Für Film und Fernsehen dient die Frau
vielfach nur als verkaufsträchtiger Sexartikel.

Muttertag muß zur Besinnung führen,
worin die wahre Schönheit der Frau,
worin das große Geheimnis ihres Mutterseins liegt.
Muttertag sollte nicht so sehr zum Geschenkekaufen,
sondern zu einer Gewissenserforschung animieren.
Jeder Mensch ist Kind einer Mutter.
Was hast du für deine Mutter getan?
Für den Menschen, der dich geboren und umsorgt,
der für dich gearbeitet und gelitten hat.
Wehe dir, wenn du zu ihr gleichgültig, kalt und hart bist!
Jede Lieblosigkeit in der Familie ist schlimm,
aber Lieblosigkeit gegenüber der eigenen Mutter:
Ekelhaft!

13. MAI

MUTTERTAG

Frauen sind wunderbare Wesen.
Eine Frau ist die erste Wohnung jedes Menschen.
In ihrem Schoß findet er seine allererste Geborgenheit.
Wenn ein Mensch nicht mehr sicher ist im Mutterschoß,
verfallen wir trotz aller äußeren Kultur in reine Barbarei.
»Recht auf den eigenen Bauch« – ein barbarisches Schlagwort.
Warum redet man nicht vom »Recht auf das eigene Herz«,
vom »Recht auf den eigenen Kopf«? Warum ist keine Rede
von der schweren Verantwortung der Menschen,
die Sexualität zur Zerstörung aller Liebe mißbrauchen?

Man beklagt, daß die Welt kein Herz hat, keine Wärme,
keine menschliche Atmosphäre, keine Geborgenheit.
Braucht sie nicht gerade dazu die Frau?
Man redet viel von Emanzipation der Frau. Mit Recht.
Die Frau ist weder Sklavin noch Lockvogel noch Lustobjekt.
Aber sie ist auch keine Produktionsmaschine,
deren Lauf man bei irgendeiner Störung einfach abbricht.

Unsere kalte Welt braucht dringend Frauen,
die Wärme ins menschliche Leben bringen, Vertrauen,
Zuwendung, Freundschaft, Zärtlichkeit, Geborgenheit,
alles, was das Leben lebenswert und liebenswürdig macht.
Wir brauchen dringend Mütter.
Wenn wir Muttertag feiern, feiern wir unsere erste Liebe
und unsere Freude über das Dasein
und auch unseren Glauben an die Zukunft.

14. MAI

DER NÄHRBODEN DES MENSCHEN

Ich sehe, daß eine Pflanze, ein Baum nur in einem guten,
gesunden Boden wachsen und gedeihen kann.
So ist es auch mit Menschen, besonders mit jungen Menschen.
Sie können nur wachsen, groß und glücklich werden,
wenn sie auf einem gesunden Boden stehen.

Die Familie ist der Boden. Die Schule ist der Boden.
Die Gesellschaft, die Öffentlichkeit ist der Boden.
Es hängt von den Nährstoffen ab, ob einer als Mensch
gedeihen kann oder verkümmert und abstirbt.
Ein Mensch nimmt Nahrung für geistiges Wachsen und Reifen
über die Wurzeln von Kopf und Herz auf.
Doch der Nährboden des Menschen ist schwer belastet.
Familien und Schulen sind oft nicht mehr imstande,
den ganzen jungen Menschen heranzubilden,
nicht nur Verstand, sondern auch Verantwortung und Herz.

Wenn ich junge Leute herumhängen und herumliegen sehe,
ihr Mund voll Ekel, ihr Herz voll finsterer Gewaltbereitschaft,
dann fühle ich, wie vergiftet der Nährboden ist.
So wie wir eine reine Luft und sauberes Wasser brauchen,
so brauchen wir klare Gedanken: Vertrauen, Freundschaft,
Mut, Einsatzbereitschaft, verantwortungsvolle Liebe.
Damit alle Menschen und besonders die jungen
den Weg zu Lebensfreude und Glück finden.
Es ist schlimm, wenn Bäume in vergiftetem Boden sterben.
Es ist eine Katastrophe, wenn Menschen sterben
aus Mangel an einem gesunden Lebensmilieu.

15. MAI

KOSTENLOSES REZEPT

Mein Wunsch: Alle Menschen sollen glücklich sein.
Auch du! Darum meine Bitte:
Halte dein Herz frei von Haß und Neid
und all den dunklen Gefühlen,
die dich heruntermachen und erniedrigen.

Befreie deinen Geist von allen überflüssigen Sorgen,
von allem Grübeln über Dinge,
an denen du doch nichts ändern kannst.
Lebe einfach und schlicht und mit Maß,
denn Überfluß und Zügellosigkeit
zerstören die schönsten Gaben deines Herzens
und stürzen dich in größtes geistiges Chaos.

Arbeite hart und erwarte nichts Unmögliches.
Sorge für gesunde Nachtruhe.
Lache viel. Schau sonnig drein.
Vergiß dich selbst, denk mehr an andere.
Sprich regelmäßig mit Gott,
und behandle deine Mitmenschen so,
wie du selbst behandelt werden möchtest.

Das wär's. Ein kostenloses, aber probates Rezept.
Versuche, das eine Woche lang durchzuhalten.
Du wirst ganz schön staunen.
Gib dies Rezept an Freunde und Bekannte weiter.
Wir machen eine neue Welt.

16. MAI

EIN LÖFFEL HONIG

Als ich heute morgen einen Löffel Honig in den Mund steckte,
stutzte ich plötzlich und fragte mich:
Wie viele Flugstunden von wie vielen Bienen
stecken in so einem Löffel Honig?
Ich fühlte Freude und Dankbarkeit, denn Honig mag ich gern.
Da hat einer Bienen auf den Weg geschickt,
Blumen für die Bienen blühen und die Sonne scheinen lassen,
denn bei Regen fliegen die Bienen nicht.
Da hat einer die Bienen gebeten, gratis zu arbeiten,
und den Blumen eingegeben, gratis zu blühen.
Da muß mich einer sehr gern haben, um das alles zu organisieren
für einen Löffel herrlichen goldgelben Honig am Morgen.
Da wurde irgendwie eine ganz intensive Liebe eingebaut.
Und es bedrückt mich, daß wir daran so wenig denken.
Mir wird plötzlich bewußt, wie oberflächlich und abgestumpft
wir in unserem hochtechnisierten Lebensmilieu geworden sind.

Wir leben unter Wundern und wundern uns nicht mehr.
Wir haben Geld, aber Wunder kann man nicht kaufen.
Du kannst dir mit Geld zwar einen Hund kaufen,
aber niemals das fröhliche Wedeln seines Schwanzes.
Verstehst du das? Vielleicht verstehst du nichts davon.
Du mußt mit den Bäumen sprechen. Sie sind gastfreundlich.
Sie geben Schatten und lassen Vögel in ihren Zweigen wohnen.
Und höre auf die Blumen. Sie erzählen dir von den Bienen.
Eine wunderbare Geschichte, so einfach und schön.
Mit einem Löffel Honig in der Hand kannst du glücklich sein
und voller Freude Gott danken für die ganze Schöpfung.

17. MAI

DER MENSCH BRAUCHT RUHE

Wenn du dich pausenlos mit finsteren Gedanken quälst,
wenn du ständig herumstreitest oder dich bemitleidest,
als ob du das unglücklichste Geschöpf der Welt seist,
dann kannst du schon allein dadurch krank werden.
Du kriegst Kopfschmerzen, essen magst du nicht,
und gut schlafen kannst du auch nicht mehr.
Du gehst deiner ganzen Umgebung auf die Nerven,
so daß auch deine Mitmenschen halbkrank werden
und wiederum ihre Umgebung anstecken.

Darum schlepp Sorgen, Ärger, Wut und Krach
niemals in den nächsten und den übernächsten Tag.
Ehen lösen sich auf, Familien fallen auseinander,
Freundschaften zerbrechen, weil man sich gegenseitig
mit stummer Verachtung bestraft
oder mit lauten Vorwürfen die Ohren vollklagt.

Sieh zu, daß du schnell darüber hinwegkommst.
Hör auf, dich im Sessel herumhängen zu lassen
und alles zum hundersten Mal wiederzukäuen.
Geh duschen oder baden, pflege dich ein bißchen,
widme dich deinem Hobby, oder geh spazieren.
Körperliche Entspannung wird dir Ruhe bringen
und die Ruhe neue Kraft, um deinen Geist aufzurichten.
Vor allem brauchst du innere Ruhe, inneren Frieden,
um gesund und munter und glücklich zu sein.

18. MAI

GRATIS

Weißt du, daß das Wesentlichste im Leben gratis ist?
Du brauchst es nicht zu bezahlen: die Luft in deinen Lungen,
die Sonne, die dir Licht für einen neuen Tag anmacht.
Sie kommt von allein, dazu mußt du auf keinen Knopf drücken.
Wem hast du deine Augen bezahlt, den Motor deines Herzens,
der klopft, ohne Krach zu machen? Findest du nichts dabei,
daß du dies alles gratis, vollkommen umsonst bekommst –
in einer Welt, wo sonst der Maßstab für alles das Geld ist?

Das Wesentlichste im Leben ist gratis, muß gratis sein.
Auch die Dinge, die für dein Glück wesentlich sind,
sind gratis, müssen gratis sein: Freundschaft und Liebe.
In den Supermärkten gibt es tausend Dinge zu kaufen.
Aber nirgendwo kannst du eine Handvoll Freude kaufen,
wenn du traurig bist. Nirgendwo gibt es
eine Packung Lebensmut und Freundlichkeit zu kaufen.
Mit allem Geld der Welt kannst du dir kein Gramm Liebe kaufen.

Es gibt eine neue Krankheit: das zu dick gewordene Ich.
Die davon Befallenen sind einsame Dickhäuter.
Sie haben ein dickes Fell, kaufen teure Kleidung darüber,
bauen drum herum eine passende Villa.
Sie haben alles, was mit Geld zu kaufen ist.
Doch fehlen ihnen wesentliche Dinge, die es nur gratis gibt.
Wie steht es bei dir mit dieser Krankheit? Hol tief Luft!
Rede mit der Sonne, höre das Klopfen deines Herzens,
und betrachte das Wunder deiner Augen. Sei empfänglich
für ein freundliches Lächeln. Und sei dankbar!

RECHT AUF LEBEN

Das Recht des Menschen, das an allererster Stelle steht
und das am allerwenigsten angetastet werden darf,
ist das Recht auf Leben. Dafür ist jeder einzelne
und sind wir alle zusammen voll verantwortlich.
Bevor über Abtreibung gesprochen wird,
muß dieses Recht absolut sicher feststehen.
»Recht auf Abtreibung« ist eine schreckliche Parole.
Man demonstriert gegen Krieg und Gewalt,
aber legalisiert Gewalt im Mutterschoß. Was für Heuchelei!

Bei allem Respekt vor wirklich dramatischen Notlagen,
die viel Verständnis und tatkräftige Hilfe erfordern,
frage ich mich, warum so eisern über das geschwiegen wird,
was der Konfliktsituation vorausging.
Kann man über die Verantwortung der Menschen
für ihre sexuellen Beziehungen nicht vernünftig reden?
Oder ist das zartbesaiteten Egoisten nicht zuzumuten?
Männer trifft hier oft größere Schuld als Frauen.
Wer als Gentleman auftritt, ist in Wirklichkeit ein Barbar,
wenn er Frauen als Lustobjekte ansieht und mißbraucht.

Bei allem, was mit dem Problem Abtreibung zusammenhängt,
vermisse ich am meisten das Wörtchen »Liebe« oder »Sorge«:
sorgende Liebe zu allem, was schwach und machtlos ist.
Wenn alle Dämme gegen die Urgewalten des Egoismus brechen,
wenn ein Mensch nicht mehr im Mutterschoß sicher ist,
wo ist er dann in dieser Welt noch sicher?

20. MAI

ETWAS GUTES

Hast du heute schon mal etwas Gutes
über einen anderen Menschen gesagt?
Das ist etwas sehr Wichtiges.
Oder hast du die Angewohnheit,
immer etwas Schlechtes zu erzählen,
wenn du über andere redest?
Dann ist mit dir selbst nicht viel los.
An deinen Augen stimmt etwas nicht.
Du bist blind oder siehst alles schief und verzerrt.
Dann ist keiner gern mit dir zusammen.

Fällt es dir aber überhaupt nicht schwer,
über andere etwas Gutes zu sagen,
dann brauche ich nichts weiter von dir zu wissen:
Ich hab dich gern.
Jeder möchte gern bei dir sein,
denn dann bist du ein guter Mensch.

Willst du in der Ehe glücklich sein,
sag über deinen Mann, über deine Frau etwas Gutes.
Wenn du meinst, der andere habe eigentlich
neunundneunzig Fehler und nur eine gute Eigenschaft,
dann rede über die eine gute Eigenschaft.
Andere gute Eigenschaften
stellen sich dann ganz von alleine ein.
Sag noch heute etwas Gutes über andere,
und du zündest in allen Herzen die Sonne an.

EINE GEFÄHRLICHE MODE

Untreue ist eine gefährliche Mode geworden.
Lebenslange Bindung scheint für den modernen Menschen
etwas Unerträgliches, denn es verlangt unvermeidlich Opfer.
Trotz aller Phrasen von Mitmenschlichkeit und Solidarität
kennen heute viele nur die Anbetung des eigenen Ich.
Allein seinem Ich, wie aufgeblasen es auch sei,
hält der moderne Mensch die Treue und findet dafür
auch noch allerlei psychologische Argumente.

Wenn Untreue zur Mode wird, beginnt man von selbst
auch über die ideale Scheidung zu reden.
Aber eine ideale Scheidung ist ein Märchen.
Schon vor vierhundert Jahren hat jemand gesagt:
»Die schlechteste Versöhnung ist immer noch besser
als die beste Scheidung« (Miguel Cervantes).
Scheidung ist eine Flucht voreinander.
Es gibt in einer Ehe viele unerwartete Schwierigkeiten,
so viele völlig unvorhersehbare Situationen.
Wer eine Scheidung für möglich hält,
wird früher oder später immer einen Grund dafür finden.

Scheidung bringt oft bittere Enttäuschungen mit sich,
schlimm für die Partner, aber schlimmer noch für die Kinder,
deren Leben vollkommen unschuldig von Anfang an
mit großen Problemen belastet wird.
Darum müssen wir ihn um jeden Preis
wieder neu schätzen lernen: den Wert der Treue.

22. MAI

HERZENSANGELEGENHEITEN

Mehr als dir bewußt ist, denkst du mit dem Herzen.
Das Herz nimmt Menschen und Dinge wahr.
Von ihm hängt das Verhältnis zu deiner Umgebung ab.
Woran dein Herz hängt, das wirst du verteidigen
mit deinem ganzen Verstand und aller Kraft deines Willens.
Dein Herz entscheidet, wofür du leben willst.
Dein Herz entscheidet über die Werte, die Politik,
die Weltanschauung, für die du kämpfen willst.
Es ist dein Herz, das den Verstand dunkel oder hell macht.

Die einzige Norm für das Herz aber ist die Liebe.
Ist dein Herz voller Egoismus und Mißtrauen,
wird dein Verstand nie einen Weg zum Frieden finden.
Die Menschen lieben sich nicht, darum einigen sie sich nicht.
Was sie erreichen, ist höchstens ein labiles Gleichgewicht
auf der Grundlage von gegenseitigem Mißtrauen.
Man sollte nicht von Frieden reden,
wenn das nicht mehr ist als großartige Konferenzen,
die ergebnislos auf einem Vulkan gehalten werden,
wenn das nicht mehr ist als ein Nebeneinander
unter Hochspannung im gleichen Haus, im gleichen Land.

Frieden und Glück sind keine Verstandesprodukte,
sondern Sache des Herzens, Herzensangelegenheiten.
Jedes Zusammenleben ist in der Wurzel faul,
solange das Herz der Menschen nicht gesund ist.
Darum ist die erste Aufgabe jedes Menschen,
auch deine wichtigste Aufgabe: Kultur des Herzens!

23. MAI

SETZ IHN VOR DIE TÜR

Kennst du den Herrn Ich?
Ein seltsamer, aber keineswegs seltener Typ.
Er kommt ein bißchen überall vor.
Herr Ich ist voll von sich.
Er lebt und arbeitet nur für sich.
Herr Ich fühlt sich als Mittelpunkt der Welt.
Er ist taub gegen jede Aufforderung,
gegen jedes Wort eines anderen,
blind für jeden Wink, jeden Blick eines anderen.
Er ist von seinem eigenen Ich ganz fasziniert,
vollkommen in Anspruch genommen
von seinen Gedanken und Interessen.
Herr Ich hat nie Zeit, steht nie zur Verfügung.

Du sagst: Den kenne ich.
Das ist mein Nachbar, mein Kollege.
Der wohnt gleich nebenan.
Schau einmal tief in dein eigenes Herz,
denn vielleicht sitzt er auch dort.
Setz ihn vor die Tür!
Versöhne dich niemals mit ihm.
Sei Mitmensch!
Fühle mit deinen Mitmenschen,
teile ihre Sorgen, ihre Freuden und Leiden.
Egoismus ist Unsinn. Schreib dir das ins Herz.

24. MAI

UNGEMÜTLICH

Es ist ein Jammer, daß so viele Menschen
ohne ein echtes Zuhause leben.
Das gemeinsame Leben in einer Familie
ist weithin einem neuen Lebensstil zum Opfer gefallen.
Durch die neuen technischen Errungenschaften,
den allgemeinen Wohlstand und verbreiteten Luxus
sind neue Gewohnheiten entstanden.
Man hat ein Auto draußen vor der Tür
und hält es zu Hause nicht mehr aus.
Man hat einen wunderbaren Fernseher
und hängt den ganzen Abend an der Glotze.
Man kann im Supermarkt billig essen
und setzt sich nicht mehr zu Hause an den Tisch.

Lebst du noch? Oder wirst du gelebt,
gelenkt, gedreht, gewendet und abtransportiert
wie auf einem Förderband für Massenprodukte?
Kein Wunder, wenn Zufriedenheit,
Freude und Glück auf der Strecke bleiben.
Darum laß das Auto stehen, mach den Fernseher aus
und genieße das gemütliche Zusammensein,
das gemeinsame Essen in der Familie.
Versuche auf einfache Weise glücklich zu sein.
Suche vor allem das Glück
nicht in leblosen und sinnlosen Dingen.
Such es an allererster Stelle zu Hause,
im liebevollen Miteinander mit den Deinen.

25. MAI

GRÜNDLICH ÜBERPRÜFEN

Du bist kein Astronaut irgendwo im weiten Weltall,
der Mühe hat, zur Menschenwelt zurückzufinden.
Du lebst mitten unter den Menschen.
Hoffentlich sind sie dir ganz nahe, liebst du sie,
hast du die Menschen gern, mit denen dein Leben
so eng verbunden ist. Dann bist du nie einsam.

Wenn aber die Menschen deiner Umgebung
für dich Fremde und Feinde geworden sind,
weil dir keiner genügt und gefällt, nur du dir selbst,
dann verläßt dich alle Freude, und du wirst sehr einsam.
Dann fängst du an, die Menschen zu hassen,
weil sie die Ampeln rot machen, um dich zu ärgern.
Dann haßt du die Menschen mit ihren vielen Autos,
weil sie dir in der Stadt keinen Parkplatz lassen.
Dann haßt du sogar die Menschen, die für dich
das Brot backen, weil sie es zu teuer verkaufen.

Jeder von uns muß von Zeit zu Zeit sein Herz,
die Raumkapsel unseres Lebens, gründlich überprüfen.
Kein Kurzschluß da? Hat das Herz genug Sauerstoff,
um auch andere leben zu lassen?
Ist es vielleicht beschädigt durch Reibereien?
Oder so abgekühlt, daß jeder in deiner Nähe friert?
Willst du sicher landen in einem Ozean des Friedens,
dann tauche dein Herz regelmäßig
in ein Bad der Liebe, der einfachen Liebe
zu den Menschen, die so nah bei dir sind.

26. MAI

BRÜCKEN DER LIEBE

Einsamkeit ist eine Insel. Du fühlst dich allein.
Ohne menschliche Kontakte. Ohne Verbindung zum Festland.
Es gibt keine Brücken zu den Menschen. Es gibt keine Schiffe,
die regelmäßig verkehren, mit guten Freunden an Bord.
Du hast zwar den Bäcker, damit du nicht verhungerst.
Du hast auch den Postboten, der dir die Rechnungen
für Wasser, Strom und Müllabfuhr bringt.
Aber du hast keine guten Bekannten, keine wirklich Vertrauten.

Früher war das vielleicht anders. Da lebtest du geborgen,
umgeben von Liebe, von der Wärme einer Familie,
im geselligen Kreis von Freunden. Aber die Brücken der Liebe
sind so oft gläserne Brücken, die leicht zu Bruch gehen.

Trotzdem: Du magst allein sein, aber du darfst nicht einsam sein.
Einsamkeit wäre eine tödliche Wunde in deinem Herzen.
Du mußt dagegen etwas tun. Du mußt mit deiner Liebe
Kontakte knüpfen, neue Beziehungen herstellen.
Du mußt selber Brücken bauen zu anderen Menschen.
Brücken der Liebe verlangen Geduld und viel Einsatz.

Zieh dich nicht zurück. Finde dich nicht mit deiner Insel ab.
Kein Mensch ist eine Insel, jeder ist ein Stück vom Kontinent,
ein Teil vom Ganzen. Darum gib niemals den Mut auf.
Lebe heute, nicht von gestern oder für morgen.
Heute leben! Es lohnt die Mühe. Es gibt noch viele Chancen,
glücklich zu sein. Laß sie nicht verloren gehen.

27. MAI

ZU HAUSE

Du brauchst ein Zuhause, um glücklich zu sein.
Ohne ein Zuhause bist du überall in der Fremde,
fehlen dir tausend kleine Freuden des Lebens.
Zu Hause kannst du ausruhen, wenn du müde bist.
Zu Hause findest du Verständnis und Hilfe,
wenn dir etwas fehlt, wenn es dir schlecht geht.
Zu Hause findest du Zuneigung und Wärme,
wenn das Leben hart und kalt ist.
Zu Hause liegt dein Glück, ein wunderbares Glück,
das du sonst nirgendwo finden kannst,
weder bei der Arbeit noch auf Reisen,
weder in Kneipen noch in feinsten Urlaubshotels.

Kümmere dich um ein gutes, gemütliches Zuhause.
Du bist für alle verantwortlich, die bei dir zu Hause sind.
Nichts vom häuslichen Glück darf durch dich zerbrechen.
Sei kein Gewaltmensch, kein mundfauler Muffel,
kein schwieriger Eigenbrötler, kein Sklave des Fernsehens.
Bau dir dein Zuhause nicht auf mit teuren Tapeten,
feinsten Antiquitäten und modernsten Möbeln,
sondern mit Güte und Freundlichkeit,
mit den schönsten Gaben deines Herzens.
Dann werden alle, die mit dir leben, glücklich sein.

Sein ganzes Leben lang ist der Mensch
auf der Suche nach einem Zuhause.
Das einzige Haus, in dem er auf ewig
wohnen und zu Hause sein kann, ist die Liebe.

28. MAI

DU BIST EIN ENGEL

Engel sind Menschen, die Licht weitergeben.
Wo sie sind, wird alles hell und klar.
Engel sind Menschen, die eine Art ursprüngliche Freude
aus dem Paradies mitbekommen haben.
Engel helfen auf die Beine, wo Menschen am Boden sind,
und halten auf unsichtbare Weise die Welt im Lot.
In ihnen spürst du ein wenig das Geheimnis
einer unergründlichen Güte, die dich umarmen will.
In diesen Menschen fühle ich Gott zu mir kommen
mit seiner Zärtlichkeit und seiner umsichtigen Sorge.

Du hast ein Problem. Du sitzt damit fest.
Da bekommt über eine unsichtbare Antenne irgendwo jemand
eine Eingebung, eine Art Befehl, zu dir zu gehen, zu helfen,
dir einen Schubs zu geben oder dich zu trösten.
»Du bist ein Engel« , sagst du zu einem Mann, zu einer Frau.
Du bist erleichtert, du siehst wieder Licht, die Qual ist weg.
Aber Engel kommen nicht auf Bestellung oder gegen Bezahlung.
Meist tauchen sie ganz unverhofft auf, zeigen den Weg,
lösen ein Problem und sind, ohne auf Dank zu warten, wieder weg.

Es gibt noch Engel in der Welt, aber viel zu wenig.
Darum herrscht noch soviel Finsternis und soviel Elend.
Gott ist auf der Suche nach Engeln unter den Menschen heute.
Aber viele sehen ihn nicht mehr, hören ihn nicht mehr.
Ihre Antenne empfängt nicht mehr und gibt nichts mehr weiter.
Komm, du bist ein Engel, und es gibt in deiner Umgebung
genug Menschen, für die du ein Engel sein kannst.

29. MAI

ZEIT FÜR FREUNDSCHAFT

Laß dir Zeit für einen Freund, schau nicht auf die Uhr.
Sich mit der Stoppuhr Zeit nehmen ist keine Freundschaft.
Hast du nicht schon selbst erfahren,
was es bedeutet, wenn einer in deiner Nähe ist,
der Zeit für dich hat, der mit dir Freud und Leid teilt?
Was es bedeutet, einen liebevollen Brief zu erhalten,
den du in trostlosen Augenblicken der Mutlosigkeit
wieder und wieder lesen kannst?
Oder Besuch zu bekommen, der vielleicht
an deinem Leid nichts zu ändern vermag,
es aber doch mit anderen Augen anschauen läßt?
Was es bedeutet, wenn ein geliebter Mensch dir sagt:
»Nein, du bist nicht schlecht. Du bist nicht verloren.
Nichts ist verloren. Du brauchst nur Mut. Nur Mut!«

Viel weniger Menschen würden an ihrer Last leiden,
wenn sie etwas mehr Freundschaft fänden.
Denke oft daran, und sei dir auch bewußt,
daß deine Mitbewohner und auch die Menschen,
mit denen du arbeitest, deine besten Freunde sein müßten.
Höre ihnen zu, geht auch mal gemeinsam essen.
Sorge für kleine Aufmerksamkeiten, für ein Kompliment,
für ein gutes Wort, für einen dankbaren Kuß.
Nichts bringt so viel Freude ins Leben
wie die Herzlichkeit und Wärme der Freundschaft.
Sie bewahrt den Frühling in deinem Herzen.

30. MAI

BLUMEN UND STERNE PFLÜCKEN

Ich liebe die Menschen, die um mich herum leben.
Ich liebe die Freude, und so kommt die Freude zu mir.
Ich liebe die Freundschaft, und so pflücke ich Sterne
und ist mein Tag voller Seligkeit.
Ich brauche nichts zu besitzen, um alles zu genießen.
Es gibt soviel, wenn ich auf die kleinen Dinge schaue
und auf die kleinen, einfachen Menschen.
Es gibt soviel Überraschungen und soviel Wunder,
die ich mit offenen und mit geschlossenen Augen entdecke.
In allen Dingen liegt ein Souvenir an das verlorene Paradies.
Ich weiß, es ist nicht leicht, in den Himmel zu kommen;
aber ich weiß auch, dies ist ganz sicher unmöglich,
wenn der Himmel nicht zu mir kommt.

Der Himmel muß auf Erden überall beginnen,
wo Menschen Freunde sind und Güte weitergeben.
Aber an jedem Himmel gibt es Wolken.
Ich bin nicht unentwegt gut aufgelegt.
Freundschaften können vertrocknen wie Pflaumen.
Kein Problem und kein Grund, Trübsal zu blasen.
Freundschaften wie trockene Pflaumen:
ein bißchen Wasser, und sie werden wieder dick.

Leben: ein großes Abenteuer mit Gott und den Menschen
in einer Welt von Licht und Finsternis.
Ich will weder Held noch Märtyrer sein, nur ein Kobold,
der vergessene Blumen pflückt und der lacht
über die Großen auf ihren Thronen von Geld und Macht.

31. MAI

JUNI

Suche den Geist der Freude,
der wie eine Flamme
von Herz zu Herz überspringt

MÄNNER UND VÄTER

Wenn ich höre, was aus der weiten Welt zu mir dringt,
dann höre ich Schüsse, das Krachen von Bomben,
das Weinen gequälter Menschen, Frauen und Kinder.
Dann sehe ich, wie sich riesige Gräber öffnen
und über unzähligen wehrlosen Wesen schließen.
Ich höre, wie die ganze Natur weint und klagt
über so viel sinnlose Vernichtung.

Und dann sehe ich dahinter Männer stehen,
die auf der Karte Zielobjekte für Bomben aussuchen,
Männer der Anarchie, die die Gesellschaft umstürzen wollen,
Männer der chemischen Industrie mit weißen Kitteln,
Männer der Wissenschaft, des Geldes und der Technik,
Männer – die Krone der Schöpfung. Was für ein Hohn!
Ich höre wenig über Männer als Väter.
Nur wenn sich damit zum Vatertag etwas verdienen läßt,
kommt auch er für ein paar Tage ins Schaufenster.

In Wirklichkeit aber werden Väter sehr wenig geschätzt.
Und doch sind sie die einzigen Männer von Bedeutung
für Leben, Freude und Liebe in dieser Welt.
Sie sind Fundament und Dach vom Haus dieser Welt,
worin die Mütter für Farbe und Wärme sorgen.
Väter erwecken und beschützen das Leben.
Vater sein heißt Hafen sein, Halt für kleine, schwache Menschen.
Einmal im Jahr einen Schlips, das wird dem Vater nicht gerecht.
Öfter mal ein paar Arme oder Ärmchen um seinen Hals,
davon hat er mehr als von allen Krawatten der Welt.

1. JUNI

EIN SICHERER HAFEN

Der Vater wird in unserer Zeit zur Null gemacht.
Er ist außer Mode, paßt nicht mehr in die heutige Zeit
und dient höchstens noch als komische Nummer.
Dies ist eine ganz besondere Sorte von Fortschritt.
Hier marschieren Zurückgebliebene an der Spitze,
und Schwachköpfe führen das große Wort.

Sicher, das Bild vom Vater hat sich heute verändert.
Der Vater ist nicht mehr der Allwissende, der einzige,
der das Sagen hat und der macht, was er will.
Aber deswegen muß er nicht zur Null entwertet werden,
zu einem »Esel-streck-dich«, der so viel wert ist,
wie er Geldstücke von sich gibt und der zur Belohnung
am Vatertag vielleicht eine Flasche Wein bekommt.

In den Medien wird heute viel geredet
und viel geschrieben: viel Unsinn.
Laß sie reden, laß sie schreiben, nimm nicht alles ernst.
Denk selbst nach! Du hast vielleicht mehr Verstand
als viele der Eintagspropheten, die eine flotte Feder
und ein schnelles Mundwerk, aber wenig Verstand haben,
zu wenig Herzensbildung und viel zuviel Anmaßung.

Die Aufgabe des Vaters wird im Grunde dieselbe bleiben:
ein sicherer Hafen zu sein für jedes Kind, ein Bereich,
wo immer Licht und fester Halt, Frieden und Freude ist.
Wo ein kleiner Mensch wachsen und gedeihen kann,
wo er sich sicher und geborgen fühlt.

2. JUNI

MACH DAFÜR PLATZ IM HERZEN

Es ist schlimm, wenn man sein Portemonnaie verliert.
Viel schlimmer ist es, wenn man die Gesundheit verliert.
Viele sagen: Was hat man dann noch vom Leben?
Trotzdem kann man Menschen treffen, die haben
ein dickes Portemonnaie und eine blendende Gesundheit.
Aber offensichtlich haben auch sie nichts vom Leben.
Sie sehen so unzufrieden aus und machen den Eindruck,
als hätten sie tausend hin und her rennende Ameisen im Kopf.

Was fehlt solchen Menschen? Ich denke: der Geist.
Nur Feuer macht Eisen glühend, was für ein Eisen es auch sei.
Nur ein Mensch, in dem Gottes Geist glüht und lebt,
hat Wärme in sich und kann seine Umgebung erwärmen.
Es ist der Geist, der dich wieder flexibel macht,
der deine Ecken und Kanten glättet
und der dir wieder auf den richtigen Weg verhilft,
wenn du auf krumme Pfade geraten bist.

Wo dieser Geist lebt, bringt er Liebe, Freude, Frieden
sowohl dem Gesunden als auch dem Kranken,
sowohl dem Glaubenden als auch dem Nichtglaubenden.
Denn der Geist weht, wo er will, und wohnt, wo er will.
Wer du auch seist, suche den Geist, bitte um den Geist.
Mach Platz in deinem Herzen, räume das Gerümpel aus
und laß den Geist Gottes in dich ein
mit seiner Liebe, seiner Freude, seinem Frieden.

3. JUNI

WAS VIEL MIT GLÜCK ZU TUN HAT

Es ist seltsam. Aber das Glück kommt nicht
mit Reichtum und Wohlstand.
Wehe den Satten! Wehe den Menschen,
die alles satt haben. Sie haben keine Freude mehr.
Reiche Menschen sind selten wirklich frohe Menschen.
Es ist seltsam. Aber das Glück kommt auch nicht,
wenn du nur machst, was dir Spaß macht.
Keiner kann dir sagen, was du tun mußt,
daß du in deinem einmaligen Leben glücklich wirst.
Glück liegt nicht irgendwo versteckt,
der vergrabene Schatz sei nur noch nicht entdeckt.
Glück ist kein Massenartikel.
Glück gibt es nicht von der Stange.
Glück ist für jeden anders.

Aber es gibt viele Wege, die du nicht gehen darfst,
wenn du glücklich werden willst.
Erinnerst du dich noch manchmal
an die guten alten Zehn Gebote?
Vielleicht hast du schon mal gedacht,
gerade sie stünden deinem Glück im Wege.
Wenn du auch nur ein wenig Lebenserfahrung hast,
weißt du bestimmt, daß gerade die Zehn Gebote
sehr viel mit deinem Glück zu tun haben.
Die schönsten Tage deines Lebens sind immer dann,
wenn du mit ihnen in vollem Einklang bist,
wenn du ein gutes Gewissen hast,
wenn du in aufrichtiger Liebe lebst.

4. JUNI

LOSLASSEN UND HINGEBEN

Ich weiß, das Leid der Menschen läßt sich nicht mit ein paar schönen Worten in Luft auflösen. Doch manchmal frage ich mich: Was bringt's, wenn sich ein Mensch in sein Elend verkriecht, unerreichbar fern für seine Mitmenschen? Versuche jeden Tag, das Leben und die Menschen aufs neue gern zu haben. Fällt dir das zu schwer, dann nimm wenigstens jeden Morgen allen Mut zusammen, und schau alles etwas leichter an.

Menschen sind keine Engel, die dich auf Flügeln tragen. Das Leben mit seinen Schicksalsschlägen, Krankheiten, Enttäuschungen und Mißerfolgen kann eine sehr schwere Last sein. Aber wenn du alle Register ziehst und ohne Ende klagst, wird alles nur noch schlimmer. Mit schwarzen Gedanken braut sich nur neues Unheil über deinem Kopf zusammen. Das einzige Heilmittel ist loslassen, hingeben. Sich in Liebe hingeben für das Leben, für die Menschen.

Heute leben! Die Vergangenheit zumachen.
Daran kannst du doch nichts mehr ändern.
Nur für die schönen Erinnerungen halte ein Fenster offen.
Und die Zukunft? Mach dir nicht zu viele Sorgen.
Denk daran, was du heute in Händen hast:
die Sonne und das Licht; Blumen, die blühen;
Essen und Trinken; ein Kind, das dich anlacht.
Wenn du nur glauben kannst,
daß hinter dem dichten, geheimnisvollen Vorhang
von Not und Elend ein Vater steht, der dich gern hat!
Wenn du dich ihm nur anvertrauen kannst!

5. JUNI

EIGENTLICH WAHNSINNIG SCHÖN

Hast du je darüber nachgedacht, was dein Leben
für einen Sinn hat? Oder lebst du einfach vor dich hin,
wie ein Elefant, der gedankenlos über alles trampelt,
oder auch wie ein Känguruh, weil du immer
daran denkst, deinen Beutel zu füllen?
Ist das Rennen und Ringen und Kämpfen der Menschen
um möglichst viel Geld, Hab und Gut und Reichtum
nicht verrückt, wenn sie am Ende doch
alle genauso viel Platz einnehmen – auf dem Friedhof?

Wird nicht alles sinnlos, wenn wir vergessen,
daß wir eine Seele haben,
wie eine Flamme in uns, die ewig ist?
Wer nur für den Leib lebt, lebt nicht wie ein Mensch,
selbst wenn er ein vornehmer Herr
oder eine gepflegte Dame ist, die wissen,
wie äußere Form und Fassade gewahrt bleiben.

Glaube an den besten Teil in dir, an deine Seele,
und stell dich in diesen pfingstlichen Tagen
offen vor Gottes Geist, der alles neu macht.
Dann wirst du sehr glücklich sein.
Dann wirst du wissen, warum die Blumen blühen,
warum die Sonne scheint und die Vögel zwitschern.
Dann wirst du gern Kinder lachen und spielen sehen,
dann wirst du entdecken, daß das Leben
eigentlich wahnsinnig schön ist.

6. JUNI

DER GEIST, DEN WIR BRAUCHEN

Wir brauchen einen gesunden Geist.
Keinen Geist, der zerstört, ausrottet und vernichtet.
Keinen Geist des Hasses, der Gewalt, des Umsturzes.
Keinen Geist, der ewig klagt und anklagt.
Keinen Geist der Resignation und Hoffnungslosigkeit.
Keinen Geist der Willkür und Hemmungslosigkeit.
Keinen Geist des blanken Neids und der blinden Wut.

Wir brauchen einen Geist der Liebe und Freundschaft.
Wer mit einem Herzen voller Gift und Galle
die alte Gesellschaft, alles Bestehende radikal abreißen will,
baut keine neue Welt auf, sondern eine Hölle auf Erden.
Wer Gewalt verherrlicht, ist kein Reformer, sondern ein Henker.

Wir müssen zusammenleben.
Junge Menschen zusammen mit alten Menschen.
Der Westen zusammen mit dem Osten,
der Norden zusammen mit dem Süden.
Die Christen zusammen mit den Nichtchristen,
die Glaubenden zusammen mit den Nichtglaubenden.
Keine Mauern mehr. Über die Grenzen hinweg.
Alle Völker, Rassen, Stämme, Sprachen zusammen.
Zusammenleben in einem gesunden Geist,
in einem Geist der Liebe, im Geist Gottes.
Die Frucht dieses Geistes ist: Freude, Friede,
Güte, Wohlwollen zueinander, Optimismus.
Das ist es, was heute in uns wachsen muß.

7. JUNI

OPTIMISMUS

Schau nicht immer nach unten,
auf die dunklen Seiten des Lebens.
Sei kein Schwarzseher.
Sonst hast du keine Lust mehr zu essen,
kannst nicht mehr schlafen,
bist bedrückt, wirst blaß und krank.
Schau auf die sonnigen Seiten des Lebens,
und sei optimistisch.

Optimismus: das wunderbarste, billigste Vitamin,
um lange, gesund und glücklich zu leben.
Zum Optimismus brauchst du einen gesunden Geist,
nicht einen Geist, der immer fragt:
Was bringt mir das, was habe ich davon?
Gift für den inneren Frieden ist die rastlose Jagd
nach immer neuen, raffinierteren Genüssen,
nach immer mehr Spaß und Unterhaltung.
Ein Vergnügen, das mit der Flasche am Ende ist,
mit der letzten Station des Freizeitcenters,
mit Rausch und Kick, ist keine wahre Freude.
Die liegt viel tiefer.

Wahre Freude kommt aus dem Geist der Liebe,
der wie eine Flamme von Herz zu Herz überspringt,
aus dem Geist Gottes.
Ich wünsche dir diesen Geist,
damit dir Glückseligkeit zuteil wird,
ein Stück vom Paradies.

8. JUNI

WUNDERBARE FRÜCHTE

Fassungslos stehe ich vor der Ohnmacht der Menschen,
einander zu verstehen, glücklich zu machen und zu lieben.
Die Medien bringen täglich eine tödliche Dosis
von Krieg, Gewalt, Mord, menschlichen Verirrungen.
Jeder doktert an einer besseren Welt herum.
Keiner scheint bereit, sich selbst zu bessern.
Alle reden vom Frieden, aber keiner scheint bereit,
selber Frieden zu machen und sich zu versöhnen.
Alle reden endlos und hoffnungslos aneinander vorbei.
So sind wir in Babel angekommen, beim Geist der Verwirrung,
beim Geist, der spaltet, niederreißt, zerstört, verfinstert.

Können wir in diesen Tagen nicht mal versuchen,
etwas Stille zu halten, den Geist des Lichtes zu suchen,
den Geist Gottes, ohne den wir nicht zu Rande kommen?
Wenn dieser Geist in deinem Herzen wohnt und wirkt,
wirst du einmal wunderbare Früchte pflücken,
die aus unserem menschlichen Zusammenleben
wieder ein Stück Paradies machen.

Diese Früchte tragen folgende Namen:
Liebe, Freude, Friede, Geduld, Freundlichkeit,
Güte, Treue, Zärtlichkeit und Einfachheit.
Diese Früchte fallen dir nicht einfach in den Schoß.
Du mußt den Panzer deines Egoismus ablegen.
Ich will dir nichts aufdrängen, ich möchte nur helfen,
daß Freude in dein Herz kommt und Frieden.

9. JUNI

INNERE UMSTELLUNG

Von was für einem Geist bist du beseelt?
Vom Geist der Gier, des Egoismus, der Arroganz,
der Ängstlichkeit, Verzagtheit, Minderwertigkeit?
Dann ist in deinem Herzen und um dich herum
alles blockiert, kein Sonnenstrahl kann dich erreichen.
Bei dir ist es dunkel und kalt. Du fühlst dich nicht wohl,
du bist nicht zufrieden und erst recht nicht glücklich.

Glück ist nicht abhängig von Geld und Genuß,
von Gesundheit und einem Leben wie im Schlaraffenland.
Glück und Unglück wachsen aus deinem inneren Befinden,
aus deinem Denken und Fühlen und aus allem,
was bewußt oder unbewußt tief in dir vor sich geht.
Fühlst du dich unentwegt unzufrieden und beklagenswert,
dann nimm sofort eine innere Umstellung vor.
Richte deine Gedanken auf die Sonnenseite aus.
Laß dein Inneres nicht länger beherrscht werden
von dunklen Gefühlen und Leidenschaften.

Erneuere dich in diesen Tagen! Und bist du ein Christ,
dann mach alle Fenster deines Herzens weit auf
für die phantastische, übermenschliche Kraft des Geistes,
der dich neuschaffen will, für den Geist Gottes.
Er wird sich dir in deiner Armut und Not zuwenden
mit seiner überwältigenden Liebe, Freude, Güte
und mit einem unbegreiflich wunderbaren Glück.

10. JUNI

VON WELCHEM GEIST BIST DU BESEELT

Verschmutzung von Geist ist für das Glück der Menschen
noch viel tödlicher als Verschmutzung von Wasser und Luft.
Wenn der menschliche Geist verpestet und zerfressen ist
von Habgier, Profitjagd, Machthunger, Prestigesucht,
dann ist es ihm auch völlig gleichgültig,
ob auch in Zukunft diese Welt noch zu bewohnen ist,
ob auch in Zukunft noch Menschen hier leben können.
Alles, selbst Wasser und Luft und die ganze Schöpfung,
wird der Gier und dem Größenwahn einiger weniger geopfert.

Der Geist des Menschen ist die stärkste Kraft auf Erden,
unglaublich schöpferisch oder unheimlich zerstörerisch.
Auch in deinem eigenen Leben wird alles
durch den Geist bestimmt, von dem du beseelt bist.
Wirst du beherrscht vom Geist hemmungsloser Kritik,
vom Geist der Unverträglichkeit und Unzufriedenheit,
des Neides, der Hartherzigkeit, der Selbstbemitleidung,
dann werden deine Tage grauer und grauer.
Dann machst du dir selbst und anderen das Leben grauenvoll,
ein Stückchen Hölle auf Erden.

Ich wünsche dir in dieser Pfingstzeit einen Geist
der Güte und Liebe, des Optimismus und der Hoffnung,
den Geist Gottes, der die steinernen Herzen wegnimmt
und der dir die schönste Frucht in den Schoß fallen läßt:
wahre, tiefe Lebensfreude, die sich die reichsten Menschen
mit allem Geld der Welt nie und nimmer kaufen können.

11. JUNI

TROST

Das Leben kann schwer sein, furchtbar schwer.
Das Leben kann dich in tiefster Seele zerreißen.
In solchen Zeiten quälender Hilflosigkeit
sucht der Mensch Trost.
Du kannst nicht leben ohne Trost.
Trost ist aber nicht
der Alkohol, das Schlafmittel, die Spritze,
die dich nur betäuben und dann
in eine noch schwärzere Nacht stürzen.

Trost ist wie eine milde Salbe auf eine tiefe Wunde.
Trost ist wie eine unverhoffte Oase in einer Wüste.
Sie läßt dich wieder glauben an das Leben.
Trost ist wie eine sanfte Hand in deiner Hand,
die dich beruhigt und wieder aufatmen läßt.
Trost ist wie ein liebes Gesicht ganz in deiner Nähe,
das deine Tränen versteht,
das deinem gepeinigten Herzen zuhört,
das bei dir bleibt in deiner Angst und Verzweiflung
und dich ein paar Sterne sehen läßt.

Trost ist der Geist Gottes.
Er kommt nur durch offene Türen.
Er stellt dir als Geschenk
Frieden, Freude und Liebe auf den Tisch,
die Gaben, von denen du leben kannst.

DREIMAL ACHT

Unsere Zeit ist anstrengend, nervenaufreibend.
Die Ärzte haben alle Hände voll zu tun
mit Blutdruck, Herz, Kreislauf, Nerven der Menschen.
Wer sich, vor allem in den Städten, vom höllischen Tempo,
vom gehetzten Leben mitreißen läßt,
weil alles nach Plan und Termin laufen muß,
wird bald selber krank und halbverrückt.

Du hast gut geschlafen, bist in Ruhe aufgestanden,
fühlst dich wohl, gut gelaunt und voller Optimismus.
Aber dann kommt die Zeitung zum Frühstück.
Lauter Schreckensnachrichten: Verbrechen, Unglück,
Katastrophen, nationale und internationale Konflikte.
Du siehst lauter Schreckensbilder
und beim letzten Schluck Kaffee seufzt du:
»Die Welt geht zum Teufel.«
Deine ganze schöne Stimmung ist verflogen.
Und so geht es weiter: Den ganzen Tag bearbeiten dich
das Gedröhne der Autos, das Geklingel der Telefone,
der Krach der Maschinen, der Lärm der Straße,
das Gedudel der Radios, der Tonfall der Chefs ...

Lerne das Geheimnis, in diesem Hexenkessel
an Leib und Seele gesund zu bleiben.
Die Formel lautet »dreimal acht«:
acht Stunden arbeiten; acht Stunden schlafen;
acht Stunden lachen, essen, spielen, singen, beten.
Dreimal acht! Das ist für dich – die Rettung.

13. JUNI

SEI DU SELBST

Je mehr du ein Opfer des Materialismus wirst,
der alles beängstigend überwuchert,
desto mehr wird dein persönliches Leben
von den Zwängen der Masse erdrückt,
desto mehr verlierst du die Freude am Leben.
Materielles wird allgemein zum höchsten Gut.
Als einziger Sinn des Lebens gilt überall
der eigene Vorteil und der höchstmögliche Profit.
Du gehst unter in einer seelenlosen grauen Masse,
deren Kopf leer und deren Leben ohne Farbe ist.
Dein Geist und dein Herz werden überwuchert
durch eine Menge von Bedürfnissen und Begierden,
die dir von Konsum und Kommerz aufgedrängt werden
und die mit Glück nichts zu tun haben.

Suche deinen eigenen Weg!
Wehre dich gegen eine Werbeindustrie,
für die du nichts anderes als eine Kaufmaschine bist.
Wehre dich gegen einen Lebensstil,
der im Grunde nur das goldene Kalb anbetet.
Sei du selbst! Du hast deinen eigenen Verstand,
du hast dein eigenes Herz.
Laß dich nicht ködern und verführen.
Sei du selbst! Geh deinen eigenen Weg,
besonnen und entschieden, in Einfachheit und Liebe.
Du wirst vielleicht zum ersten Mal wahre Freude erleben.

14. JUNI

FÜREINANDER IN DER FAMILIE

Das Allerwichtigste, was du im Leben zu tun hast,
das ist: lieben, einander gern haben.
Das wird in allen Sprachen besungen, mit Recht.
Das ist Anfang und Ende von deinem Lebensglück.
Wenn es dir nicht gelingt, in deinem Leben
Liebe zu verwirklichen, ist dein Leben mißlungen.
Ich meine hier nicht die sexuelle Liebe,
auf die so viele Medien inbrünstig fixiert sind.

Wirklich menschlich lieben heißt: für andere leben.
Die anderen, das sind an erster Stelle die Angehörigen:
der Mann, die Frau, Kinder, Vater und Mutter, Geschwister.
Wenn du kein Herz für sie hast,
die zu deinem eigenen Fleisch und Blut gehören,
dann bist du ein Unmensch.

Wenn man in der Familie nicht füreinander lebt,
dann gibt es keine Liebe und kein Glück.
Dann zerrinnt dir dein ganzes Leben
wie Sand zwischen den Fingern.
Sind aber dein Herz und deine Hände voller Liebe,
dann bricht in deinem Innersten die Freude auf,
dann wirst du glücklich sein und andere glücklich machen.
Du wirst ein bedeutender, wertvoller Mensch sein,
auch wenn du weder Minister noch Doktor oder Direktor bist.

15. JUNI

FREUNDSCHAFT

Du kannst alles durchstehen – mit einem Freund,
auch wenn er nicht viel mehr tun kann
als dir gut zuzureden oder deine Hand zu halten.
Ein Freund in deinem Leben
ist wie Brot und Wein – eine wirkliche Wohltat.
Ein Freund in deinem Leben ist Trost in der Not.
Ein Freund läßt dich echte menschliche Güte spüren,
und du erfährst darin ein Zeichen göttlicher Güte.
Die kompetenteste Antwort eines Sozialbüros,
die bestgemeinte Hilfe eines Sozialarbeiters
bedeutet für einen Menschen in Not nicht so viel
wie eine einfache Geste, ein herzliches Wort eines Freundes.

Warum sagte der Mann am Telefon: »Ich bin verzweifelt.
Ich will nicht mehr leben. Alles Ersparte bekamen
die Psychiater und die Apotheker für die Tabletten,
und wenn die verbraucht sind, ist alles wieder dasselbe.«
Und eine Frau: »Ich mache Schluß. Ich habe vier Kinder.
Ich habe alles, nichts fehlt. Aber ich habe das Leben satt.«

Gab es denn keinen Freund, keine Freundin,
die ihnen ein bißchen Geborgenheit bieten konnten,
als in ihrer Welt alles ins Wanken geraten war?
Menschen werden Opfer psychischer Umweltverschmutzung.
Allein mit Pillen und Psychiatern geht es nicht.
Was Menschen brauchen, ist einfache Nähe und Güte,
ist Freundschaft, worin sie Geborgenheit finden.

16. JUNI

EINE SCHLECHTE ANGEWOHNHEIT

Wir leben in einer streitsüchtigen Welt.
Streitsucht ist uralt, sie hat ihre Wurzeln
in dem Winkel unseres Herzens,
wo wir noch unkultiviert und egoistisch sind.
Jeder Mensch hat so eine Ecke in sich, auch du.

Bei Streitsüchtigen muß es
immer nach ihrer Nase gehen.
Einlenken und nachgeben gibt es nicht.
Zu Hause gibt es Ärger, weil keiner abwäscht
oder das Essen nicht schmeckt und so weiter.
Auf der Straße regen sie sich auf,
weil ein Auto zu langsam oder zu schnell fährt.
Im Büro herrscht dicke Luft,
weil sie immer alles besser wissen.
Im Betrieb verbreiten sie schlechte Laune,
weil natürlich ausgerechnet sie
zu viel arbeiten und zu wenig verdienen.

Streitsucht ist bei vielen nichts anderes
als eine schlechte Angewohnheit.
Sagt der eine »weiß«, sagt der andere »schwarz«,
weil er sowieso dagegen ist.
Streitsucht verbraucht sehr viel Energie,
die sich produktiver einsetzen läßt.
Lieber Holz hacken
als auf Menschen herumhacken!

17. JUNI

DER WEG ZUM FRIEDEN MIT SICH SELBST

Suche die Gründe für deine Probleme, deine Konflikte,
deine Mißerfolge nicht immer woanders,
bei deinem Mann, deiner Frau, deinen Vorgesetzten,
deiner Arbeit oder der heutigen Zeit.
Du kannst sehr viel profitieren,
wenn du mal bei dir selbst suchst.

Über sich selbst nachdenken, die Wahrheit
über seine eigenen Fehler und Mängel akzeptieren
ist der einzige Weg zum Frieden mit sich selbst
und zum Verständnis für die anderen.
Betrachte dich nicht immer als Opfer der anderen,
bevor du ganz ehrlich überprüft hast,
ob du nicht ein Opfer deines eigenen Ich bist,
deiner eigenen Einbildung, deiner eigenen Launen.

Meistens erwartest du zu viel von anderen
und zu wenig von dir selbst.
Du bist zu anderen gut gewesen,
sie haben es dir nicht gedankt, und du sagst:
»Das hätte ich nicht erwartet. Jetzt ist es aus.«

Frag mal dich selbst,
wie du Erwartungen anderer erfüllst.
Vielleicht geht dir auf, wie schwierig es für andere ist,
dich gern zu haben, gut zu dir zu sein.
Vielleicht hast du allerhand gutzumachen.

18. JUNI

KRISE

Nicht selten gewinne ich den Eindruck,
daß eine Menge Ehen zu früh aufgeben.
Bekanntlich kommt es so nach fünf, sechs Jahren,
manchmal erst nach zehn, zu einer Krise.
Das Neue ist vorbei. Die Schwächen des anderen
kommen dir vor wie Drachenköpfe,
die alles verschlingen, und du denkst,
alles sei rettungslos verloren.
Das ganze luftige Gebäude deiner Träume
stürzt in sich zusammen, und viele geben auf.

Dann wird es Zeit, die Einheit der Ehe neu zu bauen.
Nicht auf der Grundlage, daß der Partner
so bewundernswert ist, so lieb und zärtlich
oder so nett und stark und gut gelaunt,
sondern weil du mit einem festen Willen anfängst,
dich wieder mehr um den anderen zu kümmern
und dich ihm mehr zuzuwenden.

Und dann geschieht das Wunder.
Alles, was du verloren meintest,
kommt wieder, viel reicher und viel tiefer.
Du kannst den anderen wieder richtig gern haben.
Es kommt sogar der Tag, an dem du
über die durchgemachte Krise froh sein wirst.
Also, Mut! Gib nicht zu schnell auf.

19. JUNI

WAS WIR NICHT ERNST GENUG NEHMEN

Jeden Tag werden wir von einer Lawine überrollt:
die Nachrichten von allem, was in der Welt schief läuft.
Das alles legt sich aufs Herz und schlägt auf den Magen.
Ab und zu ein Lichtblick, dann geht es finster weiter.
Die Menschen bekommen den Tod untergejubelt,
den Tod von allem Schönen und von allem Guten.
Wie kann man damit leben und glücklich sein?
Schluck nicht alles, was man dir täglich auftischt.
Nimm deinen Teil, der dich wirklich angeht
und den du tragen kannst; den Rest laß liegen.
Löse dich von allen falschen, aufgeblähten Problemen.

Es gibt etwas, das wir nicht ernst genug nehmen: die Freude.
Wir sagen zwar, Lachen sei gesund. Aber um diese Seite
unserer Gesundheit kümmern wir uns viel zu wenig.
Es geht nicht um das irre Gelächter des Wahnsinnigen,
sondern um das Lachen, das aus innerer Zufriedenheit
und aus einer tiefen inneren Freude wächst.

Ich hoffe, daß du in deinem Herzen
noch irgendwo ein bißchen Kind geblieben bist.
Nicht, um ahnungslos durchs Leben zu gehen,
sondern um wieder zu staunen und dich zu freuen
über das Blühen einer Blume, das Zwitschern eines Vogels,
um wieder an das Gute im Menschen zu glauben.
Jeden Tag kannst du Wunder erleben,
wenn du deine Augen öffnest für die tausend kleinen Dinge,
mit denen Engel deinen Weg schmücken.

20. JUNI

GEH IN DEN WALD

Rein ins Auto, Fuß aufs Gas und immer weiterfahren?
Halt an, steig aus: Geh in den Wald!
Der Kalender voller Termine, von einem zum andern hetzen?
Halt an, mach Pause: Geh in den Wald!
Ausgebrannt, lebensmüde, aller Dinge überdrüssig?
Es ist doch Frühling: Geh in den Wald!
Da stehen die Bäume und warten auf dich.
Herrliche Bäume, die schweigend die Stille genießen
und den Saft, der jetzt bis in die Spitzen der Zweige steigt.
Da sind die Vögel und singen für dich.

Mensch, wo bleibst du? Wann hörst du den Vögeln zu?
Im Wald herrscht Ruhe, ein unsagbarer Friede.
Du möchtest wirklich leben? Aber das heißt doch nicht:
gehetzt leben, tagaus tagein unter Druck,
unter dem Druck von tausend belastenden Dingen.
Du willst alles wissen, alles haben, alles genießen –
um davon Magengeschwüre zu bekommen?

Geh in den Wald! Nimm ein Butterbrot mit, frisches Wasser.
Leg dich unter einen Baum, genieße das selige Nichtstun.
Da kommen dir die besten Gedanken und die schönsten Träume.
Da draußen lösen sich die Probleme, die dich drinnen quälen.
Da bekommst du einen klaren Geist,
eine ruhige Seele und ein Herz voller Frieden.
Vielleicht sagst du jetzt: Wenn ich das doch könnte!
Dann sage ich dir: Du bist doch schon unterwegs!

21. JUNI

EIN STÜCKCHEN HIMMEL

Eine schlichte einfache Tat der Nächstenliebe
ist mehr wert als eine ganze Konferenz
voller schöner Worte über »das Problem«.
Eine kleine Tat der Liebe ist mehr wert
als stundenlanges Reden und Streiten,
wer Recht hat und Recht bekommt.

Komm, lieber Mann, halt deine Frau fest
und gib ihr einen herzhaften Kuß,
und du wirst sehen, wie ihr beide Recht habt.
Und du, liebe Frau, sei noch mal richtig nett
wie in der ersten schönen Zeit,
als es noch keine Probleme gab.

Macht euch doch einander das Leben
nicht so kompliziert und schwer.
Eure guten Wünsche von gestern
müssen heute lebendig werden.
Einfache ehrliche Liebe macht alles leicht.
Ein Augenzwinkern, ein Lächeln, ein Kuß,
ein Händedruck, ein kleiner Liebesdienst,
und die Sonne geht auf.
Für jeden Menschen gibt es ein Stückchen Himmel,
wenn wir ihn nur nicht selber kaputtmachen.

22. JUNI

SANFTMUT HAT EIN GROSSES HERZ

Wir gehen manchmal so unbarmherzig miteinander um.
Oft ist unsere Sprache voll Drohung und Gewalt.
Wir sind empört, wir protestieren, wir kämpfen – und für was?
Wir sagen: für Solidarität, für mehr Menschlichkeit.
Und gleichzeitig benehmen wir uns unmenschlich,
weil unser Verhalten allen menschlichen Respekt verliert.
Wir glauben noch immer an die Macht des Stärkeren.
Wir fühlen uns immer im Recht, verlangen es um jeden Preis.
Unser menschliches Mitgefühl ist verkümmert und verkrüppelt.

Wer um die eigenen Fehler und Empfindlichkeiten weiß,
vermag die Schwächen anderer leichter zu ertragen.
So wächst Verständnis, Versöhnlichkeit, Sympathie.
Sanft und tolerant wirst du, wenn du weißt,
wie zerbrechlich alle Dinge und wie einsam die Menschen sind.
Sanftmut hat ein großes Herz: Alles geht ihr zu Herzen,
von allem wird sie ergriffen, alles nimmt sie in ihre Arme.

Denk an die vielen Menschen auch in deiner Umgebung,
die durch Krankheit, Armut, Unglück
langsam aus dem Leben abgeschoben werden.
Sie hungern nach einem Lächeln, warten auf ein gutes Wort,
sehnen sich nach Miteinander, nach Freundschaft.
Denk an die Behinderten, die Pflegebedürftigen,
die selten oder nie eine warme Hand spüren
und die in ihrer Einsamkeit begraben sind.
Zieh Mitgefühl und Sanftmut an für alle Menschen,
die um dich sind, und laß keinen stehen in der Kälte.

23. JUNI

KLEINE DINGE

Suche dein Glück in kleinen Dingen.
Ja, in den kleinen Dingen.
Die großen Dinge sind zu teuer,
und darauf mußt du immer zu lange warten.

Du wirst niemals glücklich sein,
wenn du nicht froh sein kannst
über deine Gesundheit, deinen Mann, deine Frau,
deine Kinder, oder, wenn du allein lebst,
über eine einfache ehrliche Freundschaft.

Du wirst niemals glücklich sein,
wenn du keine Freude finden kannst
an der Sonne, die scheint,
an der Blume, die blüht,
an dem Kind, das dich anlacht.

Wenn du meinst, das Glück läge ganz woanders,
in der Kneipe, in Paris oder am Strand in der Karibik,
dann hast du eine völlig falsche Vorstellung vom Glück.
Glaub mir, das Glück liegt wirklich in den kleinen Dingen,
die du jeden Tag zum Greifen nahe hast.

Glaube also an das Leben, glaube an dich selbst,
glaube an die Liebe, glaube an deine Mitmenschen,
und hör auf, zu jammern und zu klagen.
Genieße das, was du hast,
und warte nicht auf morgen, um glücklich zu sein.
Sei heute glücklich, jetzt!

24. JUNI

IST ZEIT GELD

Menschen sagen: »Zeit ist Geld.«
Denn Geld ist der Sinn ihres Daseins geworden.
Darum sitzen so viele fest, fest im Sumpf.
Geld ist nötig, aber man weiß nie, wann man genug hat.
Zeit ist Geld: Das ist nicht wahr!

Für wen die Zeit zum Leben nur eine Zeit für das Geld ist,
bringt sich selbst um mit seiner Zeit-ist-Geld-Maschine.
Er findet keine Freude und kein Glück mehr.
Darum will er Geld, um sich Freude und Glück zu kaufen.
Mit viel Geld kauft er sich teure Unterhaltung und Erholung,
um darin geistig und körperlich zu ersticken.
Geld, überall Geld! Um Geld geht es in Fabriken und Büros,
in Supermärkten, auf Sportplätzen, in Freizeitzentren.
Die Menschen haben es weit gebracht,
aber glücklicher sehen sie dabei nicht aus.
Leben und Arbeit machen keine Freude mehr.

Ich war neulich in einem großen Versicherungsbüro,
wo unzählige Angestellte in großen Räumen hinter Glas sitzen.
Als die Uhr fünf zeigte, ging ein Sturm durch die Räume.
Die Angestellten sprangen auf, drängten zu den Ausgängen.
Als ob jeden Moment eine Zeitbombe explodieren könnte!
Ist das der Sinn der Zeit, kommt es nur aufs Geld an?
Stell die Zeit-ist-Geld-Maschine ab!
Lebe und tu, was du zu tun hast, mit Liebe.
Nicht Geld, sondern Liebe sei der Sinn deines Daseins.
Denn allein in der Liebe wachsen die Blumen der Freude.

25. JUNI

DIE DUMMEN UND DIE WIRKLICH DUMMEN

Wenn du eine Gemeinschaft aufbauen willst,
ganz gleich, ob eine Ehe, eine Familie, eine Gruppe,
dann muß »Liebe« das Fundament sein. Das weiß jeder.
Jeder gibt dir recht, wenn du sagst: Auf die Liebe kommt es an,
und ohne Liebe ist das Leben nicht möglich.

Und doch herrscht in vielen Ehen, Familien, Gemeinschaften,
Interessengruppen so viel Zank und Streit und Spannung.
Auslöser sind, oberflächlich gesehen, meistens Kleinigkeiten:
Mißverständnisse, unglückliche Worte, ein dummes Verhalten.
Schon ist die Atmosphäre vergiftet, die Begeisterung verflogen.
Der tiefere Grund für das Dahinsiechen und Zerbrechen
von vielen, einst begeistert begonnenen Gemeinschaften
ist nichts anderes als eingefleischte Eigensinnigkeit.

Liebe fängt damit an, das eigene Habenwollen und Geltenwollen
immer mehr zu verlassen, um immer mehr für andere da zu sein.
Wenn du mit solcher Liebe in einer Gruppe allein stehst,
wirst du als der Dumme angesehen und auch so behandelt.
Man nützt dich aus. Aber halte durch, bis es zwei oder mehr sind,
die so leben wollen. Und dann geschieht ein Wunder.
Dann wird mit der Zeit das Zusammensein ein Fest.
Dann sind nicht mehr diejenigen, die lieben, die Dummen,
sondern jene, die nur kritisieren oder beleidigt schweigen,
weil sie übergangen wurden oder ihren Willen nicht bekamen.
Raffgier und Arroganz sind die Gegenpole der Liebe.
Die wirklich Dummen sind jene, die nicht leben können,
weil sie nicht imstande sind zu lieben.

HAB GEDULD MIT DIR SELBST

Es ist nicht alles Sonnenschein im Leben.
Jeder hat mal einen schwarzen Tag.
Einen Tag, an dem es nicht gut geht,
an dem überhaupt nichts geht.
Alles läuft schief.

Vielleicht hast du sogar Tage erlebt,
an denen du von allem genug hattest,
an denen du lieber tot sein wolltest.
Wenn immer alles schiefgeht,
wenn es niemals besser kommt als befürchtet,
dann wird das Leben schwer.
Dann kann es so dunkel werden,
daß man nirgends mehr
einen Hoffnungsschimmer sieht.
Dann kann die Wut so groß werden,
daß man alles verfluchen möchte:
das Leben, die Menschen, Gott.

In solchen Augenblicken darfst du
niemals eine Entscheidung treffen.
Hab Geduld mit dir selbst und warte,
bis du wenigstens eine Nacht
ein bißchen geschlafen hast.
Glaubst du an Gott,
dann schau nach oben.
Wenn du alle deine Karten gespielt hast,
hat Gott immer noch einen Trumpf.

27. JUNI

VERSTÄNDNISVOLL

Sei sanft zu deinen Mitmenschen!
Ja, sei behutsam im Reden und Urteilen über andere.
Natürlich gibt es bei ihnen genügend Fehler,
so daß sich immer Gründe finden lassen, zu verurteilen.
Aber vergiß nicht, auch du bist leicht zu verletzen.
Menschen müssen in harten Zeiten sanft zueinander sein.
Es gibt zu viele, die nichts voneinander wissen wollen.
Sie wollen völlig unabhängig von anderen leben.
An ihrer Haustür hängt ein Schild: »Laßt mich in Ruhe!«

Wie wird das Leben für alle wieder lebenswert?
Durch Verständnis, Behutsamkeit, Sanftmut, Zärtlichkeit,
vor allem gegen überempfindliche Menschen,
gegen Vereinsamte mit einem schwierigen Charakter,
gegen Menschen mit Minderwertigkeitsgefühlen.
Harte, vorwurfsvolle Worte machen alles nur schlimmer.
Richte nicht, und du wirst nicht gerichtet werden.
Vergib, und dir wird vergeben werden.
Hab Verständnis, und du wirst Verständnis finden.
Sei freundlich, und du wirst Freunde gewinnen.

Wenn du weißt, wie ungemütlich du werden kannst,
wie kalt, herzlos und hart: Sei sanft!
Und du wirst Frieden finden für dein eigenes Herz.
Schonungslose Härte gegen Mitmenschen
kommt selten von außen,
sondern meistens aus einem Herzen,
das schlecht gelüftet und wenig erleuchtet ist.

28. JUNI

KINDER UND ERWACHSENE

Kinder sind glücklich, heißt es.
Sie haben keine Sorgen, sagt man.
Das stimmt. Aber es gibt viele Ausnahmen.
Es gibt zu viele Kinder, die ihr Glück verloren haben,
weil ihnen die Geborgenheit kaputtgemacht wurde,
weil gewalttätige Große über wehrlose Kleine
wie Bulldozer und Rammböcke herfielen.

Hattest du nie das Gefühl, daß Kindern oft
das Verhalten der Erwachsenen komisch vorkommt?
Wenn große Leute miteinander zu tun haben,
geht es meistens um Zahlen. Sie fragen,
wieviel einer verdient und wieviel er hat,
wie viele Examen und wie viele Beziehungen.
Geht es um ein Haus, sagen sie etwa: »Zwei Millionen«,
und schon wissen sie, was für ein Haus das ist.
Erzählst du Kindern von einem Freund,
werden sie fragen: Kann man mit ihm spielen?
Weiß er lustige Geschichten, kann er pfeifen?
Redet man mit ihnen über ein Haus, werden sie
nach der Farbe fragen, nach Blumen am Fenster
und ob Tauben auf dem Dach sitzen.

Was Kinder anschauen, bekommt Frische, Farbe, Wärme.
Große Leute begreifen davon nichts. Die sind nun mal so.
Die reden immer über Geld und Arbeit.
»Darum müssen Kinder mit großen Menschen
viel Geduld haben«, sagt der kleine Prinz.

29. JUNI

LERNE, ÜBER DEIN PECH ZU LACHEN

Du mußt jeden Tag lernen, besser,
froher und glücklicher als gestern zu leben.
Vor allem versuche nicht jeden Tag, mehr zu haben,
in den Augen anderer reicher und größer zu sein.
Denk mal gründlich über dein Leben nach,
über den wahren Wert der Dinge.
Sei kein Opfer deiner Gefühle,
kein Sklave deiner Leidenschaften.
Klammere dich nicht an unsinnige Erwartungen.
Du wirst nie glücklich werden,
wenn du deine Gefühle nicht unter Kontrolle hast,
wenn dein Tag verdorben ist durch einen Fleck,
eine Schramme, ein Mißverständnis, ein Mißgeschick,
ein böses Wort zu Hause oder im Büro,
eine geplatzte Verabredung, ein schlechtes Examen.

Lerne dich selbst besser kennen, nimm dich zusammen.
Wenn du nicht selbst glücklich sein kannst,
kannst du auch andere nicht glücklich machen –
und das ist doch eigentlich dein Wunsch.
Darum behalte einen ruhigen, klaren Kopf.
Dramatisiere nichts! Kleines Pech ist kleines Pech.
Das darf dich nicht gleich aus dem Häuschen bringen.
Dein trauriges Gesicht laß in der Garderobe hängen.
Vielleicht kannst du dann sogar – zum Glück! –
über dein eigenes Pech lachen.

30. JUNI

JULI

Du hast nur ein Leben.
Nimm dir Zeit,
um glücklich zu sein

DIE LIEBE IST WIE DIE SONNE

Was hältst du von der Sonne?
Für die meisten ist sie das Gewöhnlichste der Welt.
Und doch wirkt sie jeden Tag Wunder.
Morgens macht sie Licht und Feuer an in der Welt.
Sie kämpft gegen die Wolken, um uns zu sehen
und uns einen schönen Tag zu bereiten.
Nachts geht sie auf die andere Seite der Erde,
um die Menschen auch dort mit Licht zu versorgen.
Lösche die Sonne aus, dann sitzen wir alle
in der schwärzesten Nacht und eisigsten Kälte.

Genauso ist es mit der Liebe.
Geht die Liebe auf in deinem Leben,
bringt sie Licht und Wärme und Wohlbehagen.
Hast du die Liebe, kann dir viel fehlen.
Dann macht es dir nichts aus, zu verzichten
zugunsten von Glück und Freude anderer.
Dann hast du keinen Bedarf an Reichtum und Luxus
und den neuesten technischen Errungenschaften.
Wer die Liebe hat, dem kann viel fehlen.

Darum: Halte die Liebe fest!
Wenn die Liebe in deinem Leben untergeht,
werden die Schatten immer größer,
und du gerätst immer tiefer in Nacht und Kälte.
Die Liebe ist wie die Sonne.
Wer sie hat, dem kann viel fehlen.
Aber wem die Liebe fehlt, dem fehlt alles.

1. JULI

EIN FREIER MENSCH

Wenn du mal fünf Minuten Zeit hast,
weißt du, was du dann tun mußt?
Nichts! Tu einmal nichts, beschäftige dich mit nichts.
Sorge für Stille: Radio aus, Fernsehen aus,
Zeitungen zu, Illustrierte zu. Ausmachen, abschalten.
Löse dich aus den Fängen der Konsumgesellschaft.
Wie ein Vampir sucht sie mit ihrer zuschlagenden Werbung
alle Reste von Freiheit und Geist aus dir zu saugen.

Sorge für Stille um dich, sorge für Stille in dir.
Und miß Fieber. Du mußt wissen, ob du bereits tot bist,
in der Zwangsjacke von Verdienen, Kaufen, Konsumieren,
gestorben und eingesargt in lauter Materie.
Ich weiß etwas gegen Konsumfieber. Es ist vielleicht
das einzige, das hilft: Maßhalten, Selbstdisziplin, Verzicht.
Das heißt nicht, sich sinnlos quälen und verkrüppeln.
Das heißt, die Gier der Leidenschaften beherrschen.
Das führt zu geistiger Freiheit, zu innerem Frieden, zur Freude.

Eine solche Entschlackung und Reinigung des Lebens
öffnet dir die Augen für höhere und schönere Dinge
als Geld und Genuß, Sex und Sensationen.
Sie macht dich empfänglich für die Welt und die Menschen.
Du greifst nicht mehr gierig zu, du kannst loslassen.
Du kannst wieder staunen, behutsam und zärtlich sein.
Du kannst arbeiten und spielen. Du wirst fröhlich, lebensfroh.
Du wirst ein freier Mensch.

2. JULI

MITEINANDER GLÜCKLICH SEIN

Ein Mann schreibt mir: »Soeben habe ich
den soundsovielten Krach mit meiner Frau beigelegt.
Wir sind fest entschlossen, wieder neu anzufangen
und mehr Verständnis füreinander zu haben.
Nie wieder Krieg – in unserer Familie!«

Wie ist das bei euch zu Hause?
Häusliche Zwischenfälle sind unvermeidlich,
aber laß ein Scharmützel sich niemals auswachsen
zu einem gegenseitigen Belagerungszustand.
Schmiede in deinem Herzen keine Rachepläne.
Wenn du es dem anderen dennoch heimzahlen willst,
zahl es ihm heim mit einem Kuß. Nur so!
Wenn das Feuer der Feindseligkeit immer weiter schwelt,
wird eines Tages bei euch eine Bombe hochgehen.
Geh niemals ohne Versöhnung schlafen.
Das Leben ist viel zu kurz, um lange verkracht zu sein.
Wer miteinander lebt, muß miteinander glücklich sein.
Nicht morgen, sondern heute!

Es gibt noch viele glückliche Ehen und Familien.
Ehen, in denen man miteinander Freude hat,
auch wenn schwierige Situationen kommen.
Familien, in denen man miteinander lacht und weint,
in denen auch mal ein Wolkenbruch niedergeht.
Aber bald darauf scheint wieder die Sonne
an einem blauen Himmel.

3. JULI

GELASSENHEIT

Es gibt heutzutage viele unruhige Menschen,
gejagte, gehetzte, verängstigte Menschen,
Menschen, die ihr Leben lang wie auf der Flucht sind.
Ich will versuchen, dir ein gutes Rezept zu geben
für Gelassenheit, für Gemütsruhe.

Überdreh nicht deinen Motor.
Beeile dich, wenn es sein muß,
aber renn nicht den ganzen Tag wie wild herum.
Arbeite und iß in Ruhe,
mach von Zeit zu Zeit gemütlich Pause.
Rauch und trink nicht zu viel,
und mach aus deiner Erholung
keine nervenaufreibende Jagd nach Genuß.

Ärgere dich nicht, laß dich nicht einwickeln
in gewagte Geld- oder Herzensangelegenheiten.
Verspiele nicht dein Glück von heute
durch übertriebene Sorgen um morgen.
Tu dein Bestes, und damit laß es gut sein.

Wenn du an Gott glaubst,
wenn du ihn wie einen wirklichen Vater liebst,
wirst du selbst in schweren Stürmen
den Halt nicht verlieren und ruhig bleiben
wie ein Kind bei dem Gedanken:
Vater steht am Steuer.

4. JULI

DAS WICHTIGSTE, WAS DU BRAUCHST

In einem armen Land bin ich Menschen begegnet,
die ich nicht mehr vergessen kann.
Sie waren sehr arm und besaßen trotzdem etwas,
das ich schwer begreifen kann:
Liebenswürdigkeit, Fröhlichkeit, Gastfreundschaft.
Man kann es gar nicht beschreiben.
Sie hatten mich vorher noch niemals gesehen,
und doch war ich für sie kein Fremder.
Die Herzlichkeit, mit der sie auf mich zukamen,
ihre Dienste anboten, ihre Türen öffneten,
war für mich tief bewegend.

In ihrer Armut fand ich, daß sie zugleich sehr reich waren:
reich an spontaner Lebenslust, Gastlichkeit und Freude,
all das, was bei uns so selten geworden sind.
Es waren nicht Menschen, die vor Hunger sterben.
Aber ihnen fehlte doch viel, was uns unentbehrlich scheint.
Was fehlt ihnen, und was fehlt uns?

In unersättlichem Hunger nach immer mehr
werden Reiche oft zu ganz armen Schluckern.
Ihnen fehlen die einfachsten Freuden des Lebens,
weil sie nicht mehr imstande sind,
die einfachsten Dinge des Lebens zu genießen.
Was hast du von all den vielen angehäuften Sachen,
wenn dein Herz leer ist? Du magst ruhig manches haben.
Aber das erste und allerwichtigste, was du brauchst,
ist Liebe und Freude in deinem Herzen.

5. JULI

REDEKRANKHEIT

Reden ist »in«, Tun ist »out«.
Noch nie wurde so viel geredet wie heute.
Noch nie rollte über die Köpfe der Menschen
eine solche Lawine hohler, sinnloser Worte hinweg.
Jeder will reden, jeder will das Wort ergreifen.
Aber nur wenige haben etwas zu sagen,
weil nur wenige die Stille und die Anstrengung
des Denkens aushalten können.

Früher liebte der Erreger der Redekrankheit
Stammtische und Kaffeekränzchen.
Heute schlägt dieser Virus bei Talkshows zu,
bei Versammlungen, Konferenzen, Kongressen,
bei öffentlichen Diskussionen,
am liebsten mit Leuten, von denen der eine
genau das Gegenteil vom anderen behauptet.
Der Rede-Virus fühlt sich ausgesprochen wohl
in unverstandenen Fremdwörtern oder in Floskeln:
»Ich gehe davon aus« oder »Nach meinem Gefühl«
oder »Das macht keinen Sinn«.

Bete jeden Tag dieses einfache, aktuelle Gebet:
»Herr, hilf mir meinen großen Mund zu halten,
bis ich weiß, was ich sagen soll. Amen.«
Bedenke: Besser ist es, zu schweigen
und nur dumm auszusehen,
als viel zu reden und dadurch zu beweisen,
wie dumm man wirklich ist.

6. JULI

ER BESASS NICHTS

Kennst du die Geschichte vom König, der im Sterben lag?
Ihm hatte der Doktor gesagt: »Ihr werdet wieder gesund,
wenn Ihr einen glücklichen Menschen findet
und sein Hemd anziehen könnt.«
Tagelang durchsuchten seine Leute das Land,
bis sie am Ende einen glücklichen Menschen fanden,
aber der besaß nichts, nicht einmal ein Hemd.

Die Geschichte sagt: Glück hat nichts mit Besitz zu tun.
Es kommt niemals per Bank oder Postscheck.
Ferien mit Sonnenschein kann man kaufen.
Aber ein zufriedenes Herz, das dich erst
genießen läßt, was du hast, kannst du nicht kaufen.
Warum sind so viele steinreiche Menschen
mit ihrem verwöhnten Leben oft so unzufrieden,
ja tief unglücklich? Sie liegen an einer Kette.
Weil sie alles für sich allein haben wollen,
ist ihr Herz erstickt. Sei auf sie nicht neidisch.
Sorge du für ein zufriedenes Herz,
dann wird das Glück dir wie ein Schatten folgen.
Und laß andere es an der Riviera suchen.

Das Barometer des Glücks ist das Gewissen.
Ein schlechtes Gewissen läßt das Barometer fallen,
ein reines Gewissen läßt es stets steigen.
Ein reines Gewissen macht dich frei,
schenkt dir Zufriedenheit und wahre Freude.
Mit einem reinen Gewissen bist du reich.

7. JULI

EIN DIAMANT

Vielleicht bist du ein echter Diamant.
Aber ein Diamant wäre nicht so schön,
wenn er nicht geschliffen wäre.
Es gibt Menschen, die könnten so leuchtend sein
wie ein wunderbarer Diamant,
aber sie sind roh und ungeschliffen.

Nicht geschliffen: das hängt an kleinen Dingen.
Stumpf und abstoßend ist, wer über alles nur nörgelt,
wer sich in einer Schlange vordrängelt,
wer sich immer gleich aufregt, wer nicht verlieren kann,
wer stundenlang über seine Leiden redet,
wer bei einem Gespräch nicht zuhören kann.
Armer Diamant, der tief in deinem Innern schlummert
und dem du keine Chance gibst, zu leuchten
und seine ganze Anziehungskraft zu entfalten.
Ist da manches, was abgeschliffen gehört?
Laß den Diamant in dir ans Licht kommen.
Warte nicht mit dem Schleifen, wehre dich nicht dagegen.

Wunderbare Schleifsteine sind zum Beispiel
schwierige Situationen, schwere Schicksalsschläge.
Oder auch Menschen, die dich gut kennen
und dich auf Ungeschliffenes an dir aufmerksam machen,
zum Beispiel dein Mann, deine Frau,
ein Freund, eine Freundin, ein Kollege, ein Vorgesetzter.
Fein geschliffen, wird aus dir ein kostbares Juwel,
das man am liebsten stehlen möchte.

8. JULI

DAS ENDE DES MENSCHEN

Wir leben in einer Welt, die krank ist.
Die internationale Moral ist so tief gesunken wie selten.
Das ist der Grund für Unruhen, Elend, Krieg, Verbrechen,
die uns das Fernsehen jeden Abend vorsetzt.
Tag für Tag grauenvolle Bilder von der Brutalität,
mit der Menschen über Menschen herfallen.

Die internationale Moral: eine Projektion ins Große,
was uns im Kleinen von den endlosen Fernsehserien,
von so vielen Krimis, Kinofilmen, Illustrierten vorgesetzt wird.
Eine Welt ohne Liebe, eine Moral ohne Gott,
selbst wenn sie in rührselige Geschichten
und verlogene Menschenfreundlichkeit verpackt wird.
Im Namen dieser Moral wird brutale Gewalt entfesselt.
Erwachsene fallen bestialisch über Kinder her,
und selbst Kinder fangen an, Kinder umzubringen.
Ehepaare gehen wie selbstverständlich auseinander.
Die eigenen Kinder werden von ihnen gebrandmarkt
mit dem tödlichen Mal verweigerter Liebe.

Gott wird im eigenen Gewissen genauso ausgelöscht
wie im Gewissen der Welt. Überall gehen die Lichter aus.
Wir geraten in die Nacht, es ist die Stunde der Finsternis.
Der Mensch: ausgeliefert einem Menschen ohne Gott,
versetzt in einen Dschungel, wo die modernen Götter herrschen:
Machtgier, Prestigewahn, Genußsucht, Egoismus, Sex und Geld.
Das ist das Ende von aller Freude, aller Liebe, allem Glück.
Das Ende des Menschen.

9. JULI

»NIE HAT MICH EIN KIND ANGELACHT«

In dieser Urlaubszeit bekomme ich einen bitteren,
aber ehrlichen Brief von einem Behinderten.
Er zwingt zum Nachdenken, auch auf das Risiko hin,
daß die Urlaubsfreude getrübt wird. Er schreibt:

Ich kenne die Antworten auf mein Schicksal:
›Akzeptieren, einverstanden sein, für andere leiden.‹
Alles Unsinn, in Watte verpackte Lügen.
Ich bin aufgewachsen mit Mitleid und nicht mit Liebe:
›Ach, der Arme! Ist das aber schlimm! Und noch so klein!‹
Aber der Kleine wurde groß, und er wird jeden Tag
wie ein Schaf zur Schlachtbank geführt, immer anders.
Immer angestarrt und angegafft. Können Sie sich
ein Kind vorstellen, das niemals mitspielen konnte?
Jetzt bin ich vierzig, ich fand niemals eine Partnerin.
Ich bin auch unmöglich: neidisch, mißtrauisch, gereizt,
ungenießbar. Wie wären Sie wohl an meiner Stelle?
Wenn mir mal einer zuhören sollte, werde ich ihm
meine ganze Wut sagen: vor allem auf die jungen Mädchen.
Womit haben sie ihr hübsches Gesicht verdient
und ihren tadellosen Körper? Ich hasse kleine Kinder.
Wissen Sie, daß mich noch nie ein Kind angelacht hat?«

Ein schreckliches Zeugnis. Es fordert uns auf,
nachzudenken und sehr dankbar zu sein.
Denn Gesundheit ist kein Recht, sondern ein Geschenk.
Und es fordert uns auf, ein ganz weites, warmes Herz
für alle zu haben, die so viel und so unverdient leiden.

10. JULI

HERUNTER MIT DEM TEMPO

Die Arbeit der Menschen wird weniger, die Arbeitszeit kürzer.
Die Menschen haben mehr freie Zeit, mehr Urlaub.
Doch wenn man sich umsieht, sind sie immer unter Zeitdruck.
Wenn man um etwas bittet, heißt es meist: »Keine Zeit.«

Die Menschen kommen aus dem Tempo, der Unruhe,
der Rastlosigkeit nicht mehr heraus, selbst nicht im Urlaub.
Reisebüros treiben sie wie Schafe in die Ferienparadiese.
Auch aus Urlaub und Erholung wurde eine Industrie gemacht.
Du mußt hierhin und dahin, du mußt alles mitbekommen,
alles sehen, alles erleben, überall gewesen sein.
Es gibt für die Freizeit eine ganze Menge Dinge,
die du einfach mitmachen mußt, weil das alle machen.
Sonst bist du ein Sonderling und Außenseiter.
Du mußt mithalten. Du mußt in allem auf der Höhe sein.
Du mußt deine Freizeit gut organisieren.

Darum schlage ich vor: Tu einmal nichts!
Oder tu mal, was du nicht mußt, sondern worauf du Lust hast.
Leben und sicherlich Urlaub sind doch kein Fließband,
von dem dir vorgesetzt wird, was du zu tun hast.
Geh herunter mit dem Tempo, steig aus, suche die Stille.
In der Ruhe findest du die wunderbaren Freuden des Lebens,
die den Menschen im Lärm und Streß verlorengingen.
In tiefem Schweigen kommen wir
dem Urgrund der Liebe am nächsten.
Wir werden wortlos und wunschlos glücklich sein.

11. JULI

EINSAME MENSCHEN

Kennst du die Einsamkeit deiner Mitmenschen?
Die Einsamkeit des Gefangenen, der die Sonne sieht
und weiß, daß da draußen keiner an ihn denkt.
Die Einsamkeit des Kranken, der nur geringe
oder gar keine Aussicht hat, gesund zu werden
und der tagelang auf Besuch wartet.
Die Einsamkeit des alten Mannes, der alten Frau,
die allein leben und deren verheiratete Kinder
für sie keine Zeit und kein Interesse haben.
Die Einsamkeit einer Mutter ohne Mann,
die mit den Sorgen um die Kinder allein dasteht.

Kennst du die herzzerreißende Einsamkeit der Menschen,
die an so vielen Orten in Asien, Afrika oder Südamerika
ausgehungert daliegen und auf den Tod warten?
Die innere Einsamkeit so vieler moderner Menschen,
die von Wohlstand und Genuß übersättigt sind
und Angst bekommen vor der Sinnlosigkeit ihres Lebens.

Werde still und nachdenklich und frage dich:
Was ist mein Leben wert? Profitiere ich nicht zuviel?
Warum müssen so viele soviel leiden?
Wenn du einen einzigen Menschen durch deine Gegenwart
und dein gutes Herz etwas weniger einsam machst,
hast du die Welt verbessert.

12. JULI

GEBEN KÖNNEN

Wer immer seinen Willen haben muß,
wer jedesmal bockig oder quengelig wird,
wenn es nicht nach seiner Nase geht,
der ist noch nicht erwachsen,
sondern ein Kind geblieben.
Ein kleines Kind ist egoistisch,
will immer haben und ist erst glücklich,
wenn es bekommen hat.
Ein großer Mensch muß geben können.
Darin liegt sein Glück.

Ein großer Mensch, der nur an sich denkt
und alles für sich beansprucht,
ist ein kleines Kind geblieben.
Man kann viele Männer und Frauen treffen,
die noch nicht reif und erwachsen sind
und darum für ihre Umgebung
immer eine Belastung bedeuten.

Denk daran, zu Hause und bei der Arbeit.
Denk daran bei der Erziehung.
Sei selbst erwachsen,
und hilf den Kindern, erwachsen zu werden.
Bring ihnen bei, beim Spielen und sonst
auch mal abzugeben und nachzugeben.
Ferienzeit kann eine wunderbare Lehrzeit sein
für ein glückliches Leben.

13. JULI

GOLDENE REGELN

Ja, es ist sehr gut möglich,
verheiratet und trotzdem glücklich zu sein.
Man muß nur sich an ein paar goldene Regeln halten,
vor allem in kritischen Situationen.

Liebe verlangt, daß man zueinander
aufmerksam, freundlich und gut ist.
Ein bißchen Wertschätzung und Zuneigung,
ausgedrückt in einem anerkennenden Wort
oder in einem Kuß, ist unendlich mehr wert
als alles Genörgel und Gemecker
über Kleinigkeiten, die schief laufen.

Am allerschlimmsten ist die Gleichgültigkeit,
sie ist tödlich für ein glückliches Zusammenleben.
Darum durchbrecht auch mal den alltäglichen Trott.
Geht miteinander in der Stadt essen,
unternehmt ab und zu etwas Besonderes.
Vor allem macht euch keine Vorwürfe,
sagt kein herabsetzendes Wort übereinander,
schon gar nicht in Gegenwart anderer.

Und wenn ihr Christen seid, betet zusammen.
Euer gemeinsames Gebet wird
wie ein leuchtender goldener Faden sein,
der euch mit Gott verbindet und mit dem Glück.

14. JULI

LEBEN HEISST LIEBEN

Leben heißt lieben!
Wer nicht liebt, ist tot wie ein Stein.
Leben heißt eintreten in eine wunderbare Welt,
in der du nur glücklich sein kannst – mit Liebe.

Leben heißt die Sonne gern haben, Luft, Bäume, Tiere.
Leben heißt die Blumen schön finden, die blühen,
und die Autobahn, die sich vor dir ausrollt
wie ein Teppich zu neuen Horizonten.
Leben heißt seine Arbeit gern haben,
sein Können, seinen Platz in der Gesellschaft.

Leben heißt lachen, singen, springen mit den Kindern,
den Ehemann, die Ehefrau in die Arme schließen,
das eigene Herz weit öffnen für die Menschen,
vor allem für jene, die dich brauchen,
die nach der Freude in deinen Augen verlangen,
nach der Ruhe, dem Frieden, der Wärme deiner Worte,
nach Trost und Hilfe von deinem Kopf und deinen Händen.

Leben ist ein phantastisches Ereignis.
Vielleicht hast du noch niemals wirklich gelebt,
weil du die wahre Liebe nicht kennst,
die Liebe, die Mühe macht, die weh tun kann,
die dich aber in einer übersexualisierten Welt
aus dem Strudel egoistischer Leidenschaften
und animalischer Gier herauszieht.

15. JULI

NEU EINGESTELLT

Wie fühlst du dich? Schlecht, verärgert, lustlos?
Wie stehst du morgens auf? Müde, mit Angst vor dem Tag?
Es gibt Menschen, die immer schlimme Sachen sehen,
sobald sie nur die Augen aufmachen,
die jeden Morgen mit schwarzen Gedanken aufstehen.
Wenn der Mensch eine Maschine wäre,
gäbe es auf dem Markt längst ein teures Gerät,
um den Leuten morgens gute Laune einzuflößen.

Wie kommt es nur, daß manche Menschen
selbst zum schönsten Sonnenschein saure Mienen machen,
während andere im Regen pfeifen können?
Das hängt davon ab, wie du innerlich, in deinem Herzen,
in der Tiefe deiner Seele eingestellt bist.
Vielleicht mußt du anders über den Sinn des Lebens denken.
Vielleicht mußt du Gott wiederfinden:
nicht ein wolkiges, unpersönliches Wesen, weit weg,
sondern einen väterlichen Freund, ganz nahe.

Menschen brauchen Gott, mehr als sie meinen.
Aber Gott mußt du erleben, erfahren.
Das geht nicht in leblosen Büchern.
Und du mußt einen Preis dafür bezahlen:
still werden, beten, loslassen,
vor allem das hochnäsige Wesen loslassen.
Im innigen Umgang mit Gott
bekommst du andere Augen für die Dinge
und jeden Morgen ein neues Herz.

16. JULI

KEIN EISBÄR IM SOMMER

Es ist von größter Bedeutung, gut gelaunt zu sein.
Vielleicht war das Wetter hundsmiserabel,
daß die meisten Leute so finster aussehen,
daß sie so wenig froh und zufrieden sind.
Vielleicht hatte der Himmel keine Lust,
die Sonne scheinen zu lassen
auf so viel mürrische Mienen, auf Zank und Streit,
auf unsere dummen, erbärmlichen Ansprüche.

Und kommt dann die Sonne mal richtig durch,
fangen die Menschen gleich an, sich auszuziehen,
weil sie denken, braun sei viel schöner als weiß,
braungebrannt sähe man viel jünger aus.
Es scheint aber keiner daran zu denken,
daß diejenigen Menschen am längsten leben,
die am heitersten und vergnügtesten sind.

Darum sorge nicht so sehr für ein braungebranntes,
sondern vor allem für ein gutgelauntes Gesicht.
Sei kein Eisbär, in dessen Umgebung man friert
und sich wie im Kühlschrank vorkommt.
Sei kein Eisbär, vor allem nicht im Sommer,
in der Ferienzeit, ob die Sonne scheint oder nicht.
Paß auf dich auf, daß du nicht alt aussiehst.
Sei begeistert, mach ein fröhliches Gesicht,
und sorge, daß für andere die Sonne scheint.
Dann scheint sie auch für dich!

17. JULI

EINE SEHR GUTE MEDIZIN

Nimm mal dein Herz in die Hand,
kehre das Innerste nach außen,
und betrachte alles gut.
Sieht es im Herzen vielleicht finster aus?
Ist es ein Faß voll von Enttäuschungen?

Ich weiß: Die Schläge, die das Leben zufügt,
die Schwierigkeiten, die sich aufhäufen,
die Probleme, die immer größer werden,
das alles untergräbt deine Energie.
Es macht dich müde und mutlos.
Dein Herz ist so voll von Sorgen,
daß für Freude und Sonne kein Platz mehr ist.

Was läßt sich da machen?
Setz mal ein paar Sorgen auf die Seite,
daß es wieder Platz gibt, wenigstens ein bißchen –
für Gottvertrauen und Lust auf Gebet.
Trotz allem Wohlstand versinken heute
viele tief im Sumpf ihrer Sorgen.

Man versucht, sie mit Pillen, Kuren und Diäten
da herauszuholen und wieder fit zu machen.
Ein wunderbares Mittel hat man ganz vergessen.
Eine sehr gute Medizin für ein krankes,
unglückliches und enttäuschtes Herz
ist ein stilles Gebet. Versuch das mal!
Hol dir Sonne ins Herz. Und alles wird wieder gut.

18. JULI

WIE EIN BLINDER IN DER SONNE

Ich glaube an Gott.
Ich bin glücklich, glauben zu können.
Ich komme mit vielen Menschen zusammen
und erlebe manchmal, wie sehr sie ohne Gott
in einem tiefen Loch gefangen sitzen.
Wenn man von diesem Leben alles erwartet,
und dann kommt etwas in die Quere,
ist es schnell zum Verrücktwerden.
Du findest keine Antwort auf deine Fragen.

Ich bin ein Humanist, ein Menschenfreund,
gerade weil ich an Gott glaube.
Der Glaube an Gott hat mir ein Fenster geöffnet,
durch das ich auf das Leben
und die Menschen schauen kann.
Mit Gott hat alles mehr Sinn, mehr Erfüllung,
gibt es mehr Freude, Frieden, Zufriedenheit.
Mit Gott ist alles Leid leichter zu tragen,
gehen dir nicht so schnell die Nerven durch,
bist du niemals verzweifelt.

Der Glaube ist wirklich ein Geschenk.
Für diese Gabe muß man weit geöffnet sein
und sich klein machen können.
Du bist ein wenig wie ein Blinder in der Sonne.
Du siehst zwar Gott nicht,
aber mit deinem ganzen Wesen
fühlst du seine Gegenwart und Wärme.

19. JULI

DINGE, MIT DENEN DU STERBEN KANNST

Ich habe einen Freund verloren,
einen unersetzlichen Freund. Er war Priester
und starb mit einundvierzig Jahren.
Seit sieben Jahren war er ein zum Tod Verurteilter.
Bewußt hat er den langsamen körperlichen Verfall erlitten,
mit ungewöhnlicher Willenskraft alles angenommen.
Es mag unglaublich klingen, aber er war
als Mensch und als Priester tief glücklich.
Er hat mit seinen einundvierzig Jahren
vielleicht mehr gelebt als andere mit achtzig.

Er liebte leidenschaftlich das Leben, die Menschen,
aber spürte auch sehr stark, wie relativ die Dinge sind.
Wenn er sah, wie sich Menschen wegen Kleinigkeiten
ereifern und abhetzen, konnte er sich amüsieren.
Unwillkürlich dachte er an ein Kasperletheater. Er sagte:
»Das Haus, das du in der Welt baust, ist eine Illusion.
Nur die Dinge, mit denen du sterben kannst, sind es wert,
damit auch zu leben, und so viele sind das nicht.«

Für ihn waren das: ein tiefes Vertrauen auf Gott
und eine herzliche Freundschaft mit den Menschen.
Er brachte es fertig, auch in den dunkelsten Stunden
»Ja« zu Jesus, dem auferstandenen Herrn, zu sagen.
So konnte er überschwenglich schreiben: »Ich bin
der glücklichste Mensch des zwanzigsten Jahrhunderts.«
Von ihm können wir viel lernen.

20. JULI

WER DAS MASS VERLIERT

Bleib in allem einfach!
Mach bei der weitverbreiteten Angeberei
und Schaumschlägerei nicht mit.
Am besten reagierst du
auf das ganze großspurige, hochtrabende,
aufgeblasene Getue mit Lachen.

Man könnte sich krank lachen, wenn man sieht,
was die Leute manchmal am meisten beschäftigt:
die Fassade, das ultramoderne Outfit,
der effektvolle Slogan, das verführerische Make-up.
Man schmückt sich mit bombastischen Titeln,
prahlt mit den fernsten Urlaubsparadiesen.
Die kleinste Werkstatt wird zum »Service-Center«.
Viele bunte Ballons werden in die Welt gesetzt,
mit flotten Sprüchen drauf, und drinnen nichts als Luft.

Das ist manchmal direkt zum Lachen
und dann auch wieder traurig, denn es zeigt sich:
Dahinter ist nichts als entsetzliche Leere,
eine erschreckende Geistlosigkeit.
Höchste Zeit, um auf dem Teppich zu bleiben!
Höchste Zeit, um wieder auf den Boden zu kommen,
auf den Boden der Einfachheit und Ehrlichkeit!
Wer das Maß verliert, macht sich lächerlich.
Ein aufgeblasener Punkt ist nichts als eine große Null.

DER GLÜCKLICHSTE FISCH DER WELT

Ich weiß nicht, ob du glücklich bist.
Aber wenn du gerne glücklich wärest,
dann möchte ich dir etwas sagen:
Versuche glücklich zu sein mit deinen Möglichkeiten,
in deiner Situation, in deiner eigenen Haut.

Ich hatte einen Traum. Da war ein törichter Fisch.
Er sah die Möwe, die auf den Meereswogen schaukelte
und mit den Winden spielen konnte, und er dachte,
sie müsse viel glücklicher sein als er.
So bat er einen Affen, ihn aus dem Wasser zu holen.
Der machte das prompt und brachte ihn ans Land.
Ich kam gerade noch zur Zeit, er lag schon im Sterben.
Schnell warf ich ihn wieder ins Wasser.
Jetzt war er der glücklichste Fisch der Welt.

Als ich wach wurde, wußte ich auf einmal,
daß sehr viele Menschen unglücklich sind,
weil sie sich nicht versöhnen können
mit ihren Grenzen, mit ihrer Situation,
mit ihren eingeschränkten Möglichkeiten,
weil sie sich in ihrer Haut nicht wohl fühlen.
Solange du denkst, daß der andere glücklicher sei,
weil er am anderen, viel schöneren Ufer wohnt,
wirst du selbst sehr unglücklich sein.
Das Glück liegt im Schatten der Zufriedenen.

---

22. JULI

SCHÖNE TAGE MACHEN

Wenn du Urlaub machst, mach das mit Muße.
Für viele sind Ferien genauso strapaziös
wie der entnervende Alltag, dem sie entfliehen wollen.
Zuerst die fieberhafte Suche nach einem passenden Ort.
Tausend Vorbereitungen, nichts darf vergessen werden.
Unterwegs Stunden im Stau auf der Autobahn.
Dann Gedränge und Lärm auf überfüllten Campingplätzen.
Vornehme sitzen in feinen Strandhotels wie Ölgötzen,
die auch im Urlaub nicht zu lachen wagen.
Ihr freudloses Leben wurde nur um tausend Kilometer verlegt.
Andere liegen die ganze Zeit am liebsten in der Sonne.
Nicht wegen der Sonne, sondern um schön braun zu werden.
Tiefgebräunt, aber tiefgelangweilt kommen sie zurück,
um genauso lustlos wie früher wieder an die Arbeit zu gehen.

Wenn du Urlaub machst, mach das mit Muße.
Suche das Paradies der Erholung nicht allzu weit weg.
Du wirst das Paradies nirgendwo finden,
wenn du es nicht in deinem Herzen mit dir trägst.
Wirf allen Ballast über Bord: Sorgen, Kummer, Ärger,
alle Streiterei und Jammerei. Mach dir schöne Tage!
Du darfst ruhig braun werden, wenn du eine braune Haut
für eine bessere Verpackung hältst.
Aber vor allem freue dich, staune wie ein Kind
über das Licht und die Sonne, über die Liebe und das Leben.
Urlaub heißt schöne Tage machen mit viel Muße,
schöne Tage für dich und für die Menschen, die bei dir sind.

23. JULI

HINAUS INS FREIE

Tu alle deine Sorgen in den Müll,
und dann fang an zu pfeifen.
Jeder Mensch hat Recht auf Urlaub,
vor allem heutzutage, wo das moderne Leben
mit seinem höllischen Tempo
so auf die Nerven geht.
Bist du mit den Nerven am Ende,
wirst du unausstehlich und ungenießbar.
Dann wird es höchste Zeit für frische Luft.

Leg die Zwangsjacke der täglichen Pflichten ab.
Pack die Sorgen in die Rumpelkammer.
Mach Pause, heile dich selbst, geh nach draußen.
Wenn du dich ständig drehst wie ein Motor,
bist du bald durchgedreht.
Unsere Nervenkliniken sind schon überfüllt.

Geh also hinaus ins Freie.
Du mußt nicht unbedingt in die Karibik.
Du mußt auch nicht von der Sonne gegrillt werden.
Du mußt keine Schulden machen,
um ebenso weit zu reisen wie dein Nachbar.

Geh in die nahen Wälder und Felder.
Geh in die Berge oder ans Meer.
Nichts tun, zur Ruhe kommen, anfangen zu pfeifen.
Urlaub heißt wieder Freude finden
und neue Kräfte für die Aufgaben von morgen.

24. JULI

FREUNDSCHAFT

Liebende werden Kinder des Lichtes und der Freude.
Aber es kommt auf die Art und Qualität der Liebe an.
Liebe dient oft als Maske, hinter der sich
alle möglichen Arten von Egoismus verstecken.
Nie wurde Liebe soviel mißbraucht wie heute.
Die einzige Liebe, die diesen Namen wirklich verdient,
ist die Liebe der Freundschaft.

Freundschaftliche Liebe führt zum Licht, zur Freude.
Bei ihr geht nichts zu Bruch, denn sie will nichts
für sich besitzen und läßt den anderen frei sein.
Auch wenn sie sich zärtlich ausdrückt, bleibt sie rein,
solange sie nicht niedrigen Begierden zu Willen,
sondern innerer, geistiger Begegnung zu Diensten ist.
Wer unter dem Deckmantel von Liebe nur sich sucht,
zerstört die Beziehung und die Freundschaft.
Man wird wohl nie zu vollkommener Freundschaft
imstande sein, aber man muß stets danach streben.

Wahre Freundschaft heißt: gemeinsam Schönes erleben,
gemeinsam an einer schönen Aufgabe arbeiten,
gemeinsam andere lieben und sich selbst dabei vergessen.
Es gibt Menschen, die für Licht durchlässig sind,
und es gibt Menschen, die die Welt finster machen.

Auf die Qualität der Liebe kommt es an.
Wandle als Kind des Lichtes,
und sei der glücklichste Mensch von der Welt.

25. JULI

NIEMALS UNGLÜCKLICH

Habt einander gern! Liebt einander!
Das ist das Geheimnis deines Glücks.
Denk nicht, daß dir Steine und Düfte,
Maskottchen und Hufeisen zum Glück verhelfen.
Mit einem Hufeisen kannst du vielleicht
einem Pferd eine Freude machen,
aber dir bringt es kein Gramm Glück.

Das Glück ist kein Los aus der Lotterie,
kein blinder Zufall, kein Glückstreffer.
Das Glück kannst du dir selbst machen –
mit wahrer Liebe.
Mit einem Glücksbringer in der Tasche
kannst du der unglücklichste Mensch sein.
Aber du kannst niemals unglücklich sein
mit wahrer Liebe.

Liebe ist alles.
Echte Liebe, kein Ersatz, keine Kinoliebe.
Sich selbst zurücknehmen,
an andere denken, nicht an sich selbst,
einen anderen vorgehen lassen,
sich vertragen, einander Fehler verzeihen.
Und das tagaus tagein, jahraus jahrein.
Das ist Liebe.
Sie ist der einzige Preis
für das Glück in deinem Herzen
und bei dir zu Haus.

26. JULI

ER SAH NUR GUTE DINGE

Von dem kranken Mann kann ich viel lernen.
Ich habe ihn in der Klinik besucht.
Seine Lungen waren zerfressen,
weil er jahrelang am Hochofen gearbeitet hatte.
Er hatte Flammen geradezu eingeatmet.
Nun hingen um sein Bett Schlangen,
die ihn regelmäßig mit Sauerstoff versorgten.
»Sauerstoff«, sagte er, »ist doch was Gutes,
eine richtige Wohltat.« Dabei wird mir bewußt,
wie ich diese Wohltat ganz selbstverständlich
jeden Tag genieße, ohne daran zu denken.

Später lächelte er: »Ein schöner Ausblick hier.«
Er schaute zum Fenster, durch das er nur Baumspitzen,
ein paar Wolken, ein bißchen Himmel sehen konnte.
»Die mich hier versorgen, sind alle sehr gut«,
sagte er noch. Und schließlich, bevor ich ging:
»Es wird schon alles wieder gut werden.«
Dabei wußte er genauso gut wie ich,
daß seine Lungen nie mehr gesund werden würden.

Von diesem Mann kann ich viel lernen.
Selbst in seiner aussichtslosen Situation
sah er keine Katastrophe.
Er sah nur gute Dinge. Wie ist das möglich?
Von diesem Mann kann ich lernen zu leben.
Vor allem an Tagen, da mir scheinbar alles schiefgeht,
obwohl ich eigentlich über nichts wirklich zu klagen habe.

27. JULI

ÜBERALL WERKZEUG DES FRIEDENS SEIN

Wir sind keine Engel, aber Urlaub heißt doch nicht:
Zeit, um sich einmal wie Vieh zu benehmen.
Ferien sind eine ausgezeichnete Zeit, um wieder
offener und rücksichtsvoller zueinander zu werden.
Du weißt, so gut wie ich, wie sehr wir das brauchen:
etwas mehr Zuwendung und Freundlichkeit,
etwas mehr Wohlwollen von Mensch zu Mensch.

Sei kein dicker Egoist, der jeden Tag
nur an seine eigenen Annehmlichkeiten denkt,
der immer nur das tut, was ihm Spaß macht,
der niemals Rücksicht auf andere nimmt.
Bring deinen Mitmenschen Sonne und Freude.
Gib dir Mühe, auch mal zu tun, was anderen gefällt.
Die Freude in deinem Herzen wird wachsen.
Du wirst überrascht sein über den Frieden,
das eigentümliche Zufriedensein, das dich erfüllt.

Sei immer und überall ein Werkzeug des Friedens!
Bring Liebe, wo Haß ist; Freude, wo Kummer;
Hoffnung, wo Verzweiflung; Licht, wo Finsternis.
Was nützt alle Abrüstung, wenn wir uns nicht ändern,
wenn wir nicht in unserem Herzen Frieden machen
mit Gott und mit allen Mitmenschen.
Liebt einander: ehrlich und ohne Hintergedanken.
Das ist der einzige Weg zu wirklichem Frieden.
Es gibt keinen anderen. Denk daran – auch im Urlaub.

28. JULI

ZU HAUSE SEIN

Die Familie ist das Heiligtum des Lebens.
Jeder, der dieses Heiligtum antastet,
vergreift sich am Leben selbst.
In der Familie verbringt ihr gemeinsam,
zu zweit, zu dritt oder mehr, viele Tage und Nächte.
Hier wird gelacht, gespielt, geredet, gezankt,
gearbeitet, gegessen, geschlafen, geträumt.
Hier hast du das wunderbare Gefühl,
zu Hause zu sein. Ein großes Glück.

Zuhause sein: ein eigenartiges Glück.
Du findest es sonst nirgends.
Du genießt es, ohne darum zu wissen.
Es ist wie mit der Gesundheit.
Was sie wert ist, wird uns erst bewußt,
wenn wir sie verloren haben.

Die größte Katastrophe unserer Zeit ist,
daß so viele Menschen drauf und dran sind,
ein Zuhause und damit das Glück zu verlieren.
Ihre Wohnung, ihr Haus ist kein Zuhause mehr,
und ihr zufälliges Zusammensein ist
mehr eine Qual als eine Freude.
Schreib darum folgendes tief in dein Herz:
Ein Haus baut man mit Steinen,
ein Zuhause aber mit Liebe.

29. JULI

FREI UND UNBESCHWERT

Komm, leg die Sorgen beiseite,
und laß die Sonne scheinen –
in deinem Gesicht!

Denk nicht: Ein schöner Urlaub heißt
weit verreisen und viel Geld ausgeben.
Es gibt genug Leute, die nach dem Urlaub
enttäuscht, ausgenommen und übermüdet
wieder in ihren Alltag zurückkehren.
Sie haben sich die ganze Zeit abgehetzt.
Sie sind ganz weit weg gewesen,
sie haben viel zuviel und nichts wirklich gesehen,
und nirgends sind sie zur Ruhe gekommen.

Ein guter Urlaub heißt: frei von der Uhr,
frei von allem Druck und jeder Hetze,
ohne Chef (ausgenommen den himmlischen),
unbeschwert schöne Dinge des Lebens genießen.
Ein guter Urlaub heißt: heiter und zufrieden sein
und auch die Menschen nicht vergessen,
die niemals Urlaub haben.

Vielleicht liegt dein schönster Urlaub
ganz dicht an deiner Tür,
wo jemand auf ein bißchen Freude wartet
und auf eine Handvoll Glück.

30. JULI

WAS WICHTIG IST

Große Menschen wissen nicht mehr,
was im Leben wichtig ist.
Sie meinen, wichtig sei viel Geld und viel Macht,
ein Haus, ein Titel, eine einflußreiche Position.
Wenn sie sehen, was ihnen gefällt, fragen sie gleich:
Was kostet das, und wie bekommt man das?
Sie wollen haben, reich werden, etwas Großes sein.
Es ist zum Lachen, denn in Wirklichkeit
sind sie so klein und beschränkt in ihrer engen,
von Gier und Gewalt beherrschten Welt.

In der Welt der Großen sieht es finster und trübe aus.
In ihr können Kinder von Sonne und Sternen nur träumen.
In ihr ist keine Rede von schönen Dingen.
Hier geht es um Bomben und Raketen. Die sind wichtig.
Das sind Zeichen der Macht. Daran glauben die Großen.
Blumen statt Bomben: Was für ein Traum!
Aber in der großen Welt wird nicht geträumt.
Verschwunden sind aus ihr die Kindermärchen,
eingezogen sind statt dessen Kindersoldaten.
In dieser Welt haben Kinder kein Leben mehr.

Kinder wissen, was wichtig ist.
Lachen ist wichtig, staunen, spielen.
Blumen sind wichtig und Märchen.
Die Großen verstehen nichts davon.
Sie müssen noch viel von Kindern lernen.
Ferien sind dafür sehr gut.

31. JULI

AUGUST

Vergiß die schönen Tage nicht,
sonst kommen sie nie wieder

EIN FREIER MENSCH WERDEN

Alles klar für die Ferien?
Hast du alles für einen richtig schönen Urlaub?
Nein? Meinst du, du hättest kein Auto, keine Kamera,
keinen Ferienbungalow, kein Geld für weite Reisen?
Mach dir doch darüber keine Sorgen!
Das Mitschleppen von Wohlstand garantiert
noch lange nicht einen wunderschönen Urlaub.
Laß dich nicht anstecken von der Tourismusindustrie.
Bei ihr ist alles genau vorprogrammiert,
alles vorgeschrieben, was jeder zu machen hat.
Laß dich nicht in eine neue Sklaverei verführen,
die deine Nerven von morgens bis nachts beansprucht.

Wer ist der glücklichste Urlauber? Der Mensch, der frei ist.
Der Mensch, der Geist und Herz frei gemacht hat;
der nicht voll Neid auf andere schaut
und sich nicht schämt, die Wunder zu genießen,
von denen er umgeben ist, in solcher Nähe,
daß er es gewöhnlich gar nicht merkt.
Mit etwas Phantasie gehören alle Sträucher dir.
Alle Sonnenstrahlen gelten dir, der Krone der Schöpfung,
und alle Bäume schenken dir Schatten.
Alle Blumen werden für dich blühen.

Wie viele Wunder, was für ein Glück für den Menschen,
der noch kein standardisiertes Massenprodukt
der hochtechnisierten Erlebnisgesellschaft geworden ist!
Ferien heißt: wieder ein freier Mensch werden
auf der Suche nach tausend verlorenen Freuden.

1. AUGUST

NEUE AUGEN UND EIN NEUES HERZ

Schöne Dinge sehen! Das vermag nur,
wer in seinem Innern offen und frei geworden ist,
wer sich entspannen kann, wer zur Ruhe gekommen ist.
Mit dem Fuß auf dem Gaspedal siehst du alles nur flüchtig.
Den Kopf in Akten, das Herz in Begierden begraben,
siehst du gar nichts mehr. Alles wird langweilig und öde.

Ferien heißt zur Ruhe kommen. Schöne Dinge sehen!
Hast du je eine Birke betrachtet, ihr zartes Blatt gefühlt?
Weißt du, daß keine zwei Blätter ganz gleich sind?
Alles Maßarbeit, keine Massenanfertigung.
Hast du schon mal über Apfelbaum und Birnbaum gestaunt,
die im Garten nahe beieinander stehen?
Mit ihren Füßen stecken sie im selben Boden,
holen ihre Nahrung aus demselben Boden,
und auf ihre Zweige scheint dieselbe Sonne.
Der Apfelbaum macht daraus Äpfel und der Birnbaum Birnen,
Äpfel und Birnen aus demselben Grund und Boden
und doch so verschieden in Form, Farbe, Duft, Geschmack.
Phantastisch! Aber wer hat Augen, das zu sehen?

Wenn das neueste Automodell auf der Straße fährt,
bleiben die Leute stehen und drehen sich staunend um.
Es ist höchste Zeit, daß wir andere Augen bekommen.
Augen, um schöne Dinge zu sehen!
Aber vielleicht muß sich dazu erst das Herz verändern.
Herr, gib uns ein neues Herz und neue Augen,
um die Wunder zu sehen und glücklich zu sein.

2. AUGUST

VIEL SCHÖNER

Gönn dir Ferien! Gott gönnt sie dir auch.
Er kann gut vertragen, daß du losziehst, ins Freie.
Er gönnt dir von Herzen Entspannung und Erholung.
Warum ihn dann nicht in die Ferien mitnehmen?
Warum denkst du an Gott nur in traurigen Stunden,
wenn es trostlos wird und keiner mehr helfen kann,
oder wenn du vor einer schweren Prüfung stehst
und nicht weißt, ob du sie überstehst?

Unser Gott ist ein Gott der Liebe, ein Gott der Freude.
Mit Gott in deinem Herzen, deiner Seele, deinen Augen
werden die Ferientage viel schöner.
Dann wirst du dich unterwegs nicht so benehmen,
als ob Straße, Auto, Zug, Hotel, Campingplatz, Strand,
als ob das alles nur für dich allein da wäre.
Dann wirst du freundlich und zuvorkommend sein
und die Bedürfnisse auch der anderen achten,
die sich Ruhe und Erholung wünschen.

Dann wirst du nicht vergessen,
daß es Menschen gibt, die keine Ferien haben,
daß es Menschen in Not gibt.
Dann wird dir bewußt bleiben,
daß man auch in Ferien Maß halten muß.
Geh in die Ferien mit Gott,
dann werden sich in dieser schönen Zeit
alle Kräfte deines Lebens erneuern und verjüngen.

3. AUGUST

AUF DIE FREUDE EINSTIMMEN

Um glücklich zu sein, mußt du dein Inneres
auf die Freude einstimmen, in die Freude einüben.
Statt dich immer nur mit deinen Sorgen zu beschäftigen,
versuche bewußt, alles Erfreuliche wahrzunehmen.
Schreib dir auf, worüber du dich jeden Tag freuen kannst,
zum Beispiel ein gemütliches Zimmer,
ein leckeres Mittagessen, ein freundliches Gesicht,
ein bequemer Stuhl, ein schöner Blumenstrauß,
ein spannendes Buch, ein warmes Bett.

Du hast es doch gut! Warum so unzufrieden?
Du mußt den unseligen Hang in dir überwinden,
an allem etwas auszusetzen und immer etwas zu suchen,
was andere haben und was dir fehlt.
Überwinde deinen Neid und deinen Pessimismus.
Wahre Lebensfreude entsteht nicht
aus Jammern, Klagen und Resignation,
sondern aus Zustimmung, Hoffnung und Überwindung.

Sing jeden Tag ein Liedchen vor dich hin,
selbst wenn du regelmäßig die Tonleiter herunterfällst.
Eine Melodie am Morgen pustet den Staub von deiner Seele.
Geh gut gelaunt an die Arbeit, und abends mach zweierlei:
bitte Gott um Vergebung für alle Fehler des Tages
und danke ihm für alles, was gut war.
Eine stille Freude wird sich in dir breitmachen,
und ohne Pillen kannst du schlafen wie ein Baby.

4. AUGUST

EINSAMKEIT

Du kannst allein sein, ohne einsam zu sein.
Du kannst unverheiratet sein und dich geborgen wissen.
Und du kannst mit tausend Menschen zusammen sein
und dich doch schrecklich einsam fühlen.
Einsamkeit ist ein modernes Leiden.
Man heilt es nicht, indem man Menschen zusammenklebt.
Mehr denn je sind Menschen zusammengepreßt
in Hochhäusern, U-Bahnen, Supermärkten, Kinos,
auf Sportplätzen, bei Festivals, an Urlaubsorten.
Aber das macht die Einsamkeit nur noch schlimmer.

Die Einsamkeit, unter der heute so viele Menschen leiden,
wächst aus dem Gefühl, leer zu sein, nirgends geborgen.
Auch die meisten Psychiater stehen dem machtlos gegenüber.
Denn die tiefsten Ursachen dafür sind rein geistiger Art,
und hier muß zuallererst der Mensch selbst sich heilen.

Es geht um Geist und Herz, um geistige Geborgenheit,
die nur möglich ist in einer Atmosphäre echter Liebe.
Aber je mehr man sein Herz an materielle Güter verkauft,
desto unfähiger scheint man für diese Art Liebe zu werden.
Man hat Angst vor Stille, vor Öffnung zu Gott, vor Gebet.
Man sucht im Dunkeln, in der Betäubung, in der Finsternis.
Man ist nirgends mehr zu Hause. Man steht überall abseits,
draußen, in der Kälte. Verzweiflung macht sich breit.
Ich glaube, eine Hinwendung zu Gott als dem Vater,
der deinen Namen in seine Hand geschrieben hat,
kann hier Wunder wirken.

WIE DIE EHE GLÜCKLICH WIRD

Seid glücklich in eurer Ehe, ganz glücklich.
Das ist sehr gut möglich, auch bei euch.
Beginnt jeden Tag mit diesen Gedanken:

Wir werden uns gern haben, so wie wir sind,
mit denselben Fehlern und Schwächen,
heute, morgen und übermorgen.
Wir wissen, daß wir als Mann und als Frau
ganz verschieden sind, und finden es normal,
daß der andere oftmals anders reagiert.
Darüber regen wir uns nicht auf.
Wir machen kein Drama aus jedem Zwischenfall
und versuchen mit Humor,
Dornen in Rosen zu verwandeln.
Wir wollen ein Stückchen Himmel auf Erden,
und das machen wir uns selbst, zu Hause,
mit kleinen, alltäglichen Dingen.
Wir werden über unsere Liebe wachen
wie am Anfang unserer Beziehung.

Beginnt so jeden Tag und denkt daran,
daß über euch einer ist, zu dem ihr gemeinsam
in vollem Vertrauen gehen könnt: Gott.
Nicht ein Schiedsrichter, sondern ein Vater.
Nicht ein Gott für schlechte Tage, sondern für alle Tage.
Er nimmt euch eure Sorgen und Ängste nicht einfach ab,
aber läßt durch alles hindurch eure Liebe wachsen
und mit der Liebe eure Freude aneinander und am Leben.

6. AUGUST

NOCH NICHT ALLES GEGEBEN

Menschen haben die größte Mühe, einander zu lieben.
Auch in der Ehe ist das so. Nach der ersten Lawine
von Schwüren der Liebe bis zum Tod merkt man allmählich,
daß man doch nicht jeden Tag bereit ist, füreinander zu sterben.
Das erinnert mich an jenen Liebesbrief, den einer schrieb:
»Allerbester Schatz, ich liebe dich mehr, als ich sagen kann.
Ich werde für dich durchs Feuer gehen, nichts wird mir zuviel.
Ich werde dich auf ewig lieben.« Gezeichnet: »Dein Liebling.«
Und dann stand darunter noch ein schneller Zusatz:
»Also bis Sonntag – wenn es nicht regnet.«

So ähnlich ist es nicht selten im täglichen Leben.
In der Phantasie, in Worten ist die Liebe ganz leicht.
Immer wieder bleibe ich an der Frage hängen:
Warum halten die Menschen die Liebe nicht durch?
Warum ist es so schwer, täglich zusammenzuleben?

Ich glaube, wir machen uns sehr oft etwas vor.
Wir behaupten zwar, den anderen zu lieben,
aber in Wirklichkeit lieben wir nur uns selbst.
Du denkst zuviel an das, was der andere für dich tun muß.
Der andere muß freundlich sein, dich auf Händen tragen,
darf dir nichts vorwerfen, keine schlechte Laune haben.
Bei der kleinsten Enttäuschung fühlst du dich verletzt.
Du denkst zu wenig an das, was du dem anderen tun,
was du dem anderen geben kannst.
Und hierin liegt das Geheimnis. Sag nicht so schnell:
»Du liebst mich nicht«, solange du nicht alles gegeben hast.

7. AUGUST

HEUTE

Heute mußt du leben.
Heute mußt du glücklich sein.

Blase nicht Trübsal über das, was gestern passiert ist.
Daran kannst du doch nichts mehr ändern.
Quäle dein Herz nicht mit lauter Angst vor morgen,
mit übertriebenen Sorgen um das, was kommt.
Mach dein Herz frei, um heute zu leben,
um jetzt, in diesem Augenblick glücklich zu sein.
Das ist nicht einfach, vor allem,
wenn dich das Leben schwer getroffen hat,
wenn deine Liebe enttäuscht wurde,
wenn sich deine Erwartungen zerschlagen haben.

Laß deine Lebensfreude und dein Glück
nicht abhängig sein vom Urlaub, der vorbei ist;
von der Arbeit, die wieder anfängt; vom Geldbeutel,
von der Verdauung, vom Wetter, von hundert Lappalien.
Nimm dein Los selbst in die Hand.
Alles hängt davon ab, wie du innen bist,
in deinen Gedanken und Gefühlen.

Suche immer das Licht, und das Dunkle laß liegen.
Und wenn es dir trotzdem mal zu schwer werden sollte,
dann versuche ein bißchen wie der Clown zu sein.
Er weint in seinem Herzen und spielt dennoch
mit einem lachenden Gesicht für ein Kind auf der Geige.
So wird sein eigenes Herz von Traurigkeit geheilt.

8. AUGUST

JUNG BLEIBEN

Jung und alt, das ist keine Frage der Jahre.
Es gibt junge Leute, die furchtbar alt aussehen,
und Alte von bezaubernder Jugendlichkeit.

Jung bist du,
solange du nicht meinst, alles zu wissen;
solange du Sinn für Humor hast;
solange du fröhlich bist und staunen kannst
über etwas Neues, das du entdeckst.

Alt bist du,
wenn du Angst vor allem Ungewohnten hast;
wenn du dich nur auf festgefahrenen Wegen bewegst;
wenn du dich mit Allerweltsmeinungen begnügst;
wenn sich alles um dich dreht;
wenn du immer nur von dir redest.

Aber jung und frisch und glücklich bist du,
wenn du offen und aufgeschlossen für Neues bist,
wenn dein Sinn auf Höheres steht;
wenn du anderen gegenüber hilfsbereit bist;
wenn du ein einfacher Mensch bleibst,
der immer noch etwas dazu lernen kann.

Versuche jung zu bleiben und andere anzustecken,
mit deiner Fröhlichkeit und deinem Optimismus.
Dann wird auch die alte verrostete Welt um dich herum
wieder jung und voller Schwung sein.

9. AUGUST

DEIN EIGENES LEBEN

Wohlstand kann schlimme Folgen haben.
Zu den schlimmsten gehört die geistige Verarmung.
Viele haben heute das Haus voll mit tausend Dingen,
mit lauter Bequemlichkeit, aber ihr Kopf ist leer.
Nimm ihnen das Fernsehen, die Reisen und das Wetter,
und sie haben sich nichts mehr zu sagen.
Sie sind leer, ohne Phantasie, ohne Gedanken.
Materie wälzt Materie mit sich fort, ein reißender Strom.

Wehre dich gegen diesen Strom, er bedroht auch dich.
Laß dich nicht zum Automaten machen,
der von außen bedient wird, aber innen tot ist.
Suche immer wieder ein wenig Stille.
Halt inne, nimm dir Zeit zur Besinnung.
Laß dich auf ein ernstes Gespräch ein.
Lies ein gutes, nachdenkliches Buch.
Höre anderen zu, und mach dir deine Gedanken.
Suche deinen eigenen Weg, lebe dein eigenes Leben.
Mach dich frei von den Moden öffentlicher Meinung,
die dich zuerst verlocken und zuletzt versklaven.

Genieße die Annehmlichkeiten des Wohlstands,
aber laß Geist und Herz nicht grau werden,
grau mit der grauen Materie:
ein farbloses, sinnloses Dasein.
Freude und Glück fangen immer
von innen an zu wachsen, niemals von außen.

10. AUGUST

UNNÖTIGES LEID

Schweres Leid wird noch viel schwerer,
wenn Menschen es einander unnötig zufügen.
Eine junge Frau mit einem behinderten Kind
wird von ihrem Mann im Stich gelassen.
Eine weinende Mutter erzählt vom 23jährigen Sohn
und der Schwiegertochter, beide im Gefängnis
wegen Drogenhandel und Drogenmißbrauch.
Ein Mann entrinnt ganz knapp einem schweren Unfall,
den ein Arbeitskollege verursachte; dieser hat ein Verhältnis
mit der Frau des Mannes, der meint, es war ein Mordversuch.
Ein anderes Paar ist noch keine zwei Jahre verheiratet.
Sie haben genug Geld, genug Freizeit,
trotzdem ständig Zank und Streit und Wutausbrüche.
Jetzt wohnen sie getrennt und nehmen Beruhigungspillen.

Wir machen eine schwere Krise durch.
Oder ist das der Zusammenbruch einer Weltanschauung,
in der sich das allermeiste um Geld und Eigennutz dreht,
die jede Anstrengung, jedes Opfer scheut wie die Pest?
Wir sind an einem Tiefpunkt. Auch Therapeuten sind ratlos.
Die Menschen müssen sich selbst heilen.

Ich kenne den glücklichsten Menschen der Welt.
Er wohnt in einem Kloster. Er arbeitet und betet
und nimmt niemals Urlaub. Er lacht viel.
Sein Gesicht strahlt vor Zufriedenheit und Freude.
Aus Geld macht er sich nichts. Er hat so wenig Bedürfnisse.
Liegt es vielleicht daran, daß er so glücklich ist?

11. AUGUST

DER MÜHE WERT

Sei Mitmensch!
Halte die Augen offen,
damit du an den anderen nicht vorbeiläufst,
als ob sie für dich Luft wären.
Sei Mitmensch!

Versuche, Menschen neben dir zu verstehen.
dich in ihre Lage zu versetzen,
in ihre Haut zu schlüpfen.
Das ist nicht so einfach.
Damit bist du nicht so schnell fertig
wie mit einem Haus, das du baust,
wie mit einer Küche, die du putzt,
oder einem Examen, das du bestehst.
Damit bist du niemals fertig.

Es fordert von dir jeden Tag
alle Kräfte des Herzens und des Geistes.
Aber es ist der Mühe wert.
Du wirst dann nicht mehr wie ein Pharisäer
mit gerümpfter Nase an ihnen vorüberziehen.
Du wirst deine Mitmenschen
besser verstehen und weniger verurteilen.
Du wirst hinter rauhen Schalen entdecken,
wie sehr andere Liebe entbehren müssen,
Verständnis, Freundschaft und Hilfe.
Alle Menschen sind der Mühe wert.

12. AUGUST

LERNEN, MIT HERZ ZU LEBEN

Wir haben alle Schwierigkeiten und Probleme.
Das gehört zu unserem Leben.
Aber Spannungen dürfen nicht zum Bruch führen.
Und das geschieht in unseren Tagen viel zuviel.
Man will einander nicht mehr helfen, Lasten zu tragen.
Man will einander nicht mehr akzeptieren,
nicht mehr die Mängel voneinander ertragen,
einander nicht mehr vergeben.

Dieser Tage erlebte ich Menschen in Panik.
Eine Frau ist seit ein paar Jahren verheiratet
mit einem jähzornigen Mann, einem Intellektuellen.
Er kann sich nicht beherrschen.
Wegen Lappalien mißhandelt er seine Frau.
Ein Mann um die Vierzig. Durch ein Telegramm erfährt er,
daß seine Frau ihn verlassen hat. Gerät außer sich,
telefoniert dreimal, diktiert einen Brief, nimmt Gift,
kann aber durch den Notarzt gerettet werden.

Solche Tragödien spielen sich heute ab.
Höchste Zeit, daß die Menschen wieder lernen, zu leben;
lernen, mit gewöhnlichen Dingen zufrieden zu sein;
lernen, sich selbst zu beherrschen;
lernen, freiwillig, aus Liebe zu einem anderen,
auf etwas zu verzichten; lernen, Vergebung zu schenken.
Es wird höchste Zeit, daß die Menschen in dieser Welt,
die durch so viele verrückte Ideen verschmutzt ist,
wieder lernen, mit Herz zu leben.

13. AUGUST

SICH KÜMMERN

Du mußt nicht meinen, mit der Liebe seist du fertig,
wenn du nichts gegen deine Mitmenschen hast.
Das ist saftloses Wohlwollen, eine Illusion von Freundschaft.
Du verhältst dich ruhig, tust nichts Böses, läßt alle leben.
Fertig ist der wohlsituierte perfekte Spießbürger,
unter seiner Glasglocke abgeschirmt gegen die rauhe Welt.
So wirst du mitverantwortlich für die kollektive Gleichgültigkeit,
die unser menschliches Zusammenleben stranguliert.

Willst du wirklich lieben und glücklich sein,
dann mußt du dich um die Menschen kümmern,
die dir nahestehen, die deiner Sorge anvertraut sind,
mit denen du zusammen wohnst, sprichst und lachst.
Sich kümmern verpflichtet dich, reißt dich heraus
aus der kleinen, engen Welt deiner eigenen Interessen.
Sich kümmern ist lebensnotwendig, um nicht zu verkümmern.
Sich kümmern kann deine behagliche Ruhe stören.
Viel Aufregung und Ärger kann damit verbunden sein.
Du belastest dich manchmal mit schweren Sorgen
und kannst mit keinem darüber reden.

Sich kümmern kann viel Kummer machen.
Aber es ist die Frucht wahrhaftiger Liebe.
Es bringt im Grunde die Beste aller Gaben: Leben.
So kommt auch in dein Leben Farbe
und manchmal, vielleicht selten,
ein Gefühl von unermeßlicher Dankbarkeit,
ein Vorgeschmack vom unbekannten Paradies.

14. AUGUST

DAS BAND, DAS ALLES ZUSAMMENHÄLT

Eine wahre Mutter ist ein wunderbares Wesen.
Sie ist das Herz jeder Familie,
das Band, das alles zusammenhält.
Sie ist die Versöhnung, der Friede,
die Freude, der sichere Hafen.
Eine wahre Mutter vollbringt aus Liebe
die unglaublichsten Dinge.

Wenn du noch einen Vater oder eine Mutter hast,
laß sie nicht in der Kälte stehen, ohne deine Liebe.
Auch wenn du einen Doktortitel hast, ein hoher Beamter bist,
ein bekannter Politiker, Geschäftsmann oder sonst was,
du bist ein Unmensch, wenn du dich deiner Eltern schämst.
Zwar läßt du sie nicht verhungern. Sie haben das Nötige.
Aber sie fühlen sich als Abfall, als Last, als überflüssig,
weil ihnen deine Zuneigung, deine Aufmerksamkeit fehlt,
weil sie das Herz ihres eigenen Kindes verloren haben.

Zwischen Eltern und Kindern mag viel passiert sein,
vielleicht ist ein Bruch entstanden. Aber was es auch sei:
Wenn Menschen in Not sind, weil ihnen deine Liebe fehlt,
mußt du alles, alles vergessen und wieder gut sein
und wieder Blumen bringen, die Blumen, die sie brauchen:
deine Zuneigung, deine liebevolle Gegenwart, deine Hilfe.
Warte nicht mit deinen Blumen, bis sie tot sind.

15. AUGUST

NICHT AM ANDEREN UFER

Warum schaust du immer auf die andere Seite?
Warum meinst du immer,
andere Leute hätten viel mehr Glück?
Du sagst so schnell: »Die anderen haben Glück.
Ich tu, was ich kann, und habe doch keine Chance.«
Ja, so ist das Leben.

Das andere Ufer ist immer viel schöner.
Es liegt etwas weiter weg.
Wie geblendet starrst du auf den schönen Schein.
Aber hast du noch niemals daran gedacht,
daß die am anderen Ufer
auch auf dich schauen und denken,
wieviel Glück du hast?
Denn auch sie sehen von dir
immer nur die schöne Fassade.
Sie wissen nichts von den vielen Sorgen,
die du tief in deinem Herzen hast.

Glücklich leben ist eine große Kunst.
Diese Kunst besteht vor allem in Zufriedenheit.
Sei froh und zufrieden,
denn eins ist ganz sicher:
Dein Glück liegt nicht am anderen Ufer.

16. AUGUST

WIR BRAUCHEN RÜCKGRAT

Unsere Welt ist ganz schön bevölkert
mit Menschen ohne Rückgrat, ohne Charakter.
Sie fangen mit Begeisterung eine Arbeit an,
einen Beruf, eine Ehe, eine Lebensaufgabe.
Sie fühlen sich stark – bis die Probleme kommen,
die Durststrecken, die Rückschläge.
Wenn es hart und schwer und dunkel wird,
bekommen sie Angst und geben auf.
Was ihnen fehlt, ist Durchhaltevermögen,
Beherrschung der Stimmungen und Gefühle,
Selbstvertrauen, Stetigkeit und Standfestigkeit.
Was ihnen fehlt, ist Rückgrat.

Es gibt Menschen ohne Rückgrat, die so geboren wurden,
weil ihre Eltern kein Rückgrat hatten. Sie können nichts dafür.
Es gibt Menschen ohne Rückgrat, die so geworden sind,
weil in ihrer Erziehung Werte wie Willenskraft, Opfer,
Konzentration, Pflichtbewußtsein tabu waren.
Und es gibt Menschen, denen die Last des Lebens
und die Härte des Lebens das Rückgrat zerbrach.
Sie brauchen viel Verständnis und unsere Hilfe.

Wir brauchen Rückgrat, um den Kopf nicht hängen zu lassen,
um aufrecht zu gehen und in Stürmen festzustehen,
um durchzuhalten, wo andere aufgeben,
um vor Gewalt nicht zu weichen und vor Geld nicht zu kriechen.
Nur Menschen mit Rückgrat schaffen eine neue Welt.

17. AUGUST

ÜBER ABWESENDE NUR GUTES

Krebs: alle kennen diese grausame Krankheit.
Weißt du auch, daß es eine Art geistigen Krebs gibt,
der genauso leicht und genauso zerstörerisch wuchert?
Das ist die üble Nachrede: andere verleumden,
ihnen schlimme Dinge zu Unrecht anhängen,
gemeine, verletzende Gerüchte in die Welt setzen.
Dieses Krebsgeschwür untergräbt Ehen,
reißt Familien auseinander, zerstört Freundschaften,
richtet viele Unschuldige zugrunde.
Sie werden fertiggemacht, oft mit den größten Lügen.

Das geschieht im kleinen in Familien, unter Nachbarn,
in Betrieben, Kreisen, Gruppen, Vereinen.
Das geschieht im großen und mit schlimmeren Folgen
durch die auf Sensationen erpichten Massenmedien.
Aus Gier nach Geld und schlüpfrigen Neuigkeiten
werden Mitmenschen verdächtigt und angeprangert.
Lügen werden dem Publikum zum Fraß vorgeworfen.

Gegen diesen Krebs kann man sich nicht wehren.
Abwesende sind machtlos, eine leichte Beute.
Sie können nicht antworten, sich nicht verteidigen.
Hinterrücks wird ihnen der Dolchstoß versetzt.
Mach dabei nicht mit! Rede über deine Mitmenschen so,
als ob sie dabei wären. Halte dich an den Grundsatz:
Über Abwesende nur Gutes!
Wenn du von anderen Gutes weißt und weitersagst,
wirst du jeden Tag Wunder wirken.

18. AUGUST

BLUMEN DES GLÜCKS

Die meisten Menschen sind schlechte Glückssucher.
Schon tausendmal wurde ihnen gesagt,
und sie haben es schon hundertfach erlebt:
»Es ist nicht alles Gold, was glänzt.«
Trotzdem glauben sie hartnäckig das Gegenteil.
Sie sind geradezu unverbesserlich.
Sie suchen weiter nach Geld, Genuß, Vergnügen,
und nach jeder Eroberung fühlen sie sich tief enttäuscht.

Arme Menschen!
Sie hungern nach ein bißchen Glück
und lassen ihre schönsten Träume
im Sumpf versinken.
Laß dich nicht vom äußeren Schein verführen.
Blumen des Glücks mußt du selbst pflanzen,
Blumen des Glücks in deinem eigenen Herzen.

Fang damit noch heute an,
mit viel Energie und noch mehr Geduld.
Diese Blumen tragen überraschende Namen:
Einfachheit, Güte, Optimismus, Nächstenliebe.
Pflanze diese Blumen, wenn nötig,
eine nach der anderen,
und bald kannst du jeden Tag
Glück pflücken für dich selbst und für andere.

19. AUGUST

WER SORGT FÜR WÄRME UND GEBORGENHEIT

Ich lese den Brief einer Witwe, sie ist etwas behindert
und bekommt eine kleine Rente. Gegen ein Entgelt
betreute sie die drei Kinder einer reichen Dame,
als diese in Urlaub wegfuhr. Sie schreibt:
»Die Frau war in Spanien und Italien gewesen.
Ich habe mich gewundert, als sie zurückkam.
Sie erzählte nicht viel. Sie wirkte nervös und unzufrieden.
Offenbar war es ihr lästig, daß sie nun wieder
für ihre Kinder sorgen mußte. Ich glaube,
manche Behinderte sind glücklicher als viele Reiche.«

Wenn ich eine neue Welt machen müßte, würde ich zuerst
viele gute Mütter erschaffen. Die Emanzipation der Frau
besteht doch nicht darin, von allen Bindungen frei zu sein,
um dann versklavt oder verwöhnt zu werden
oder entwürdigt als Beute einer gierigen Männerwelt.

Wahre Emanzipation der Frau besteht in ihrer vollen Entfaltung.
Frauen sind unersetzlich in einer kalten Welt, in der es heißt:
»Sei eiskalt auf deinen größtmöglichen Vorteil bedacht,
mit warmherzigen Gefühlen bringst du es zu nichts.«
So verschwinden aus dieser Welt Einfühlungsvermögen,
Selbstlosigkeit, Güte, Freundlichkeit, Hilfsbereitschaft.
Menschen werden hart, verbittert, unentwegt unzufrieden.
Wer wird in einer solchen Welt für Wärme, Geborgenheit,
für Hilfe sorgen und so Menschen mit dem Leben versöhnen?
Die emanzipierteste, mächtigste, glücklichste Frau der Welt
ist die Mutter. Es lebe die emanzipierte Frau.

20. AUGUST

UNTER MENSCHEN

Ist dein Leben festgefahren
in einer dunklen Spur, aussichtslos,
ohne Schwung, ohne Freude
und vor allem ohne Mut?

Bist du vielleicht einer von den vielen,
die sich einsam fühlen,
weil sie meinen, sie würden nicht zählen?
Einsam, weil sie mit ihrem ganzen Leid allein sind
und auch ihre seltenen Freuden
mit niemandem teilen können?
Vielleicht ist dies ein Ausweg für dich:
Nimm deinen ganzen Mut in deinc Hände
und mach dich irgendwo nützlich,
erweise einem anderen einen Dienst,
einmal und noch einmal und noch einmal.

Vielleicht denkst du, das sei aber aufdringlich
und etwas schrecklich Schwieriges.
Komm, wenn du mal angefangen hast,
fällt es nur noch halb so schwer.
Du wirst erfahren: Du bist etwas wert,
und es ist gut, daß du da bist.
So kommt wieder Sinn in dein Leben,
und vor allem bist du wieder
unter Menschen zu Hause.

DURCHEINANDER

Verheiratet, getraut sein und nicht treu sein
bringt das ganze Leben durcheinander.
Du stehst dann plötzlich vor unlösbaren Problemen,
gerätst in hoffnungslose Situationen.
Untreue beginnt meistens in der eigenen Ehe.
Der Partner, die Partnerin wirkt müde und kalt.
Die Ehe ist nicht mehr so lebendig und anregend.
Es ist alles nicht mehr so wie am Anfang.

Aber das ist ganz normal. Der Fehler beginnt,
wenn man eine normale Entwicklung
als mangelnde Liebe des anderen ansieht
und wenn man in kritischen Augenblicken meint,
einander nicht mehr vertrauen zu können.
Dann kommt ein Dritter dazwischen.
Du kennst ihn oder sie vielleicht schon lange
und siehst jetzt plötzlich eine neue Chance.

Vorsicht! Bilde dir nicht ein, ein Dritter würde alles lösen.
Nein, die Dinge werden nur komplizierter,
und die Ehe ist drauf und dran zu scheitern.
Ich weiß, daß es Situationen gibt,
wo das Zusammenleben unerträglich wird.
Aber denk nicht so schnell, so sei es bei dir;
in diesem Fall sei es unmöglich, treu zu bleiben.

Ein paar Tage länger durchhalten
ist das Geheimnis aller Siege.

22. AUGUST

WENIGER KLAGEN

Da war ein Mensch todunglücklich.
Tag und Nacht klagte und jammerte er,
denn er hatte keine Schuhe.
Er dachte, er wäre der ärmste Mensch der Welt,
bis er eines Tages einen Mann
in einem Rollstuhl sah. Voller Schrecken
entdeckte er etwas sehr Merkwürdiges:
Der Mann hatte keine Füße.
Und doch lächelte er,
drehte sich behaglich eine Zigarette
und sah zufrieden aus.
Da hörte der Mensch schnell auf zu klagen.

Vielleicht verlierst auch du viel Zeit,
viel Energie und Lebensfreude damit,
über alles und jedes zu klagen.
Ich weiß, das Leben ist nicht immer leicht.
Aber denk doch mal weiter.
Wenn du übers Essen mäkeln möchtest,
denk an die Menschen, die nichts zu essen haben.
Wenn du dich einen Tag nicht wohlfühlst
und gleich völlig ungenießbar wirst,
denk an Kranke, die jahrelang im Bett liegen.
Denk mehr an die anderen,
dann wirst du weniger klagen
und viel glücklicher sein.

23. AUGUST

ER WUSSTE AUF EINMAL ALLES

Sie haben mich aus dem Bett geholt. »Er liegt im Sterben.
Er hat nach Ihnen gefragt. Es geht nicht mehr lange.«
Stunden saß ich bei dem Neunundvierzigjährigen.
Es war einer der vitalsten, der lebenslustigsten Menschen,
die ich je kennengelernt hatte. Sein starker Organismus
war in wenigen Monaten völlig zusammengebrochen.
Er bäumte sich mit aller Kraft gegen die Krankheit auf.
Er klammerte sich ans Leben. Er hoffte gegen alle Hoffnung.

Ich hatte Angst vor dem Ende. Er war tief gläubig,
aber wenn er klar bei Bewußtsein war, fragte er:
»Warum? Wenn Gott doch gut ist,
warum dann dieses Leiden und das Sterben?
Ich bin so jung. Meine Familie braucht mich. Warum?«
Und ich? Ich hätte antworten müssen,
daß ich nichts davon verstehe.

Aber in einem bestimmten Augenblick,
statt den Glauben zu verlieren und zu verzweifeln,
stieg aus seinem Innern ein ruhiges Vertrauen auf.
Ein unbegreifliches Vertrauen, das viel tiefer ging
als sein Denken und Fühlen. Er wußte auf einmal alles.
Er nahm an und verabschiedete sich bewegend
von seiner Frau und seinen Kindern.
Es war, als ob eine unsichtbare Hand ihn festhielt
und als ob er sich mit seinem ganzen Wesen
plötzlich ganz sicher und geborgen wußte.

24. AUGUST

LOSLASSEN

Wer über das Leben nachdenkt,
stößt unvermeidlich auf die Machtlosigkeit des Menschen.
Täglich passieren viele Dinge, an denen du nichts machen kannst.
Du kannst sie nicht verhindern, ob du viel oder wenig Geld hast,
ob du ein einsamer Mensch bist und viel Kummer hast
oder ein Glückspilz, dem im Leben scheinbar alles gelingt.

Du bist als Mensch ein Verlierer. Du kannst nichts festhalten.
Am Ende rinnt dir alles durch die Finger.
Du träumst, du planst und baust, du feierst Erfolge.
Und auf einmal kommt das Leid, die Enttäuschung, die Nacht.
Manchmal plötzlich wie ein Blitz kommt Unfall, Krankheit, Tod.
Du kennst solche Menschen, jung und alt, die weggehen
und nie mehr zurückkommen, nahestehende liebe Menschen.
Du möchtest sie festhalten, wie dich selbst.
Du möchtest, daß ein schöner Tag niemals zu Ende geht.
Und mußt doch loslassen, jeden Abend einen Tag loslassen
und eines Tages alles.

Darüber mußt du jetzt nicht anfangen zu weinen.
Es ist kein Grund zur Klage, wie klein und ohnmächtig du bist.
Aber auch kein Grund, in diese Welt mit ihrem Schein zu fliehen.
Erst wenn du deine ganze Ohnmacht erfahren hast,
bist du reif für Gott. Dann bekommt alles Sinn und Ziel:
deine Angst, dein Leid, dein Gesundsein und dein Kranksein,
dein Leben und dein Sterben. Erst wenn kein Gott da wäre,
keine unsterbliche Liebe am anderen Ufer,
erst dann wird alles sinnlos und vollkommen absurd.

GEHEIMNIS EINES ZUFRIEDENEN MENSCHEN

Hab' lang und glücklich gelebt,
hab' an wenig genug gehabt,
hab' nichts verlangt und viel bekommen.«

Das stand auf dem Totenzettel von Stijn Streuvels,
dem von vielen geliebten flämischen Dichter (1871–1969).
Er wurde in einem weißen Wagen der Freude zu Grab gefahren.
In dem kleinen, von ihm selbst geschriebenen Satz
liegt eine Botschaft für uns alle.
Es ist das Geheimnis eines zufriedenen Menschen,
der jedem Tag den rechten Platz zu geben wußte
und der durch das, was verhüllt ist, hindurchschauen konnte.

Die Menschen muß man lange suchen,
die das heute noch können. Und doch liegt hier
der Schlüssel für eine Menge Probleme in einer Zeit,
die so überreizt und mit den Nerven fertig ist.
Wenn du dich mit wenig zufrieden geben kannst,
wirst du mehr bekommen, als du erwartest,
und alles, was du bekommst, wird für dich
eine freudige Überraschung sein, eine Art Wunder,
wodurch du das Leben gern haben kannst.
Wenn du dagegen immer haben und alles besitzen willst,
wirst du niemals satt und immer unzufrieden sein.
So kann dir das Leben keine Freude bringen.
Dann bist du ein Vogel mit zu schweren Flügeln.
Du wirst niemals zur Sonne fliegen können.

26. AUGUST

WIRF DIE SORGEN VON DIR AB

Darf ich ein Stück aus einem alten Buch wiedergeben.
Es entstand ungefähr zweihundert Jahre vor Christus,
der Verfasser heißt Jesus Sirach, und es gehört zur Bibel.
Was da steht, gilt auch heute noch für jeden.

Überlaß dich nicht den Sorgen,
verfalle nicht Grübeleien.
Denn Herzensfreude ist für den Menschen Leben,
und Frohsinn macht seine Tage lang.
Wirf die Sorgen von dir ab,
gönne deinem Herzen Ruhe
und halte Ärger von dir fern.
Durch Sorgen kamen schon viele zu Tode,
Schwarzmalerei hat keinen Wert.
Neid und Ärger verkürzen das Leben,
Sorgen machen vor der Zeit alt.«

Denk mal darüber nach. Vor allem in dieser Zeit,
wo sich viele so viele Sorgen über ihre Zukunft
und über die Zukunft ihrer Kinder machen.
Wo es so viel zu kaufen gibt und man doch
so wenig Freude unter den Menschen findet.
Denk daran: Es gibt noch viele gute Menschen,
noch viele schöne Dinge, um darüber froh zu sein.
Versinke nie in Miesmacherei und Schwarzmalerei.
Pessimisten sehen die Sonne morgens untergehen.
Für sie lohnt es sich dann ja gar nicht mehr,
aufzustehen und einen neuen Tag zu beginnen.

27. AUGUST

WIE EIN ECHO, WIE EIN SCHATTEN

Suche das Glück, und du wirst es niemals finden.
Das Glück wird dir angepriesen als schöner Schmetterling,
dem du nachjagen mußt. Aber das stimmt nicht.
Ich sage dir: Suche das Glück nicht,
es kommt von selbst über dich.
Das Glück ist wie ein Schatten, der dir folgt,
wenn du nicht daran denkst.
Das Glück kommt wie ein wunderbares Gefühl über dich,
wenn du dich selbst vergißt, um für andere zu leben.

Suche das Geld, und du wirst reich, vielleicht korrupt.
Suche Genuß, und du wirst satt, vielleicht süchtig.
Suche dich selbst, und du wirst einen Egoisten finden.
Suche statt dessen dich selbst zu vergessen.
Vergiß dein eigenes Vergnügen, deinen Vorteil, deinen Genuß.
Suche deinen Mitmenschen Freude zu machen,
einem Kranken Trost zu geben, einem Armen Hilfe,
einem Behinderten Gesellschaft.
Und eines Tages wirst du plötzlich entdecken,
daß du glücklich bist.

Glück kannst du nicht kaufen, für kein Geld der Welt.
Glück ist wie ein Echo, das nur antwortet,
wenn du dich selbst gibst.
Sich selbst geben, das heißt lieben.

28. AUGUST

DIE SCHÖNEN TAGE

Vergiß die schönen Tage nicht!
Wenn du müde bist, mit der Umgebung Krach hast,
keinen Rat mehr weißt und dich todunglücklich fühlst,
dann erinnere dich an die schönen Tage,
da du unbeschwert lachtest und dich pudelwohl fühltest,
da du alle freundlich und vergnügt anstrahlen konntest,
wie ein Kind ohne Sorgen.

Vergiß die schönen Tage nicht!
Wenn der Horizont, soweit du sehen kannst,
dunkel ist, ohne einen Schimmer von Licht,
wenn dein Herz schwer ist und vielleicht voll Bitterkeit,
wenn scheinbar alle Hoffnung verschwunden ist,
daß es je wieder Freude und Glück geben könnte,
dann suche in deiner Erinnerung die schönen Tage,
als noch alles gut war, kein Wölkchen am Himmel stand,
als du dich bei lieben Menschen wohlfühltest,
als du von den anderen ganz begeistert warst,
die dich jetzt enttäuscht und vielleicht betrogen haben.

Vergiß die schönen Tage nicht!
Denn wenn du sie vergißt, dann kommen sie nie wieder.
Fülle deinen Kopf mit Gedanken der Freude,
dein Herz mit Versöhnlichkeit und Liebe
und deinen Mund mit einem Lachen.
Und alles wird wieder gut.

29. AUGUST

SCHWIERIGKEITEN

Es gibt viel zu wenig glückliche Menschen.
Viele haben heute alles:
gut zu essen, gut zu wohnen,
gut bezahlte Arbeit, tausend Bequemlichkeiten
und nicht selten sogar Luxus.
Und doch stecken sie voller Probleme.

Das ist die Krankheit unserer Zeit:
Menschen sind verwöhnt, sie können
nichts vertragen, nichts ertragen.
Bei der kleinsten Unpäßlichkeit
ein Schmerzmittelchen.
Jeden Abend ein Schlafmittel
und gegen schwarze Gedanken Glückspillen.
Sie machen aus der kleinsten Schwierigkeit ein Problem.

Sie vergessen, daß Schwierigkeiten
zum Leben gehören, zur Arbeit, zur Ehe,
zur Erziehung, zum Miteinanderleben.
Durch diesen Berg von Schwierigkeiten
muß man einfach durch.
Wir leben nicht in einem Paradies.
Wenn du aus dem kleinsten Kreuz
auf deinen Schultern ein Problem machst,
kommst du nie aus der Finsternis und Kälte heraus.
Dann siehst du in deinem Leben
nicht mehr die Sonne, nur noch Probleme.

30. AUGUST

HUMOR VERLEIHT FLÜGEL

Wer nicht lachen kann, kann nicht leben.
Wenn du keinen Humor hast, wirst du von der Last,
von den Problemen des Lebens erdrückt.
Du wirst krank, deine Seele ertrinkt in tödlichem Ernst.
Du suchst dich zu retten, aber auf falschen Fluchtwegen.

Du gehst aus, ißt sehr fein und trinkst sehr reichlich,
du reist sehr weit und amüsierst dich sehr lange.
Du vergißt. Aber wenn du wieder zu dir kommst,
ist alles so wie vorher, das Leben wieder eine Qual.
Du bist vergiftet. Du findest keine Freude mehr.
Du findest keinen Frieden mehr in dir selbst.
Du wirst allmählich unfähig, das wahre Leben zu genießen.

Zum Glück gibt es Mittel, wieder gesund zu werden.
Eine wunderbare Medizin sind das Lachen und der Humor.
Sie sind die beste Entgiftungskur für Geist und Herz.
Sie befreien dich von unnötigen, übertriebenen Sorgen.
Sie retten dich vor der Diktatur der modernen Lebensideale:
viel Geld, viel Zeit, viel Reisen, viel Spaß.
Lach darüber! Reagiere darauf mit Humor.

Humor weiß, wie unwichtig viele Dinge
in Wirklichkeit sind, wie lächerlich.
Humor macht alles weniger schwer.
Du nimmst alles leichter,
du bekommst Flügel, du wirst ein wenig
wie ein Vogel, der frei am Himmel fliegt.

31. AUGUST

SEPTEMBER

Wer die Welt
verändern will, fängt am besten
bei sich selbst an

ANPACKEN

Nun sind sie vorbei, die Ferien.
Wir müssen den Alltag wieder anpacken.
Vielleicht hast du schon gemerkt,
daß es gar nicht so einfach ist,
nach Tagen voller Abwechslung und Freiheit
wieder an die Arbeit zu gehen,
wieder auf Termine zu achten,
wieder Verantwortung zu tragen,
aufs neue die alte Arbeit weiterzumachen,
vielleicht eine langweilige Arbeit im Büro,
vielleicht eine eintönige Arbeit auf der Schulbank.
Zögere nicht. Pack an!

Oder hat der Urlaub, der frische Kräfte geben sollte,
alle deine Energie verbraucht?
Bist du kaputt vom vielen Herumreisen?
Hast du dich vielleicht totgeärgert
über den schrecklichen Regen, der gnadenlos
so viele schöne Pläne ins Wasser fallen ließ?
Laß dich aufrütteln von der neuen Realität.
Es sind keine Ferien mehr.
Die Freude der großen Urlaubszeit ist vorbei.
Pack jetzt wieder die Freude deiner Arbeit an,
die Freude deiner alltäglichen Pflichten.
Es ist der Mühe wert.

1. SEPTEMBER

ZÄHLE DEINE FREUDEN

Bist du gut zu anderen? Tag für Tag freundlich, herzlich,
entgegenkommend und hilfsbereit zu deiner Umgebung,
zu den Angehörigen, den Freunden und Bekannten?
Gibt es keinen, der unter deiner schlechten Laune leidet?
Keinen, der im stillen viel aushalten muß,
weil du unbeherrscht und aufbrausend
oder gleichgültig und gefühllos bist?
Weil du immer und überall auf deinem Kopf bestehst
und niemals Rücksicht auf andere nimmst?
Es gibt soviel Leid, das wir uns selbst und einander antun
und das wir so einfach beheben könnten
mit etwas mehr Wohlwollen, mit ein bißchen Liebe.
Geh aus dir selbst heraus, und sei gut zu anderen.

Es ist von größter Bedeutung, daß du nicht nur an Feiertagen,
sondern auch an den gewöhnlichen Arbeitstagen froh bist.
Viele machen im Alltag ein langes, mürrisches Gesicht
und versauern sich und anderen die meiste Zeit.
Arme Menschen, die an ihrem Leben nichts erfreulich finden,
die jeden Tag ihre Sorgen und Probleme aufzählen müssen.

Mach dich frei von solcher Mentalität.
Dazu rate ich dir: Zähle jeden Tag deine Freuden!
Es gibt tausend kleine erfreuliche Dinge,
die du gar nicht mehr wahrnimmst.
Mach mal anderen unerwartet eine Freude.
Sing oder summe jeden Tag eine schöne Melodie.
Zähle deine Freuden! So wirst du ein anderer Mensch.

2. SEPTEMBER

AUF DER SCHWELLE ZU EINER NEUEN WELT

Wer pflichtbewußt bei der Arbeit und pünktlich beim Zahlen ist,
wer sich an die Gesetze hält und keinem den Kopf einschlägt,
gilt in dieser Welt als ein anständiger, ordentlicher Bürger.
Wer gute Zeugnisse und noch bessere Beziehungen hat,
kann in hohe und höchste Ämter aufsteigen.
In unserer Gesellschaft erkundigt man sich eingehend
nach Herkunft, Werdegang und Bankkonto.
Kein Mensch fragt nach dem Herzen.
Man schwärmt für Wissenschaft und Technik.
Man erwartet alles von Organisation und Geld.
Und man vergißt das Allerwichtigste: das Herz.

Die Welt wird nicht gerettet durch Technik,
nicht durch Wissenschaft, Organisation und Geld.
Die Welt kann einzig und allein gerettet werden
durch die Liebe, durch das Herz.
Auch durch unser Herz. Wir sind mitverantwortlich,
wenn in dieser Welt Liebe fehlt.

Wir können nicht sagen: Die Welt, das sind
die anderen; damit will ich nichts zu tun haben.
Es ist der große Fehler vieler Menschen, zu meinen,
sie würden außerhalb der Welt stehen,
die ihrer Ansicht nach so schlecht ist;
sie könnten ja nichts dafür, sie träfe keine Schuld.
Nur wenn wir einander lieben, kommen wir weiter.
Dann stehen wir schon auf der Schwelle
zu einer neuen Welt mit Freude und Glück für alle.

3. SEPTEMBER

EIN STÜCK VOM GLÜCK

Haben Sie gut geschlafen?« fragte ich.
»Nein«, war die Antwort. »Ich brauche Schlaftabletten.
Ich halte es nicht mehr aus.
Der Krach, wissen Sie, der Lärm – es ist schrecklich.
Das Radio von oben, der Fernseher von nebenan,
die Disco von gegenüber.
Erst um drei schlief ich ein, aber um vier
ließ ein Nachbar sein Motorrad an, um fischen zu gehen,
und brauste ab mit dem Krach von einem Düsenjäger.
In meiner Not bin ich dann am Nachmittag
in einen stillen Wald gezogen, aber kaum war ich da,
ließ sich neben mir eine Gruppe junger Leute nieder
mit einem tragbaren Radioapparat, voll aufgedreht.«

Noch nie gab es soviel überreizte Menschen,
so viele Kranke an Herz, Seele und Nerven.
Wir haben in dieser modernen Zeit
den Sinn für die Stille verloren.
Und doch haben wir die Stille so dringend nötig,
nicht nur, um zur Ruhe zu kommen,
sondern um auch wieder Mensch zu werden
statt ein überdrehtes Rädchen in einem großen Räderwerk.

Liebe die Stille, suche die Stille!
Es liegt darin ein Stück von deinem Glück.

4. SEPTEMBER

BILDUNG DES GANZEN MENSCHEN

Ist das nicht phantastisch? Tausend Türen gehen auf,
hunderttausend junge Menschen strömen ein:
Die Schule hat wieder angefangen.
Was hier geschieht, ist für die Zukunft
viel wichtiger und entscheidender als alle Aktivitäten
in allen Fabriken, Betrieben und Büros.
Hier werden Menschen herangebildet oder verpfuscht.

Wenn es aber nur darum geht, den Kopf vollzustopfen
und den Verstand auf Leistung zu trimmen,
kommen aus der Schule perfekte Roboter,
aber keine reifen Menschen heraus.
Eine Schule, die durch gutbezahlte Lehrkräfte
nur Grundwissen und Fachwissen weitergibt,
garantiert, daß eine ganze Gesellschaft geistig bankrott geht.
Es wird höchste Zeit für Bildung des ganzen Menschen,
nicht nur des Verstandes, sondern auch des Herzens,
nicht nur der Intelligenz, sondern auch des Charakters.

Erziehen heißt: von Generation zu Generation
Werte vermitteln, die dem Leben Sinn und Richtung geben.
Solches Weitergeben geschieht nicht so sehr mit Worten,
sondern vor allem dadurch, daß diese Worte
sichtbar und greifbar werden im eigenen Leben.
Erziehen ist darum eine gemeinsame Aufgabe
von Eltern, Schulen, Medien, der ganzen Öffentlichkeit.
Wer hier seine Verantwortung versäumt,
wird mitschuldig an einem Verbrechen.

5. SEPTEMBER

ERZIEHUNG DES HERZENS

Viele junge Leute sind heute nicht mehr jung.
Sie sehen alt aus. Lebensmüde hängen sie herum,
noch bevor sie mit dem Leben angefangen haben.
Sie sitzen voller Probleme, Probleme von Erwachsenen.
Sie sind voller Protest und beanspruchen zugleich
alle Vorteile, die ihnen die beschimpfte Gesellschaft bietet.
Was aber viel schlimmer ist: Nicht wenige junge Leute
geraten auf der leidenschaftlichen Suche nach Freiheit
in die tödliche Sklaverei der Rauschmittel und Drogen.
Das ist eine Form von Verzweiflung. So endet eine Welt,
in die man zwar allen materiellen Fortschritt und Wohlstand,
in die man aber nie ein Herz investiert hat.

Kinder und Heranwachsende gehen in die Schule.
Was sind das für Schulen?
Wissensfabriken oder Zentren der Begegnung,
wo im täglichen Lernprozeß zwischen Älteren und Jüngeren,
Lehrenden und Lernenden vor allem das Herz
in Liebe für das Leben, in Liebe zu den Menschen geformt wird?
Das stellt sehr hohe Anforderungen an die Lehrenden,
die Wissen vermitteln, die aber vor allem erziehen sollen.
Die heranwachsenden Menschen brauchen
Lebensmut und Lebensperspektiven.
Ihr Weg muß in eine Welt führen,
in der nicht das Geld, nicht das Recht des Stärksten regiert,
sondern in der Raum ist für das Herz.

6. SEPTEMBER

SCHAU IN DIE ZUKUNFT

Du bist jung. Du erwartest noch alles vom Leben.
Wenn du nichts mehr erwartest, bist du sehr alt,
verkümmert und zu nichts zu gebrauchen,
schwierig im Umgang, ohne Antrieb, zu nichts imstande.

Schau in die Zukunft, neugierig und gespannt,
bereite dich auf sie vor, geh ihr entgegen.
Erwarte nicht, durchs Leben
auf Händen getragen zu werden.
Selbst wenn Vater und Mutter das wollten,
es wäre für dich eine Katastrophe.
Eltern können helfen,
aber deine Zukunft mußt du selbst bauen.

Studiere und arbeite hart, hab keine Angst
vor Herausforderungen und Anstrengungen,
laß nicht bei der kleinsten Schwierigkeit
den Kopf hängen und den Mut sinken.
Forme dich selbst, mach etwas aus dir.
Sonst schleichst du als Trottel durchs Leben
und kannst dich gleich begraben lassen.

Halte dein Lebensschiff auf Kurs, laß es nicht
in seichten Gewässern schlingern und stranden.
Du bist aufrecht geschaffen, schau nach oben.
Liebe das Leben, es ist der Mühe wert.
Lebe gern und arbeite gern, dann hast du
jede Woche sieben Feiertage.

7. SEPTEMBER

WARUM KANN MAN NICHT MEHR SPIELEN

Es ist ein großer Verlust, eine schreckliche Verarmung,
wenn man nicht mehr träumen, nicht mehr spielen kann,
wenn alle Phantasie verdorrt ist.
Vielleicht bist du zu reich an teuren leblosen Dingen,
die nur dem Image dienen und deine Fassade
in einer scheinheiligen Welt verzieren sollen.
Vielleicht hast du zu viel studiert,
daß die Zeit der Märchen für dich endgültig vorbei ist.

Ich finde es schlimm, wenn heute Märchen und Mysterien
aus der Schule weitgehend verbannt sind,
wenn Universitäten zu Wissensfabriken werden.
Die Menschen sterben an lauter Effizienz.
Die Phantasie ist weg. Die Menschen werden planmäßig
und computergesteuert in die Arbeitsprozesse eingeschaltet.
Da müssen sie nur eins: reibungslos funktionieren.
Auch im Sport geht es immer weniger um Freude am Spiel
und immer mehr um Geld, manchmal um sehr viel Geld.

Warum muß der Mensch, wenn er größer wird,
sein Kindsein verlieren und meistens auch sein Herz?
Warum kann er nicht spielen, einfach weil er dazu Lust hat,
ohne der beste sein zu wollen und Weltrekorde zu brechen?
Warum kann man nicht mehr träumen
und etwas Schönes tun um des Schönen willen,
ohne sich darum zu kümmern, wieviel das bringt?
Warum müssen alle Träume, alle Spiele und alle Phantasie
knallhart berechneten Interessen weichen?

8. SEPTEMBER

EIN GANZ ARMER MENSCH

Wer keinen Freund, wer keine Freundin hat,
ist ein ganz armer Mensch.
Schlimm ist es, wenn du krank wirst,
wenn dich irgendein Unglück trifft.
Aber kaum auszuhalten ist es,
wenn du niemanden hast,
dem du das erzählen kannst.

Mit Freunden kann man alles teilen:
Sorgen, Ideen, Kummer und Probleme,
Erfahrungen, Arbeit, Angst und Freude.
Der Weg zu wirklicher Freundschaft ist ziemlich lang.
Du mußt teilen lernen. Du mußt geben lernen.
Du mußt auch annehmen lernen.
Sei einfach. Hochmütige können nicht annehmen.
Sie bleiben verschlossen, sie trocknen aus.
Freundschaft gehört
zu den größten Wohltaten im Leben.

Warum haben so viele Menschen nichts vom Leben?
Weil sie keine Freunde haben,
die ihnen Hoffnung geben.
Einander Hoffnung geben heißt:
einander Mut machen,
füreinander Verantwortung tragen,
miteinander Freundschaft schließen.

9. SEPTEMBER

JUNG UND ALT

Du bist jung. Du könntest platzen vor Leben.
Die schönste und kostbarste Zeit deines Lebens.
Jetzt oder nie legst du das Fundament deines Glücks.
Das ist herrlich, wenn du weißt, daß das Leben Sinn hat.
Es wäre dein Untergang, wenn du vom Leben
nur viel Geld und viel Vergnügen erwartest,
wenn du wie ein Schmarotzer auf anderer Kosten lebst.
Du siehst sehr alt aus, wenn dein ganzes Ideal darin besteht,
halbe Nächte in Discos zu verbringen.
Jung sind nicht so sehr deine starken Arme und Füße.
Jugend spricht aus deinen leuchtenden Augen,
aus deinem brennenden Herzen,
aus deinem festen Willen, zu arbeiten und zu lernen,
und aus deiner Freude, an einer schöneren Welt zu bauen.
Glaube an das Leben! Es ist gut, es ist so schön.

Du bist alt und wirst sicherlich noch älter,
wenn in deinem Kalender kein Unfall, kein Herzinfarkt
oder sonst eine schwere Krankheit steht.
Aber was hast du vom Altwerden, wenn alle Plagen Ägyptens
über dich hereinbrechen: schlecht sehen, hören, gehen,
Vergeßlichkeit, Verkalkung, Siechtum, Einsamkeit?
Alt werden ist keine Katastrophe, die Zeit des Alters
muß nicht zwangsläufig eine Zeit des Unglücks sein.
Auch wenn du nicht mehr so wie früher kannst,
kannst du doch ein zufriedener, glücklicher Mensch sein.
Du muß lernen alt zu werden
mit einem jungen Herzen. Das ist die ganze Kunst.

10. SEPTEMBER

FREUNDSCHAFT

Er hatte Krebs. Bis zuletzt besaß er ein unglaubliches
Vertrauen auf das Leben und die Freundschaft.
Für ihn bedeutet Freundschaft alles. Er sagte:
»Für einen jungen Menschen besteht das Glück
in Träumen, die einmal in Erfüllung gehen sollen.
Ein Erwachsener entdeckt, daß es in der Tat Glück gibt,
aber nicht, weil Träume in Erfüllung gingen,
sondern weil es Freundschaft gibt.
Ohne Freunde ist ein Mensch erst arm.
Reich wird ein Menschenleben am Ende durch die Ernte
an Freundschaft und kleinen Aufmerksamkeiten,
Diese Dinge machen das übrige erträglicher.
Freundschaft kann eine Quelle von viel Kummer sein.
Das ist wohl wahr. Aber weil eine Rose stach,
muß man doch nicht alle Blumen ausgraben und beseitigen
und in einem Land ohne Blumen wohnen.«

Wer Freundschaft ablehnt, wohnt in einem Land ohne Blumen.
Kein Mensch ist so reich wie der, der Freunde hat.
Du bist erst einsam und allein, wenn du keine Freunde hast,
wenn du für niemanden Freund oder Freundin sein kannst.

Freundschaft heißt anderen in seinem Herzen Raum geben,
offen sein, auch Risiken eingehen, sich selbst loslassen.
Bewahre tief in deinem Herzen ein paar Menschen,
die bei dir zu Hause sind und die dort wohnen bleiben,
selbst wenn sie tot sind.

11. SEPTEMBER

VERSCHMUTZUNG

In den Massenmedien herrscht eine Atmosphäre der Sensation.
In den grellsten Farben und mit allen Details wird ausgemalt,
was in unserer kleinen und großen Welt alles schiefgeht,
was alles verkehrt, entsetzlich und katastrophal ist.
Ist der Unsinn noch so groß, Hauptsache, er sorgt für Sensation.
Das Wertvolle ist offensichtlich längst nicht so interessant.

Ich verstehe, die Medien haben Informationsaufgaben:
Sie müssen Skandale, Korruption, Verbrechen aufdecken
und nicht vertuschen. Aber die Dosierung sprengt alles Maß.
Kinder müssen den Eindruck bekommen,
die Erwachsenenwelt sei ein riesiger Misthaufen.
Man empört sich über die Verschmutzung
der Grundelemente des Lebens wie Wasser, Luft und Erde.
Aber noch katastrophaler ist die Verschmutzung,
die den Geist des Menschen verdreckt und sein Herz vergiftet.
Die Massenmedien geben manchmal eine solche Sturzflut
von Sensationen und Perversionen von sich, daß sie
zu reinsten Kloaken werden. In ihnen stirbt der Mensch,
so wie ein Fisch in verseuchtem Wasser stirbt.

Tu etwas dagegen. Schreib an deine Zeitung,
ans Fernsehen. Sag ihnen, daß es unter den Menschen
um Liebe, nicht um Schweinereien geht,
um Lebensfreude, nicht um aufgedonnerte Sensationen,
daß es noch gute Menschen und schöne Dinge gibt.
Frage nach mehr Licht, mehr Wahrheit und nach mehr Humor!

12. SEPTEMBER

HINTER EINER SCHÖNEN MASKE

Vergangene Woche kam eine junge Frau zu uns,
die Augen mit einer dunklen Brille verdeckt,
daß keiner sehen sollte, wieviel sie geweint hatte,
wie sehr ihr schönes Gesicht verhärtet und vergrämt war.
Nach vier Jahren Ehe lebte sie jetzt geschieden.
Sie hatte das Glück in einer Welt ohne Gott gesucht,
auf den Wegen von Lust und Genuß,
und war nun tief enttäuscht und ganz am Ende.
»Ich bin vollgestopft mit Tabletten«, sagte sie.
»Die Männer, die ich hatte, waren nie Freunde.
Ich weiß nicht, was Freundschaft ist.
Ich bin fertig, verzweifelt, was soll ich nur machen?
Gibt es noch etwas Gutes für mich? Gibt es noch Gott?«

So fragt immer wieder der kleine verzweifelte Mensch.
So sagen Menschen, daß sie von ihren Eltern nie geliebt
und durch falsche Propheten des Glücks
auf verkehrte Wege gebracht wurden.
Große Dramen in unserer kleinen Welt –
so viel Leid, versteckt hinter einer schönen Maske.
Ist das Glück denn so schwer zu finden?
Die Glückssucher werden in die Irre geführt,
wenn in einer sexuell überreizten Welt
auf Egoismus, der wie ein bösartiger Krebs wuchert,
auch noch das Etikett »Liebe« geklebt wird.
Glück ist erst dort möglich, wo die Welt ein Zuhause wird,
wo Gottes Wärme und Liebe so viele Menschen durchdringt,
daß keiner mehr draußen in der Kälte steht.

13. SEPTEMBER

LEICHT GEREIZT UND SCHNELL BELEIDIGT

Du machst immer und überall eine schlechte Figur,
wenn du zugeknöpft und verschlossen bist,
grob und grantig, eckig und kantig,
leicht gereizt und schnell beleidigt.
Solch ein Verhalten bringt viel Verdruß mit sich,
ob zu Hause oder im Büro, im Geschäft oder Betrieb.
Alle freundlichen Gefühle erstarren,
menschliche Kontakte und Beziehungen frieren ein.

Wenn du schnell in Wut und Zorn gerätst,
bist du wie elektrisch geladen.
Wer dich anrührt, bekommt einen Schlag
und hält in Zukunft wohlweislich Abstand.
So wirst du allmählich ein Einsamer auf einer Insel.

Jeder hütet sich, dir nahe zu kommen.
Jeder muß höllisch auf deine Hühneraugen aufpassen.
Ein einziges Wort, eine kleine Unvorsichtigkeit
kann Explosionen verursachen.
Du verursachst unerträgliche Situationen.
Es entsteht eine Atmosphäre voller Spannungen,
die deine ganze Umgebung krank machen.

Darum sei friedlich und verträglich.
Zugeknöpft ist außer Mode,
Hochspannung ist lebensgefährlich,
und Explosionen sind überhaupt nicht gefragt.

14. SEPTEMBER

EIN GUTER STOSSDÄMPFER

Um für eine bessere Welt wirken zu können,
mußt du trotz aller Not an eine bessere Welt glauben.
Trotz allem Elend, das dir die Medien servieren,
verliere nie den Optimismus und deinen Humor.
Humor ist ein guter Stoßdämpfer, wenn es im Leben kracht.
Humor macht viele Dinge relativ:
Was riesengroß erscheint, wird lächerlich klein;
was furchtbar schwer erscheint, verliert die bedrückende Last.

Du mußt, um zu leben, geistig gesund bleiben.
Dazu brauchst du unbedingt Fröhlichkeit.
Wenn sich auf dein Herz Kummerfalten legen,
vielleicht aus Sorge um das Wohl anderer,
dann sorge schnell für Lachfalten im Gesicht.

Lachen ist die beste Kosmetik für dein Äußeres
und die beste Medizin für dein Inneres.
Wenn die Lachmuskeln regelmäßig arbeiten,
kommt das der Verdauung zugute.
Der Appetit wird angeregt, der Blutdruck bleibt stabil,
und ein Teil deiner Sorgen verschwindet.
Lachen hat nicht nur Einfluß auf den Stoffwechsel,
sondern auch auf deine unmittelbare Umgebung.
Es vermindert die Spannungen und die Tränen.

Denk daran: Jeder Tag,
an dem du nicht gelacht hast,
ist ein verlorener Tag.

15. SEPTEMBER

WARUM EIGENTLICH BETEN

Ich habe mit dir schon so vieles besprochen,
aber dein Gesicht nie gesehen und deine Stimme nie gehört.
Ich weiß nicht, wer du bist, Mann oder Frau,
Junge oder Mädchen, verheiratet oder nicht verheiratet.
Ich weiß nicht, ob du ein gläubiger Mensch bist.
Und doch möchte ich jetzt zusammen mit dir beten,
ein Gebet, das ich fotokopiert auf einem Stück Papier fand.
Wenn du willst, bete es in deinem Herzen mit:

Herr, wenn ich Hunger habe, gib mir einen Menschen,
der mehr Hunger hat, daß ich noch teilen kann.
Wenn mir kalt ist, gib mir einen Menschen,
dem ich von meiner Kleidung abgeben kann.
Wenn ich allein bin, einen, den ich aufnehmen kann.
Wenn ich traurig bin, Herr, einen, den ich trösten kann.
Wenn ich Zärtlichkeit brauche, einen Menschen,
den ich in die Arme schließen kann.
Wenn meine Last zu schwer wird, Herr,
dann belaste mich mit der Last der anderen.
Laß überall, wo ich Menschen begegne,
deine Liebe gegenwärtig sein.«

Warum eigentlich beten? Wenn du deine Ohnmacht fühlst,
wenn du Elend und Not, Leid und Tod nicht verstehst,
dann suche eine Hand, die stärker ist als alle Hände,
und ein Herz, das größer ist als alle Herzen,
um Ruhe zu finden und Kraft, weiterzugehen,
erfüllt von neuem Frieden und neuer Freude.

16. SEPTEMBER

ERKENNE DICH SELBST

Hast du eine hohe Meinung von dir selbst?
Hältst du dich selbst für ganz schön gut und gelungen?
Dann bist du wahrscheinlich vollkommen erhaben
über die Fehler und Schwächen der anderen.
Die Chancen stehen nicht schlecht,
daß du ganz schön eingebildet bist
und vor allem völlig blind, was dein liebes Ich betrifft.

Das kann zu viel Unheil führen.
Schnell bist du dann dabei, über andere,
mit denen du lebst und arbeitest, zu urteilen,
sie zu verurteilen und fertigzumachen.
Wenn du meinst, ein hohes Tier zu sein,
bist du wahrscheinlich nur ein schwieriger Typ.

Erkenne dich selbst!
Das ist äußerst wichtig für ein gutes Verhältnis
zu den Angehörigen, Freunden und Bekannten.
Wage es, hinter deine Fassade zu sehen,
auf deine Fehler und Schwächen
und schlechten Angewohnheiten.
Dann wird es dir nicht mehr schwer fallen,
über andere – zu schweigen.

Erkenne dich selbst! Bleib auf dem Boden der Wirklichkeit.
Ein wenig Selbsterkenntnis kann dir viel helfen,
ein besserer, verständnisvollerer Mensch zu werden.

17. SEPTEMBER

TÄGLICH WÄHLEN

Es waren wieder mal Wahlen.
Wenn die gewählten Kandidaten alles täten,
was sie versprochen haben, könnten wir
auf beiden Ohren schlafen.
Das Paradies wäre recht nahe.

Auf einer Liste ein Kreuzchen machen,
das ist meistens ziemlich einfach.
Aber es gibt viele andere Entscheidungen,
die nicht nur ab und zu, sondern täglich vorkommen
und bei denen man graue Haare bekommen kann.
Täglich wählen zwischen Pflicht und Vergnügen,
zwischen Egoismus und Nächstenliebe:
das ist viel schwieriger.

Jeden Tag stehst du vor einer langen Liste,
wo du dich entscheiden mußt.
Wenn du dich selbst auf den Spitzenplatz setzt,
dann hast du viel Ego, vielleicht auch viel Verstand,
aber in den meisten Fällen wenig Herz.
Dann entscheidest du dich immer für dich selbst,
für deine eigenen Interessen, für dein eigenes Vergnügen.
Setz auch mal andere an die erste Stelle.
Zum Beispiel deine Frau oder deinen Mann.
Zum Beispiel Menschen, die hilflos sind.
Vergiß dich selbst, setz dich unten auf die Liste,
gib anderen den Vorrang. Du kannst dabei nur gewinnen.

18. SEPTEMBER

FREI FÜR DAS GUTE

Freiheit: ein Wort, über das größte Verwirrung herrscht,
sowohl bei den Älteren wie bei den Jüngeren.
Im Namen der Freiheit gibt es Männer und Frauen,
die es mit der Treue nicht so genau nehmen;
gibt es Kinder, die sich nichts von ihren Eltern sagen lassen;
erscheinen in manchen Medien die größten Lügen;
verkriechen sich Menschen in ihr Schneckenhaus,
wenn die Not an sie herankommt.

Man lebt nach dem Maßstab seines Vorteils,
seines Gefühls, seines Geschmacks, seiner Launen.
Das ist die Freiheit, die von den Egoisten proklamiert
und die von den Egoisten angebetet wird.
Sie führt geradenwegs in den Dschungel, in die Tyrannei
der Stärksten, der Skrupellosesten, der Brutalsten.

Nur in einem Klima der Liebe bekommt Freiheit Sinn,
kann sie ihren Wert entfalten, kann sie Freude machen.
Denn es geht in dieser Welt nicht zuerst um Freiheit,
sondern zuallererst geht es um Liebe.

Wer liebt, liefert sich aus, gibt sich preis,
verleiht dem anderen Macht über sich selbst,
gibt ein Stück seiner Freiheit dem anderen ab.
Die Liebe macht frei für das Gute, für das Schöne,
für die echte, tiefe Lebensfreude.

19. SEPTEMBER

EIN KLEINES WORT, DAS ALLES SAGT

Wir leben in einem Zeitalter der Triebhaftigkeit.
Alles wird Sache von Kommerz und Konsum.
Geldgier erscheint überall und immer deutlicher
als die eigentliche und alles beherrschende Triebfeder.
Selbst Jugendidole, vergötterte Rockbands,
die mit Protestsongs gegen den Besitz die Welt erobern,
verdienen in ein paar Stunden Millionen,
kaufen sich Schlösser und werden steinreich.

Unsere westliche Welt hat Fieber.
Dieses Fieber heißt krankhafte Selbstsucht.
Wir werden nicht überleben, weil es Wissenschaft gibt,
Naturwissenschaften, Medizin, Soziologie oder Psychologie,
weil es technischen Fortschritt gibt, Wirtschaftsexpansion,
Marktstrategien, Rationalisierung oder perfekte Organisation.
Wir werden einzig und allein überleben
aufgrund des einen Gebotes: Liebe!

Liebe ist das Fundament
von allem glücklichen Zusammenleben.
Liebe ist die Medizin, die täglich Wunder wirkt.
Liebe ist der einzige Weg,
auf dem Menschen menschlicher werden.
Liebe – ein kleines Wort, und es sagt alles.
Darum versuche ganz einfach die Menschen,
die um dich herum sind, zu lieben.

20. SEPTEMBER

DER EINZIGE AUSWEG

Greuel der Gewalt. Für kurze Zeit geht Entsetzen durch die Welt.
Dann legen sich die Menschen wieder schlafen.
Mit Gewalt kann man ein Haus abreißen, einen Baum fällen
oder ein Tier umbringen. Aber wer mit Gewalt
einen Menschen vernichtet, vernichtet sich selbst als Mensch.
In einem Mordprozeß sagte die Angeklagte:
»Als ich den anderen umbrachte, brachte ich mich selbst um.
Einen anderen töten heißt sich selbst töten.«
Neulich saß ein Mann bei mir, ungefähr vierzig Jahre alt.
Er hatte als Fremdenlegionär Menschen getötet.
»Jetzt werde ich selbst ermordet«, sagte er,
»sie kommen mich jede Nacht besuchen.«

Was kann man gegen die wachsende Gewalt tun?
Wo kommt sie her? Gewalt stammt niemals aus der Liebe.
Gewalt wurzelt in Gedanken und Gefühlen von Haß.
Haß nistet in der krankhaften Habgier von Menschen.
Diese Gier liegt unserer ganzen Gesellschaft zugrunde.
Es geht um Macht, um Besitz, um Ruhm in der Welt.
In solcher Welt ist die Gewalt zu Hause.

Gewalt läßt sich nicht mit Gewalt ausrotten.
Gewalt plus Gewalt bedeutet immer noch mehr Gewalt.
Ein tödlicher Kreis. Er kann nur durchbrochen werden
durch die unglaubliche Liebe des Evangeliums, wo es heißt:
»Liebe deine Feinde. Tu Gutes denen, die dich hassen.«
Das klingt heutzutage entsetzlich naiv. Wer glaubt noch daran?
Und doch, ich versichere dir, es ist der einzige Ausweg.

---

21. SEPTEMBER

LEBENDIG BEGRABEN

Ein Mann hat in kurzer Zeit seine geliebte Frau
und seinen einzigen Sohn verloren.
Ich bin mit ihm auf den Friedhof gegangen.
Ein Augenblick voller Schmerz.
Man hat dort mit seiner Frau und seinem Sohn
das größte Stück seines eigenen Lebens begraben.
Lange standen wir da, stumm vor Schmerz.

Nach einer Weile ging ich ein wenig über den Friedhof,
durch diese Stadt von Marmor und Stein.
Zu dieser Zeit war dort kein Mensch.
Zwischen gepflegten Gräbern sah ich andere,
von Gras und Unkraut überwuchert, verfallen.
Seit vielen Jahren war niemand mehr da gewesen.
Die vergessenen Toten!

Da gingen meine Gedanken in die Stadt der Lebenden.
Daß man Tote vergißt, läßt sich noch begreifen.
Den Toten tut das nicht mehr weh.
Doch in der Stadt der Lebenden
Mitmenschen vergessen, vielleicht den eigenen Vater,
die eigene Mutter, engste Familienangehörige –
lebendig begraben in Gleichgültigkeit,
die wie tödliches Unkraut alles überwuchert –,
das ist eine Schande, eines Menschen nicht würdig.
Darum gib acht, daß sich solch ein Friedhof nicht
womöglich in deiner Umgebung, deinem Haus ausbreitet.

WENN ES SIE NICHT GÄBE

Ein Mann geht zurück in ein Land Afrikas,
wo sie ihn vor ein paar Jahren halbtot geschlagen haben.
Es hat Jahre gedauert, bis er sich wieder erholt hatte.
Die Leute sagen: Der ist verrückt. Warum macht er das?
Er macht dort keine Geschäfte, er hat dort keine Zukunft.
Das einzige, was er hat, ist Liebe zu den Menschen.
Für sie will er seine Zeit, seine Kraft, sein Leben einsetzen.

Seltsam! Warum gehen Menschen in unterentwickelte Länder,
warum nehmen sie schwere Lebensbedingungen auf sich,
warum verzichten sie auf Ehe und Familie,
um mit ganzem Herzen Hilflosen, Unglücklichen,
Behinderten, Kranken, Sterbenden zu gehören? Warum?

Es sind Verrückte. In den Augen der Welt sind es Spinner,
weil sie nicht auf Geld und Reichtum spekulieren,
nicht auf Ehre und Karriere, auf Genuß und Vergnügen.
Verrückte, aber meistens sehr glückliche Menschen.
Sie sind ein bißchen wie die Blumen. Blumen haben
keine Hände: Sie nehmen nicht, sie geben nur.
Sie wachsen und blühen und verwelken.
Sie sind allein zur Freude anderer da.

Diese Verrückten lassen noch einiges Licht leuchten,
wenn ins Leben so vieler Menschen die Nacht hereinbricht.
Sie helfen uns, wieder zu glauben an einen neuen Morgen.
Wenn es sie nicht gäbe, wäre die Welt am Ende.

23. SEPTEMBER

SUCHE IMMER DIE GUTE SEITE

Ich kenne dich nicht. Doch ich weiß,
daß auch dein Herz Hunger hat
nach etwas Freude und ein wenig Glück.
Darum schnell ein paar Rezepte:

Suche bei allen Dingen immer die gute Seite.
Geh jeden Abend mit einem guten Gedanken ins Bett.
Du schläfst dann viel ruhiger und tiefer,
der gute Gedanke wirkt des Nachts in dir weiter,
und am Morgen ist wieder Sonne in deinem Herzen.
Hast du sehr viel Kummer und findest du nirgends Trost,
dann weine dich erst einmal aus.
Und dann geh und hilf einem anderen.

Mach nicht aus jedem Mißgeschick eine Katastrophe.
Nimm jeden neuen Tag als ein Geschenk entgegen.
Sei immer über irgend etwas froh.
Es gibt noch soviel Schönes auf der Erde:
das Kind, das dich anstrahlt,
die Blume, die für dich blüht,
der Stern, der für dich am Himmel steht.
Deine Freude und dein Glück liegen
in deinen eigenen Händen.

24. SEPTEMBER

DARAUS KOMMEN DIE MEISTEN KONFLIKTE

Streiks, Demonstrationen, Unruhen, Krawalle.
Warum können die Menschen nicht zufrieden sein?
Warum können sie nicht miteinander glücklich werden?
In vielen Ländern sind die Menschen unglücklich,
weil sie nicht genug zu essen und zu trinken haben,
weil sie vor Krieg und Terror fliehen müssen,
weil es keine Arbeit, keine Ärzte, keine Bildung gibt.
Aber bei uns? Wo man Milliarden zum Vergnügen ausgibt?

Viele bei uns sind unglücklich, weil sie krank sind.
Sie haben ein seltsames Fieber. Es fällt nicht,
je mehr der Wohlstand steigt, sondern wird immer heftiger.
Es heißt: krankhaftes Habenwollen. Mit diesem Fieber
wird man keinen einzigen Tag glücklich werden.
Die Wirtschaft weckt täglich neue Bedürfnisse,
sie macht uns zu unersättlichen Menschen.
Begierig auf immer mehr, weil die Werbung sagt:
Du brauchst das, das muß man heute haben.
Daraus kommen die meisten Konflikte.

Dein Glück hängt aber nicht von dem ab, was du besitzt,
sondern von dem, was du genießen kannst.
Es gibt Menschen, die alles haben, was sie nur wünschen.
Aber sie können sich über nichts mehr richtig freuen.
Wenn du mit wenig zufrieden bist und das genießen kannst,
bist du der reichste und der glücklichste Mensch der Welt,
und alle Menschen sind deine Freunde.

25. SEPTEMBER

GENUG, NICHT ZUVIEL

Vor einiger Zeit kam bei uns durch einen Unfall
ein noch ziemlich junger Geistlicher ums Leben.
Er war Professor an der Uni von Santiago in Südamerika.
Er besaß eine ungewöhnliche Lebensenergie.
Mit Leidenschaft und Begeisterung setzte er sich
uneigennützig für seine Mitmenschen ein.
Er war hundertprozentig Mensch
und hundertprozentig Priester.
Von ihm können wir viel lernen, gerade heute,
wo soviel Arroganz und Besserwisserei herrscht.
In einem seiner letzten Gebete heißt es:

Herr, gib mir nicht zu viel Verstand, aber genug,
um das Leben und die Menschen zu verstehen.
Gib mir nicht zu viel Kraft, aber genug, um zu arbeiten.
Gib mir nicht zu viel Erfolg, aber genug,
um leben und helfen zu können.
Gib mir auch nicht zu viel brave Anpassung,
aber genug Selbstlosigkeit, um meine Pflicht zu tun.
Herr, welche Mischung von Glück und Leid
du mir geben willst, überlasse ich dir.
Wenn du mir nur hilfst, heute glücklich zu sein.«

Dieses Gebet können auch wir
uns zu eigen machen
und in unserem Herzen wiederholen.
Es wird uns gut tun.

26. SEPTEMBER

ES VERÄNDERT ALLES

Ich weiß nicht, ob du gläubig bist. Trotzdem möchte ich
etwas vielleicht Verrücktes fragen: Betest du schon mal?
Ich kann ja nur von dem reden, was in meinen Augen wichtig ist,
wichtig für Glaubende und für Nichtglaubende.
Warum überhaupt solch eine Unterscheidung?
Wir sind doch alle ein Stück gläubig und ein Stück ungläubig.

Beten ist bei so viel Streß und Depressionen heute
nicht nur für Christen, sondern für alle ganz wichtig.
Das Gebet ist eine sehr praktische Sache.
Es erfüllt, psychologisch gesehen, ein Grundbedürfnis
jedes Menschen, ob er glaubt oder nicht glaubt.
Das Gebet hilft dir in Worte zu fassen, was dich quält.
Im Gebet legst du deine Probleme vor Gott auseinander.
Dir wird leichter, und du findest neue Kraft.
Das Gebet gibt dir das Gefühl, nicht mehr allein zu sein.
Das Gebet bringt ein aktives Prinzip in dir in Gang.
Du tust bereits etwas, du wartest nicht einfach hilflos ab.

Sicher, das Gebet nützt nichts in der Welt, wie wir sie kennen.
Du wirst davon nicht reich. Du kommst damit nicht voran.
Es dient zu nichts, aber ich sage dir: Es verändert alles.
Schließe deine Augen und bete. Deine Nerven beruhigen sich.
Dein Körper entspannt sich, du kommst auf andere Gedanken.
Beten muß man lernen. Das kann man nicht an einem Tag.
Aber es lohnt sich, jeden Tag neu damit anzufangen.

27. SEPTEMBER

SCHEINBAR ALLMÄCHTIG

Wir leben in einer Zeit, in der der Mensch
im Bereich von Wissenschaft und Technik
scheinbar allmächtig wird: Laboratorien im Weltraum,
weltweite Datenvernetzung, Satelliten,
Transplantationsmedizin, Genforschung, Biotechnik
und immer perfektere, tödlichere Waffensysteme.

Während diese Macht wächst, droht der Mensch
geistig, moralisch, kulturell völlig ohnmächtig zu werden.
Menschen sterben vor Hunger und Entkräftung,
selbst in den Wohlstandsländern.
Menschen werden gequält, gefoltert, ermordet,
ganze Völker vertrieben und ausgerottet,
während Millionen der Gewalt, dem Krieg, dem Elend
mit neugierigen Gesichtern am Bildschirm zusehen,
einen Schluck trinken und zur Show umschalten.

Menschen in den Wohlstandsländern ertrinken
im Überfluß von Konsum und Genuß, Sex und Unterhaltung,
während junge Menschen, des Lebens überdrüssig,
zu Gewalt, Alkohol und Drogen greifen.
Vergiß nicht, die Tragik liegt vor allem in der Tatsache,
daß heute die phantastischen Möglichkeiten des Menschen
auf dem Gebiet von Technik, Wissenschaft
und Massenkommunikation realisiert werden
in einer geistigen Wüste ohnegleichen.

28. SEPTEMBER

DIE SPIRALE DER GEWALT UMBIEGEN

Einen Menschen umbringen ist etwas Schreckliches.
Nachrichten von Mord und Gewalt. Was besagt das schon?
Die Wörter sind verbraucht, abgenutzt, leer.
Morgens liest man Zeitung: Tausende Hungertote,
und trinkt dabei gemütlich seinen Kaffee.
Man hört von Tausenden Opfern in den Kriegsgebieten
und redet anschließend über Wetter, Mode oder Fußball.
Täglich finden zahllose unschuldige Menschen
einen gewaltsamen Tod. Und das Schlimmste daran:
Wir finden nichts dabei, das sei eben so.

Unbegreiflich ist die Gleichgültigkeit der Menschen.
Gibt es noch einen einzigen Grund,
stolz darauf zu sein, zur Gattung Mensch zu gehören?
Das einzige, was wir versuchen können, ist:
selbst von ganzem Herzen gut zu sein,
voller Rücksicht auf das brüchige Wesen Mensch,
wo wir ihm auch in unserem Leben begegnen.
Niemals Menschen hassen, niemals ungerechte Gewalt.
Es ist besser, Opfer als Täter zu sein.

Selig die Gewaltlosen, die die Spirale der Gewalt
umbiegen zu einer Spirale der Freundschaft und Liebe.
Sie sind wie das Wasser im Fluß,
das die harten Steine rund und glatt macht,
so daß sie sich allmählich doch bewegen.
Mit der Macht der Geduld vermögen Gewaltlose
die Herzen der Menschen zu verändern.

29. SEPTEMBER

IM WELTRAUM UND AUF DER ERDE

Weltraumfahrt – ein faszinierendes Abenteuer.
Aber was nützt es, immer tiefer ins Weltall vorzudringen
und alle bisherigen Grenzen zu durchbrechen,
wenn wir auf der Erde immer wieder Mauern errichten
aus Mißtrauen, Unverständnis, Haß und Gewalt?
Was nützt es, mit mehr als 30 000 Kilometern in der Stunde
im Weltraum herumzusausen, wenn wir auf der Erde
die tiefen Gräben nicht überwinden, die zwischen uns
und den vor Hunger sterbenden Menschen entstanden sind?
Was hilft es, Roboter auf dem Mars abzusetzen,
wenn wir einem halbverhungerten Mitmenschen
keine Schüssel mit Essen vorsetzen können?

Ja, Menschen können äußerst intelligent sein,
ungeheuer erfinderisch und fortschrittlich,
aber wann schaffen sie es endlich, nicht nur mit Verstand,
sondern auch mit Herz zu leben, voller Bereitschaft,
sich zu versöhnen und einander zu helfen?
Wann fangen sie endlich auf der Erde an,
für Frieden und Glück zu sorgen?
Willst du dabei mitmachen? Dann fang noch heute an,
gut zu sein, herzlich und freundlich zu den Nachbarn,
zu deinen Angehörigen und Arbeitskollegen,
zu deiner ganzen Umgebung.
Diese Mühe ist für den Frieden auf der Erde mehr wert
als eine Reise um die Welt in 88 Minuten.

30. SEPTEMBER

OKTOBER

Hab die Menschen gern,
so wie sie sind.
Es gibt keine anderen

STÄRKER ALS ALLER TOD

Ich bekam ein Bild von einem jungen Maler geschenkt.
Ein Künstler mit scharfem Gespür. Es ist ein trostloses Bild.
In kalten Farben ein endloses Land, leer und verlassen.
Der letzte Rest Hoffnung ist erloschen.
Am Horizont sieht man die Stadt der Reichen brennen.
Im Vordergrund gehen vier hagere Gestalten.
Aus der Stadt der Armen, Lehmhütten, tragen sie
einen riesigen Sarg zu einer klaffenden Erdspalte,
während eine Elendsgestalt trostlos am Boden liegt
und zwei Armstümpfe in die Luft reckt: die Verzweiflung.
In der Mitte erscheint eine Blume auf einem langen Stiel.
Dieses Zeichen von Freude ist aber eine schreckliche Illusion,
denn die Blume ist tot, der Stiel in der Mitte durchgebrochen.
»Brot und Spiele« nennt der junge Maler sein Werk,
eine Anspielung auf den Untergang des Römischen Reiches,
vergleichbar unserer Konsum- und Erlebnisgesellschaft.
»Gib ihnen Brot und Spiele, und du kannst
mit den Menschen machen, was du willst.«

Etwas hätte ich aber an diesem Bild gern anders.
Ich würde der Blume eine Chance geben.
Sie muß nicht abgebrochen und tot sein.
Ich glaube an den Menschen,
und ich glaube an die Unsterblichkeit der Liebe.
Diesen Glauben haben viele junge Menschen verloren.
Sie müssen über alle trostlose Leere hinweg
wieder den Funken im Menschen entdecken, der Geist heißt,
der Leben weckt und der stärker ist als aller Tod.

1. OKTOBER

SEI GUT

Auch du, ob du jung oder alt bist,
mußt versuchen, gut zu sein:
gut zu deinem Vater und deiner Mutter,
gut zu deinen Kindern,
gut zu Armen und Notleidenden,
gut zu einem jeden.

Vielleicht hast du das Gutsein
schon längst aufgegeben.
Du bist enttäuscht und sagst:
Sie verstehen mich nicht,
sie legen mir doch alles verkehrt aus,
sie sind so undankbar.
Aber ich sage dir: Trotz allem,
fang wieder an mit dem Gutsein,
ohne etwas zu erwarten,
auch wenn dein Herz blutet.

Gut sein macht Mühe.
Weg mit den harten Worten,
weg mit dem kalten Verhalten.
Bring Wärme in dein Haus, sei gut.
Hilf Vater und Mutter, sei gut,
vor allem wenn sie alt und allein sind.
Sag nicht Böses über andere, sei gut.
Es ist ein sehr großes Glück,
ein guter Mensch zu sein.

2. OKTOBER

DIE BÖSE ZUNGE

Deine Zunge kann wunderbare Sachen machen.
Die Worte, die du von dir gibst,
übertragen das, was du in deinem Innern bist,
nach draußen zu den Menschen.
Ist es drinnen bei dir finster, falsch und faul,
dann wird auch deine Zunge nichts anderes
als Böses von sich geben: lügen und beleidigen,
verdrehen und verhöhnen, schimpfen und fluchen.
Bist du in deinem Herzen ein guter Mensch,
dann wird deine Zunge ganz von selbst
über andere gut reden.
Sie wird überall Frieden säen und Freude.

Mit deiner Zunge kannst du Glück und Unglück bringen.
Menschen husten, wenn sie etwas
verkehrt in die Kehle bekommen.
Wenn sie auch immer husten müßten,
wenn ihnen etwas verkehrt aus der Kehle kommt,
würde der Welt Hören und Sehen vergehen.
Wer falsch parkt, muß ein Bußgeld bezahlen.
Man sollte auch eine Steuer erheben
auf verkehrten Gebrauch der Zunge,
ein spürbares Bußgeld für jede Lüge
und das Doppelte für jede Verleumdung.
Anderen zu Unrecht Böses nachsagen
ist leider Gottes weit verbreitet.
Wehre dich gegen die böse Zunge,
besonders wenn sie in deinem Mund steckt.

3. OKTOBER

FURCHTBAR QUER

Es gibt im Leben schwarze Tage.
Da wirst du von Ärger und Leid,
Kummer und Sorgen so erdrückt,
daß es dir allen Appetit und Schlaf verschlägt.
Du stehst morgens genauso müde auf,
wie du dich am Abend vorher hingelegt hast.
Du bist sauer, es liegt dir etwas furchtbar quer.
Vielleicht ein Schuldgefühl, das du nicht los wirst.
Das Gefühl tiefer Unzufriedenheit bohrt sich
immer tiefer in deinen Kopf und dein Herz ein
und beginnt sein Zerstörungswerk.
Am meisten leidet dein Nervensystem.
Was läßt sich dagegen unternehmen?

Versuche nicht, dich durch Tabletten oder Alkohol
oder maßloses Genießen zu betäuben.
Betäuben heilt nicht, hinterher ist alles noch schlimmer.
Wenn du gläubig bist, kann ein Gebet Hilfe bringen,
in dem man sich voller Vertrauen dem Vater überläßt.

Öffne deine Augen
für die Not von anderen.
Suche sie zu verstehen.
Geh aus dir selbst heraus.
Und du wirst sehen:
Deine Nerven halten durch.
Es kommt wieder Sinn in dein Leben.

4. OKTOBER

LASS KEINEN STEHEN IN DER KÄLTE

Du kannst nicht leben ohne einen, der dich gern hat,
dem du etwas bedeutest, dem du dich anvertrauen kannst,
der sich um dich kümmert, bei dem du immer willkommen bist.

Du triffst viele Menschen in deinem Leben,
aber einige wachsen in dein Leben hinein,
sie gehören dazu, mit ihnen bist du unlöslich verbunden.
Was für ein Segen, wenn das gute Menschen sind!
Menschen, bei denen du zu Hause, geborgen bist.
Ohne solche Menschen wäre das Leben unerträglich.

Aber es gibt heute Unzählige, die keinen Menschen haben,
keinen, der sich mit ihnen abgibt, der sich um sie sorgt,
keinen, der ihnen etwas von seinem Herzen geben will.
Und doch hat auch ihr Herz viele Bedürfnisse,
verlangt auch ihr Herz nach Zuneigung und Zärtlichkeit,
nach zwei Armen, in die man sich flüchten kann.

In unsere Welt ist viel Kälte gekommen.
Es gibt so viele Menschen, die frieren. Vergiß es nicht.
Wir sind alle aufeinander angewiesen.
Bei Nahrung, Kleidung, Wohnung, Erholung, bei allem,
was man für Geld haben kann, sind wir voneinander abhängig.
Aber noch viel mehr sind wir voneinander abhängig
bei unserem Glück. Mit Geld ist da nichts zu machen.
Das hat mit Herz zu tun, mit Liebe, und die gibt es nur gratis.
Gib Herz in deinen Umgang mit den Menschen,
und laß keinen stehen in der Kälte!

5. OKTOBER

KENNST DU JESUS

In Zeiten, da du schwach, mutlos, voller Angst bist,
ist es ganz wichtig, einem guten Menschen zu begegnen,
der Verständnis hat, der dich trösten und aufmuntern kann.
Wir alle sind schwache Menschen, keine Engel mit Flügeln,
die auf dem Hochseil der Vollkommenheit wandeln.
Wir brauchen alle Verständnis, Ermutigung und Vergebung.

Das ist es, was wir einander immer wieder anbieten können.
Das wird ermöglicht durch Jesus von Nazaret. Kennst du ihn?
Viele kennen ihn dem Namen nach, wenige als besten Freund.
Er will die Menschen vom Bösen befreien, vom Schlimmsten,
was es gibt, und das ist verlorene, verweigerte Liebe.
Er geht auf die Armen, Leidenden, Sünder zu, er liebt sie
und legt sich nur mit den Reichen und Scheinheiligen an,
die meinen, sie seien sehr gut und brauchen keine Vergebung.
»Wer ohne Sünde ist, werfe den ersten Stein«, sagt er.
Er erzählt von dem Sohn, der verlorenging und zurückkam,
der mit offenen Armen empfangen wurde ohne Fragen
nach Wieso und Warum und ohne Vorwürfe.
Jesus ist nicht wie die Menschen. Er ist Liebe.
Er bereitet ein Festmahl für jeden, der verlorengegangen ist.
Das verlorene Schaf nimmt er liebevoll auf seine Schultern.

Diesen Jesus liebe ich mehr, als ich sagen kann.
Er lebt für mich. Ich hätte so gern, daß du ihn kennenlernst,
nicht als einen Menschen aus ferner, grauer Vergangenheit,
sondern als einen Freund, der lebt. Ganz in der Nähe!

6. OKTOBER

HÖRE AUF DIE BLUMEN

Du bist wie ein Stern vom Himmel gefallen.
Milliarden Sterne stehen am Himmel, jeder ist einmalig.
Milliarden Menschen sitzen auf diesem kleinen Planeten,
und jeder Mensch ist einmalig. Phantastisch!
Sterne leuchten und machen den Himmel schön,
damit man auch in der Nacht an das Licht zu glauben vermag.
Menschen leuchten und machen die Erde schön,
wenn sie Sterne sind und keine entfesselten Monster.

Ich höre noch, wie die Blume im letzten Frühling sagte:
»Was machen die Menschen nur!
Sie fabrizieren schreckliche Waffen und säen den Tod
für Menschen, Tiere und Pflanzen.
Blumen verschwinden, Bäume werden gefällt.
Fische sterben in verseuchten Gewässern.
Die Menschen verpesten die Luft, die sie atmen.
Und laufen auf Ausstellungen, um die neueste Technik
zu bewundern, und dann sagen sie: Großartig!«

Nach einer langen Pause sagte mir die Blume noch:
»Schau mal, bin ich nicht schön? Die feinen, zarten Bättchen
und das Herz in meinem Blütenkelch. Siehst du die Farben,
spürst du die wunderbare Harmonie, fühlst du das Leben?
Weißt du, wenn mich die treuen Bienen besuchen, reden wir,
wie dumm doch die Menschen sind.« Das höre ich noch.

Du bist wie ein Stern vom Himmel gefallen.
Höre auf die Blumen!

7. OKTOBER

SPONTANE AUFMERKSAMKEIT

Jeden Tag geht ein alter Mann langsam durch dieselbe Straße.
Jeden Tag gehen hunderte Menschen an ihm vorbei.
Sie haben alle ihre eigenen Wege, ihre eigenen Interessen.
Sie drängen sich an ihm vorbei und sehen sich nicht um.

Was war das für eine Überraschung
für diesen alten verschlossenen Mann,
als plötzlich einer stehenblieb,
einer der regelmäßigen Passanten,
ihm ein Päckchen Tabak in die Hand drückte
und ihm freundlich ins Ohr flüsterte:
»Hier, für dich, für ein Tabakspfeifchen,
und bleib schön gesund.«

Über diese ganz einfache Geste
war der alte Mann tagelang überglücklich.
Es gibt tausende alte Menschen,
die auf einen Blick voller Freundlichkeit
und Sympathie warten.
Eine kleine, spontane Aufmerksamkeit
kann für einen einsamen Menschen mehr sein
als eine unpersönliche Geldüberweisung
oder eine perfekt organisierte Hilfsaktion.
Sei gut zu den Alten, geduldig und freundlich.
Zeige jeden Tag dein Herz.
Ihr Glück liegt in deinen Händen.
Denk daran: Auch du wirst einmal – alt!

EIN BRUCH IN JEDEM MENSCHEN

Manchmal ist es, als ob zwei Menschen in dir wohnen.
Der eine, der alles gut macht und den du nach außen zeigst,
und der andere, für den du dich schämst.
Ein so großartiger Mann wie Paulus schreibt in einem Brief:
»Das Gute, das ich will, tue ich nicht,
und das Böse, das ich nicht will, das tue ich.«

Der Mensch ist ein seltsames Wesen. Es gibt so etwas
wie eine tiefe Bruchlinie in jedem Menschen.
Ich begegne Menschen, die beim besten Willen der Welt
doch immer wieder in ihr altes Leiden zurückfallen.
Menschen, die gut leben möchten und doch Dinge tun,
die sie selbst nicht begreifen. Warum ist das so?
Weil ein Mensch kein Gott ist, kein Engel und kein Superwesen,
sondern ein kleiner Pilger auf einem langen Weg,
manchmal ziemlich müde und ganz schön angeschlagen.
Gerade durch die Erfahrung eigener Schwäche wird der Mensch
verständnisvoll und mitfühlend mit seinen Mitmenschen.
Wer sich aber immer selbst anhimmelt, wird hart wie ein Stein.
Sein Gefühlsleben trocknet aus, nirgends findet sich mehr
so etwas Schönes wie Vergebung, Trost, Ermutigung.

Beunruhige dich niemals über deine Schwächen und Fehler,
aber beschönige sie auch nicht. Lerne, damit zu leben.
Keiner ist so gut wie in seinen besten Augenblicken.
Und keiner so schlecht wie in seinen schlechtesten Augenblicken.
Liebe blüht, wo Menschen sanft zueinander sind,
sanft in ihren Worten und sanft in ihrem Verhalten.

9. OKTOBER

WENN DU LÄCHELST

Aber sicher, auch du kannst schön sein,
sehr schön sogar und sehr attraktiv.
Auf eine ganz einfache Weise, die gar nicht teuer ist,
ohne Make-up und Schönheitschirurgie,
ohne Goldschmuck und Brillanten.
Und wie heißt das praktische, originelle Mittel,
um Menschen schön zu machen?
Lächeln, von Herzen kommendes Lächeln.

Glaub mir, auch wenn die Augenbrauen
nicht auf den Millimeter stimmen sollten
und wenn sich da und dort ein Fältchen zeigt –
wenn du lächelst, geht ein Strahlen
über dein Gesicht, als ob eine Sonne aufgeht.
Die Leute staunen, und deine Lieben fallen dir um den Hals.

Und wenn du den schönsten Bart der Welt hättest,
die edelste Nase und die sportlichste Figur –
wenn du aber schlechtgelaunt und knurrig herumläufst,
mag dich kein Mensch gerne anschauen,
und für deine Partnerin wird es äußerst schwierig,
dir noch einen Kuß zu geben.

Darum: lächeln! Zu Hause und überall.
Denn wenn du lächelst, dann lächelt auch ein anderer,
und bald wird die ganze Welt lächeln – weil du lächelst.

10. OKTOBER

GEDULD HABEN

Schlechte Tage! Auch du weißt, was das ist.
Tage, an denen alles schwarz aussieht,
an denen alles schiefgeht. Du fühlst dich verloren.
Viel schlimmer kann es nicht mehr kommen.
Und das Schlimmste ist: Du denkst, daß es so bleibt.
Schlechte Tage dauern so lang. Es sind die längsten Tage.

Jeder Mensch hat schlechte Tage. Was kann man da machen?
Geduld haben! Geduld, ich weiß, ist eine seltene Tugend.
Tugenden sind gute Eigenschaften, die man lange einübt
und die dann in schwierigen Situationen viel helfen können.
Geduld ist eine Tugend, die wir heute dringend brauchen.
Denn heutzutage muß alles ganz schnell gehen.
Alle Wünsche müssen gleich erfüllt werden, auf Knopfdruck.
Beim geringsten Schmerz sofort Erleichterung.
Mangel an Geduld steigert die gespannte Gereiztheit,
und die schlechten Tage werden nur noch länger.

Wenn das Leben ein bißchen was taugen soll,
dann mußt du die Tugend der Geduld üben.
Geduld haben! Manchmal eine Zeitlang blind fliegen.
Du hast oft erfahren, daß gute Tage schnell vorbei sind,
und findest das auch schon wieder schlecht.
Aber warum tröstet dich denn diese Erfahrung nicht
an schlechten Tagen? Komm, nimm es nicht so schwer.
Dramatisiere nichts, setz ein Lächeln auf.
Schlechte Tage gehen auch vorbei.

11. OKTOBER

DAS BEHINDERTE BABY

In Lüttich wurde ein Kind geboren – ohne Arme.
Acht Tage später bekam das Baby Schlafmittel,
eine Überdosis, mit Honig vermischt – und starb.
Viel wurde seiner Zeit über die Mutter, den Arzt,
die Familie geredet und geschrieben,
wenig über das unschuldige Opfer.

Dieses Kind kam wie jedes andere Kind auf die Welt
mit dem Verlangen zu leben.
Es erwartete alles von seiner Mutter,
von den großen Menschen:
Es hatte keine Arme,
aber ein Herz und einen Mund,
um »Mama« und »Papa« und »danke« zu sagen.
Es hätte singen und spielen können,
sehen, hören und sich des Lebens freuen.
Es hätte vielen Gelegenheit geben können
zu Güte und Nächstenliebe.

Wir können und wollen nicht über Schuld urteilen.
Aber ist es nicht unmenschlich,
ein Kind, das behindert auf uns zukommt,
das uns anvertraut wird, wegzustoßen
und ihm das Leben zu nehmen?
Wer so etwas gut findet, den kann man eigentlich
nicht mehr Mensch nennen.

12. OKTOBER

»ICH WILL, DASS DU LEBST«

Weißt du, daß sehr viele Menschen nicht mehr leben,
weil sie nicht mehr lachen können? Sie sind so gut wie tot.
Denn wo nicht mehr gelacht wird, da wird nicht mehr gelebt.
Da kommt Dunkelheit über die Menschen, man fühlt die Nacht.
Du mußt leben und deine Umgebung lebendig machen.
Aber was ist das: leben? Eine schöne Wohnung? Luxus?
Traumreisen in ferne, paradiesische Länder?
Ich kenne Menschen, die das haben und doch nicht leben.
In ihrer Nähe fängt man an zu frösteln und hat den Eindruck,
daß Fröhlichkeit unter Gefängnisstrafe verboten ist.

Leben hat sehr viel mit Herzlichkeit und Wärme zu tun.
Auch damit, daß du dich mit Dingen versöhnen kannst,
die nun einmal nicht zu ändern sind,
daß du dich mit deinen zwei linken Händen abfinden kannst,
daß du mit deinen Mitmenschen Frieden machen kannst
und Frieden mit dir selbst, mit deinem armen kranken Herzen.
Hast du schon mal jemanden von Herzen gern gehabt?
Und gibt es auch andere, die dich richtig gern haben?
Es ist doch sehr schwer, zu leben ohne ein paar liebe,
sympathische Menschen in deiner täglichen Umgebung.

Ich finde es schrecklich, daß Menschen sterben,
ohne daß sie eine Chance hatten, zu entdecken:
Es gibt Menschen, die mich lieben. Und vor allem auch:
Es gibt einen Gott, der sehen möchte, daß du glücklich bist,
daß du in seiner Sonne leben und lachen kannst.
Er sagt: Ich will, daß du lebst!

13. OKTOBER

ÄLTERE UND JÜNGERE

Jugendliche rebellieren. Für Ältere ist es schwer,
wenn die Jungen überhaupt nicht zu schätzen wissen,
was sie so mühsam aufgebaut haben.
Für Jüngere ist es unbegreiflich, warum die Alten
so hartnäckig an ihren Errungenschaften festhalten.

Seid nicht blind für das Gute auf beiden Seiten.
Jede Generation hat ihre eigenen Erfahrungen,
ihre eigenen Schwierigkeiten und auch
ihre eigenen Vorlieben und Vorurteile.
Jede Generation hat ein Recht auf ihre eigene Welt.
Haben wir doch füreinander mehr Verständnis,
geben wir doch einander mehr Raum.

Ihr Älteren habt seinerzeit für eure Ideale gekämpft.
Habt Dank! Ihr habt vieles geschaffen,
was der nächsten Generation zugute kommt.
Haltet euch nicht daran fest,
als ob es ein Verdienst für alle Zeiten wäre.
Habt Vertrauen zu denen, die nach euch kommen.

Ihr Jüngeren glaubt an die Zukunft,
aber auch an die Vergangenheit eurer Vorgänger.
Wir müssen beieinander bleiben,
beim Abreißen wie beim Aufbauen,
denn das Haus auf dieser Welt ist nie völlig fertig.
Abreißen tut weh, Aufbauen macht Freude. So ist es.

14. OKTOBER

MÄNNER UND FRAUEN

Denk nicht, du seist ein Mann, weil du einen Bart hast,
weil du zehn Bier trinken kannst, ohne blau zu sein,
oder weil du toben kannst, wenn dein Wille nicht geschieht.
Männer, die wegen Geld, Karriere oder Frauen Kriecher werden,
Männer, die durch Korruption und Betrug ihre Taschen füllen,
geben ein trauriges Bild ab von der »Krone der Schöpfung«.
Du bist ein Mann, wenn du treu und stark bist wie ein Fels.
Du bist ein Mann, wenn du in deinem ganzen Verhalten,
in der Ehe wie in deinen Geschäften ehrlich bist wie Gold.
Du bist ein Mann, wenn du mit der Kraft deines Geistes
und mit der Kraft deines Herzens zum Glück anderer beiträgst.
Du bist ein Mann, wenn du in der Familie ein echter Vater bist,
eine Freude und ein sicheres Zuhause für die Deinen.

Eine törichte Frau ist ein Sturm im Hafen,
eine weise Frau ein Hafen im Sturm.
Eine törichte, verwöhnte Frau ist voller Launen und Grillen.
Jeden Augenblick kann ihre Stimmung umschlagen,
und in einem friedlichen Haus ist sie eine ständige Sturmgefahr.
Weise Frauen sind kostbarer als die kostbarsten Diamanten.
Sie sind friedlich, ausgeglichen, herzensgut,
reich an Geist und Mutterwitz, voll Hingabe und Liebe.
Sie können viel vertragen und vergeben.
Sie sind ein sicherer Hafen in der stürmischen Welt.
Sie sind ein Halt für den Mann, ein Zuhause für die Kinder
und ein Trost für Kranke und Leidende.
Sei eine weise Frau mit einem großen Herzen,
und dein Haus wird ein himmlisches Zuhause.

15. OKTOBER

NIMM DIR ZEIT

Jeden Tag kann man es hören: »Ich habe keine Zeit.«
Noch nie gab es so viele gehetzte Menschen.
Wir haben alle schrecklich viel zu tun.
Noch nie gab es so viele Menschen ohne Zeit,
und auch noch nie gab es soviel Einsamkeit.
Väter und Mütter warten oft endlos
auf den Besuch ihrer Kinder: Die haben keine Zeit.
Kranke und Alte sehen die Gesunden und Jungen,
wie sie vorbeihasten: Die haben es so eilig.
Ehepartner werden sich fremd:
Sie haben keine Zeit füreinander.

Warum haben wir so wenig Zeit?
Immer denken wir daran, was wir noch alles haben wollen,
was wir noch alles tun sollen, noch alles leisten müssen.
So wird unser ganzes Leben lückenlos verplant.
Deshalb der Vorschlag: Befreie dich von diesem Druck.
Mach einmal Pause, nimm dir eine Auszeit.
Tu einmal bewußt nichts! Komm zur Ruhe, werde still.

Aus der Stille wachsen die kleinen Aufmerksamkeiten,
die viel weniger Zeit brauchen, als wir meinen:
ein gutes Wort, ein verständnisvolles Zuhören,
ein dankbarer Kuß, ein kleines Geschenk, eine Geste.
Tilge aus deinem Leben das tödliche »Ich habe keine Zeit«.
Hör auf mit dem mörderischen Tempo.
Nimm dir Zeit, ein guter Mensch zu sein
für deine Mitmenschen.

16. OKTOBER

LIEBE IN GROSSEM FORMAT

Dir kann alles fehlen, nur nicht die Liebe.
Neunzig Prozent deines täglichen Ärgers verschwindet,
wenn du zu Hause freundlich zu jedem bist,
wenn du bei der Arbeit wohlwollend und herzlich bist,
kein Brummbär, kein Schwarzseher, keine Nervensäge.
Seid gut zueinander! Darauf kommt es an.
Nicht auf Geld und auf Titel. Nicht darauf,
was du hast und wie hoch im Kurs du stehst.
Ihr werdet glücklich sein, wenn ihr selbst
auch andere glücklich macht.

Wieder kam so ein Brief: »Das ist kein Leben mehr.
Alle Liebe zu meinem Mann ist verschwunden.
Mein Gott, ich weiß nicht mehr weiter.
Wie soll ich je wieder glücklich werden?«
In vielen Ehen herrscht viel verborgenes Leid.
Eine Hauptursache dieser modernen Krise
ist die übertriebene Sexualisierung der Öffentlichkeit.
Manche jungen Leute gehen enge Beziehungen ein
und denken sich dabei weniger,
als wenn sie einen Gebrauchtwagen kaufen.
Viele Ehen sind denn auch Gebraucht-Ehen,
nach ein paar Jahren irreparabel kaputt.
Unverzichtbar für eine glückliche Ehe ist
Liebe »in großem Format«: eine demütige Liebe,
die Versagen einsieht, Fehler bekennt, Böses vergißt
und die das Leben miteinander, bevor es zu spät ist,
mit viel Geduld wieder zusammenschweißt.

17. OKTOBER

UNANTASTBAR

Leben ist ein großes Geheimnis.
Es stellen sich schwere Fragen ein, und kein Mensch
hat eine letzte Antwort auf das Warum.
Die Wissenschaft kann zwar viele Erklärungen geben
zur biologischen Entwicklung des Lebens,
aber für den Grund des menschlichen Lebens
findet die Forschung keine Antwort.
Die einzige zu verantwortende Einstellung ist
unendliche Ehrfurcht vor dem menschlichen Leben
vom allerersten Augenblick bis zu seinem Ende.
Das Recht jedes Menschen auf Leben
muß unantastbar bleiben. Es ist ein Verbrechen,
auf irgendeine Weise am Anfang oder Ende
des menschlichen Lebens vernichtend einzugreifen.

Warum gehen in diesen Tagen die Menschen
scharenweise mit Blumen auf die Friedhöfe,
voller Trauer über das Leben, das überging in den Tod?
Der Tod ist ein ebenso großes Geheimnis wie das Leben.
Der Friedhof steht jetzt für ein paar Stunden im Mittelpunkt.

Aber ich meine, Friedhof dehnt sich immer weiter aus.
Friedhof ist überall dort, wo wir Einsame, Kranke, Alte
gleichgültig liegen lassen, als ob sie für uns bereits tot wären.
Friedhof reicht bis in unsere Kliniken und Heime hinein
durch Mangel an Zuwendung zum hilflosen Leben.
Friedhof breitet sich schließlich bis in die Gesetzgebung aus,
wenn Abtreibung und Euthanasie legalisiert werden.

18. OKTOBER

HOCHMUT

Eine der größten Krankheiten unserer Zeit
ist der uralte menschliche Hochmut.
Selbstgefälligkeit, Überheblichkeit, Einbildung
lassen nicht zu, eigene Grenzen und Schwächen
zu erkennen, anzunehmen und damit zu leben.
Der Mensch verdrängt und verschleiert seine Kleinheit
hinter einer Fassade von Großspurigkeit,
hochgespielter Macht, zur Schau gestelltem Luxus.

Aus seiner Schwachheit und Untreue
macht er eine Theorie, eine Ideologie,
eine ganze Weltanschauung.
Weil er nicht imstande ist, zu leben, wie er denkt,
verfällt er der Idee, zu denken, wie er lebt.
Hochmut wird mit Lügen gerechtfertigt.

Ich halte viel von Menschen,
die ihre Schwächen und Grenzen kennen
und damit in Geduld zu leben wissen.
Ich halte viel von Menschen, die wissen,
daß sie nicht alles wissen und dazu stehen.
Ich mag keine hochmütigen Menschen,
denn das sind niemals gute Menschen,
und das werden bestimmt niemals gute Freunde.

19. OKTOBER

WORT HALTEN

Ja, du findest es enttäuschend und schäbig,
wenn einer sein Wort nicht hält.
Du verstehst nicht, wie einer sagen kann:
»Morgen zahle ich, ganz bestimmt«,
und dich dann Monate lang warten läßt.

Es verschlägt dir die Sprache,
wenn einer hoch und heilig versichert:
»Na klar, ich helfe dir, sei ganz beruhigt,
ich werde dich schon nicht im Stich lassen«,
und dann ist er spurlos verschwunden.

Du hast recht, wenn du das schlimm findest.
Wo kommen wir hin, wenn wir uns nicht mehr
auf ein gegebenes Wort verlassen können,
wenn selbst ein Schwur so leicht gebrochen wird.

Erinnerst du dich noch, was du damals
am Tag der Hochzeit versprochen hast?
Und was ist daraus geworden?
Schau deinen Ring an, Zeichen der Liebe
und unverbrüchlicher Treue.
Brennt dieser Ring nicht an deinem Finger,
wenn du untreu wirst?
Du hast doch dein Ja-Wort gegeben.
Und das war doch nicht gelogen?

UMGANG MIT MENSCHEN

Mit Dingen kannst du lieblos umgehen.
Einen Baum kannst du umhauen, einen Busch ausreißen,
ein Glas zerbrechen, deine Sachen in eine Ecke werfen.
Auch wenn es weh tut, wenn jemand Blumen zertrampelt.
Mit Dingen kann man auf sehr verschiedene Art umgehen.
Aber mit Menschen kannst du nur umgehen,
wenn du sie gern hast. Sonst mußt du sie in Ruhe lassen.
Für das Zusammenleben mit Menschen wärst du ein Unglück.

Du bist vielleicht in der Verwaltung, siehst nur Papiere
und vermutest dahinter nie ein menschliches Gesicht.
Wenn du im Betrieb den Mund aufmachst, hört sich das an
wie Knurren und Bellen gegen Untergebene.
Du sitzt im Büro, stehst in der Schule oder im Geschäft,
und du hast den ganzen Tag lang
keine Menschen entdeckt, nur leblose Puppen,
die du zu deinem Vorteil ausnützen willst.

Suche den Menschen hinter jedem Gesicht.
Hab die Menschen gern, die kleinen, die großen,
die schönen, die häßlichen, die lustigen,
die humorlosen, die geschickten, die ungeschickten,
die erfolgreichen wie die gescheiterten.
Deine Liebe wird ihnen gut tun.
Du merkst es ja auch, wenn dich jemand mag,
mit dem du zu tun hast. Wenn sich einer freundlich
um dich kümmert, wird alles gleich anders.
Genauso geht es den anderen, die mit dir zu tun haben.

21. OKTOBER

WARUM ER UND NICHT ICH

Worüber klagst du?
Mußt du zu hart arbeiten
oder zu viel lernen?
Tut dir was weh? Findest du keine Arbeit?
Kannst du dir zu wenig leisten?
Hast du Geldsorgen?
Worüber klagst du?

Ich habe heute einen Mann gesehen:
vierzig Jahre alt und unheilbar krank.
Seit drei Wochen schreckliche Schmerzen.
Man kann es nicht mit ansehen.
Seine Frau sitzt hilflos an seinem Bett,
und zu Hause warten fünf Kinder.
Dieser Mann schaute mich an und fragte: Warum?
Das ging mir durch Mark und Bein.

Ja, warum? Warum er?
Warum nicht ich? Warum nicht du?
Kein Gelehrter, kein einziger Wissenschaftler
kann mir darauf eine Antwort geben, keiner.
Ich habe nur Gott, der allem Leben
durch Leiden und Tod hindurch Sinn und Ziel gibt
und der mich plötzlich fragt,
warum ich mit meiner Gesundheit
nicht dankbar und glücklich bin.

22. OKTOBER

ALLEINGELASSEN

Es ist ein großes Leid, ein tiefer Kummer,
wenn du dich alleingelassen und einsam fühlst,
wenn keiner an dich denkt, wenn keiner dich braucht.
Dann findest du das Leben sinnlos und ungerecht.

Du träumtest von einem glücklichen Leben
mit einem Zuhause voller Liebe und Wärme.
Nun ist alles um dich herum kalt, du bist ganz allein.
Allein in deinem Zimmer, wo keiner auf dich wartet,
allein in einem Haus, in dem dich keiner versteht.
Du fühlst dich verlassen, nichts mehr wert, überflüssig.
Und darüber bist du empört und verbittert.

Läßt sich deine Einsamkeit
wirklich nicht durchbrechen?
Müssen die Mauern um dein Herz
immer größer werden?
Bau Brücken! Eine Brücke zu einem Kranken
kann für dich eine Brücke zum Licht sein.
Eine Brücke zu einem anderen einsamen Menschen
kann für beide eine Befreiung sein.
Eine Brücke zu einer Familie in Not
kann neue Horizonte öffnen.
Und eine Brücke zu Gott ist eine Brücke zu dem,
der allen Einsamen Vater sein will,
ein Vater mit einem goldenen Herzen.

KRIEG UND FRIEDEN

Wieder haben wir entsetzliche Kriegsbilder gesehen.
Bilder von Toten und Verwundeten, Zerstörung und Vertreibung.
Die Berichterstatter halten fest, wie viele Raketen abgefeuert,
wie viele Flugzeuge eingesetzt, wie viele Panzer vernichtet wurden.
Selten fällt ein Wort über die Menschen, die in den Panzern saßen.
Aber in einem Krieg sind ein Flugzeug, ein Panzer, eine Rakete
anscheinend viel mehr wert als ein Mensch.

Die machtlosen Menschen kriechen vor Angst in den Boden.
In jedem Krieg gibt es immer dieselben Opfer:
Frauen und Kinder, Alte und Kranke.
Bevor ein Krieg ausbricht, hat er schon längst begonnen –
in den Gehirnen der Machtbesessenen.
Es beginnt mit der Suche nach Feinden.
Nach Menschen, die anders sind, anders aussehen,
anders sprechen, anders denken, anders glauben.
Sie werden zu Feinden erklärt. Sie sind an allem schuld.
In den schwärzesten Farben werden Feindbilder gemalt.
So können sie gehaßt und müssen vernichtet werden.

Willst du Frieden, darf kein Mensch der Welt dein Feind sein.
Streiche das Wort »Feind«. Gebrauche es nie mehr.
Ich weiß, die großen Kriege können wir nicht im Handumdrehen
aus der Welt schaffen. Aber wir können dafür sorgen,
daß die Kleinkriege in unserer kleinen Welt aufhören:
zu Hause, in der Familie, im Betrieb, in der Nachbarschaft.
Ein kleiner Ort Frieden auf dieser Welt ist wie eine Oase,
wo das Leben wieder ein Fest werden kann.

24. OKTOBER

WENN DU ES WAGST, IHN ANZUSCHAUEN

Du bist ein zum Tod Verurteilter. Du weißt nur noch nicht,
wann das Urteil vollstreckt wird. Der Tod geht mit:
an allen Tagen, in allen Nächten, auf allen Wegen.
Aber solange du ihn nicht am eigenen Leibe fühlst
oder ihn bei einem geliebten Menschen nahen siehst,
möchtest du leben, als ob es den Tod nicht gäbe.

Und doch bringt jeden Morgen deine Zeitung
eine neue Totenliste. Zwischen den Zeilen der Artikel
findest du die Namenlosen, die Opfer von Krieg und Gewalt,
von Naturkatastrophen, von Flugzeugabstürzen.
Die vielen, die auf unseren Straßen ihr Leben verlieren.
Die Menschen, die ausführlich in die Presse kommen,
weil sie Opfer eines Verbrechens geworden sind.
Vielleicht bringst du selbst Blumen an ein Grab.
Und doch fliehst du vor dem Gedanken an den eigenen Tod.

Der Tod ist eine Tatsache. Augen verschließen hilft nicht.
Es kann sogar sehr heilsam sein, an seinen Tod zu denken.
Den eigenen Tod vor Augen siehst du besser
das wahre Maß, den wirklichen Wert aller Dinge.
Du siehst besser, wie klein und begrenzt du bist.
Du wirst verständnisvoller, gütiger gegenüber anderen
und kannst die kleinen Freuden des Tages mehr genießen.
Du wirst glücklicher leben, wenn du den verdrängten Tod
aus dem Unterbewußtsein hervorholst und es wagst,
ihn anzuschauen – als sinnvolle Erfüllung fruchtbaren Lebens
und als endgültige Aufnahme in eine unsterbliche Liebe.

KEINE AUFREGUNG

Mach keinen Krach, reg dich nicht auf,
wenn Angehörige, Kameraden, Kollegen,
deine Vorgesetzten oder deine Untergebenen
ihre Fehler und Schwächen haben.
Streit und Ärger, Probleme und Auseinandersetzungen
entstehen meistens aus eigener Kurzsichtigkeit.
Wir alle kennen nur ein kleines Stück der Wahrheit.

Ein paar unvorsichtige Worte, ein Mißgeschick,
ein Versäumnis, ein Versagen – deine Phantasie
bläht es auf zu einer Riesenkatastrophe.
Dabei wird gewöhnlich durch Aufregung nichts gelöst,
meist wird der Schaden nur schlimmer.

Beherrsche deine Wut, bleib ruhig und gerecht.
Denk auch mal an die eigenen Fehler und Schwächen.
Wenn du meinst, selbst ein idealer Mensch zu sein,
dann ist das nicht nur eine Selbsttäuschung,
sondern auch ein Zeichen maßloser Überheblichkeit.

Hab Verständnis für die Fehler von anderen.
Versuche, viel zu ertragen, und schlage keinen Krach.
Viele Aufregungen sind unnötiger Zeitverlust,
schlecht fürs Herz, schlecht für Verdauung und Blutdruck.
Räumst du den verhängnisvollen Hang
zu Krach und Wutausbrüchen von vornherein aus,
bist du immer gut aufgeräumt und gut gelaunt.

DANN BEGINNT EINE NEUE ZEIT

In jeder Ehe kommt es früher oder später zur Krise.
Der Weg ist lang, die Langeweile fängt an.
Ihr kennt euch gegenseitig genau,
und alle Tage wiederholt sich dasselbe.
Ihr wollt auch mal was anderes.
Man wird lustlos und gleichgültig.
Alles scheint leer, gefühllos und kalt.
Ihr geratet in die Wüste,
in eine eintönige, entsetzlich öde Wüste.
Die wunderschönen Gefühle von einst
sind verschlissen, ihr Glanz ist weg.

Wenn ihr dann ein wenig warten könnt
und nicht denkt: Alles ist aus, oder:
Das war damals die falsche Entscheidung –
Wenn ihr dann ein wenig Geduld habt,
statt nach anderen Partnern Ausschau zu halten
oder zu Tabletten und Alkohol zu flüchten –
Wenn ihr dann wartet und treu bleibt
und euer Herz offen und einladend ist,
wenn ihr erfinderisch seid
und den Partner wieder aufleben laßt –

Dann wird eines Tages, ganz unvermutet,
irgendwo eine Quelle entspringen,
in eurem Leben beginnt eine neue Zeit,
nach der Wüstenzeit eine Oasenzeit.

27. OKTOBER

VORSICHT

Sei äußerst vorsichtig mit Leuten,
die über andere böse Sachen sagen.
Äußerlich können das hochangesehene Herren
oder sehr gepflegte Damen sein,
aber innerlich sind sie falsch und gewissenlos.
Sie sind spezialisiert auf die Fehler von anderen.
Auch auf deine Fehler!

Als Fachleute wissen sie genau, wie man es macht,
wie sie ihr Opfer anschwärzen müssen,
daß man ihnen alles glaubt. In deiner Gegenwart
ziehen sie über einen Bekannten her,
einen Freund oder sogar einen Familienangehörigen.
Vertrau ihnen nicht! Sie sind darauf aus,
deine Freundschaften madig zu machen,
ja selbst in deine Ehe Unglück zu bringen.
Heute hörst du ihrem Gerede zu
und machst vielleicht sogar mit, aber morgen,
da bist du selbst das Opfer.

Und sei selber vorsichtig mit deinen Reden!
Der erste Schlag, den einer erhält, ist meist ein Wort.
Behalte deine böse Zunge bei dir,
sie könnte dir noch Gutes tun.
Selbst dein Nachbar ist besser, als du denkst.
Darum: Über andere niemals etwas Böses sagen!

DEINE TOTEN LEBEN

In diesen Tagen sieht man überall Menschen,
wie sie Gräber auf den Friedhöfen pflegen.
Es ist gut, wenn wir in diesen Tagen
unserer Verstorbenen in Liebe gedenken.
Aber manchmal wird der Allerseelentag
zu einem reinen Geschäft,
zu einem Wettbewerb ums schönste Grab,
wenn die Lebenden noch auf dem Friedhof
einander übertrumpfen wollen.
Trage keine Blumen zu den Gräbern,
nur weil das auch die Nachbarin, weil das jeder tut.

Verweile mit deinem Herzen, deiner Seele
am Grab deiner Toten, nachdenklich und still.
Glaube, daß deine Toten leben!
Dann kannst du mit ihnen sprechen.
Dann stehst du nicht vor einer dunklen Mauer
mit einem Herzen voller Traurigkeit,
vielleicht verzweifelt, in wortloser Wut.
Deine Toten leben vor Gott! Sie warten auf dein Kommen.
Denn auch du bist schon unterwegs zu deinem Grab.
Du weißt nur nicht, wie weit der Weg noch ist.

Denk darüber eine Zeitlang nach
und lerne am Grab deiner Toten:
Liebevoller leben!

AN DAS STERBEN DENKEN

Die Lebenden gehen mit Blumen zu den Toten.
Über dem November hängt der Gedanke an den Tod.
Aber wenige können diesen Gedanken ertragen.
Sie wollen leben, in vollen Zügen leben,
das Leben ausnützen und genießen.
Doch was ist das Leben, wenn du morgen tot bist?
Mach es nicht wie der Clown, der sich die Augen zuhält,
der nichts sehen und nichts wissen will.

Denk heute noch an deinen eigenen Tod,
vielleicht zum ersten Mal in deinem Leben,
daß auch du einmal mutterseelenallein
in die Nacht hineingehen mußt.
Sterben ist unheimlich, grauenvoll,
wenn du blindlings in ein Land gehst,
an das du noch nie gedacht,
von dem du noch nie geträumt hast.
Sterben läßt sich leichter hinnehmen,
wenn du gelernt hast, loszulassen,
wenn du dich geöffnet hast für das Geheimnis,
das dich nach dem Tod erwartet.

Wenn du glauben kannst, daß ein Gott da ist,
der dich gern hat, nicht nur, wenn du lebst,
sondern noch mehr, wenn du stirbst,
dann heißt Sterben:
wie ein Kind heimfinden zum Vater,
in ein Land, wo alles gut ist.

30. OKTOBER

EINE OFFENE TÜR

Denk an deine Toten und höre auf sie!
Beschäftige dich jetzt nicht nur
mit weißen Chrysanthemen.
Die Toten sprechen in diesen Tagen.

Da ist einer in die andere Welt gegangen,
den du mit beiden Händen festhalten wolltest.
Du hast gefleht, geweint und gebetet,
aber es half alles nichts.
Vielleicht bist du ganz verbittert?
Aber der geliebte, die geliebte Tote bittet dich:
Ergib dich, komm zur Ruhe, zum Frieden.
Hör auf uns, die Toten!

Vielleicht stehst du mit Blumen am Grab von einem,
der zu früh starb, zerbrochen vor Kummer.
Es gibt Mütter, die zu früh dahingehen,
weil die großen Kinder ihr das Leben vergällt haben
durch Undankbarkeit und Herzlosigkeit.
Weine ruhig am Grab, wenn du zu spät gekommen bist
mit Blumen und ein wenig Liebe.
Aber höre! Auch diese Toten sprechen
von Vergebung und Frieden.

Für alle, die glauben und lieben,
ist das Grab kein verschlossenes Loch,
sondern eine offene Tür
zu einem neuen und schöneren Leben.

31. OKTOBER

NOVEMBER

Manche Dinge sehen aus
wie Katastrophen
und sind doch Gnaden

HOFFNUNG AUF LETZTE GEBORGENHEIT

November. Er macht uns innerlich still,
er bringt uns zum Nachdenken.
Wir haben viel herausgefunden,
um Todkranke zu retten.
Wir machen unsere Wohnungen schön,
und wir wissen sehr fein zu speisen.
Wir fühlen uns im Leben so sicher,
als ob es nie ein Ende nähme.
Aber das ist ein großer Selbstbetrug.

Jeden Tag hören wir von tödlichen Unglücksfällen.
In unserer Umgebung werden Freunde,
gute Bekannte schwerkrank und sterben.
Vom Tod, der niemanden verschont,
müssen wir leben lernen.

Was seinen Wert behält beim Sterben,
das hat auch seinen Wert im Leben.
Zum Beispiel die Freundschaft und die Liebe.
Wer geliebt wurde, wer wirkliche Freundschaft erlebte,
kann dankbar sterben, weil sein Leben schön war.
Wer glaubt, wer sich von Gott geliebt weiß,
wer sich als ein Freund von Gott versteht,
kann voll Hoffnung auf letzte Geborgenheit
leben und sterben.

DER TOD IST NICHT DAS ENDE

Friedhöfe im November. Frisch geschmückte Gräber.
Tote und Lebende für kurze Zeit zusammen am selben Ort.
Sie suchen einander, aber sie können einander nicht erreichen.
Da ist eine grausame Trennung und grenzenlose Ohnmacht.
Plötzlich denkst du beklommen an den eigenen Tod.
Angst vor dem Tod steht so dicht neben der Freude am Leben.

Der Tod – ein übermächtiger Spielverderber.
Er schleicht sich in allen Genuß ein,
er untergräbt alle Sicherheit, er würgt das Organ,
mit dem du die Daseinsfreude einatmest.
Keiner kennt sich mit dem Tod aus.
Man schweigt, man verdrängt, man vergißt.
Alles läuft auf die Frage hinaus:
Ist der Tod das Ende oder nicht?
Ist er das Ende, dann bekommt dein Sterben
den Charakter einer schrecklichen Verstümmelung.
Ist er nicht das Ende, dann bekommt dein Tod
eine staunenerregende neue Dimension.

Du stehst vor der Alternative: Alles oder Nichts,
Sinn oder Unsinn des Lebens, Gott oder unendliche Leere.
Die Geheimnisse von Leben und Tod
hängen zusammen mit dem Geheimnis von Gott.
Ich wünsche dir, ob gläubig oder nicht, nur eins: Hoffnung.
Hoffnung, die dir bis zu deinem letzten Atemzug
Freude am Leben läßt, daß du glücklich sein kannst.

2. NOVEMBER

HALTE DICH AN DIE HOFFNUNG

Jeden Tag, jede Stunde, in Dörfern und Städten,
in Kliniken oder irgendwo am Straßenrand,
überall in der Welt: Menschen,
die in tiefster Not die Hände vors Gesicht schlagen,
die in Tränen ausbrechen über soviel unerträgliches Leid,
die fassungslos weinen über den unerbittlichen Tod.

Warum soviel Schmerzen, warum soviel Leid?
Warum der Krebs? Warum der Unfall? Warum behindert?
Warum im Frühling des Lebens sterben müssen? Warum?
Wen willst du das fragen? Die Wissenschaft?
Sie kann dir vielleicht in allen Einzelheiten
die Ursachen der Krankheit und des Todes erklären.
Aber was fängst du mit solch einer Antwort an?

Wenn du an die Toten denkst, an den eigenen Tod,
an das Leiden der Unschuldigen, stößt du an ein Geheimnis.
Du kannst versuchen, nicht daran zu denken, zu vergessen.
Und doch kommt für jeden von uns die Stunde,
da wir selbst in die Nacht hinein müssen. Wenn ich doch
in jener Stunde zu Gott beten, zu ihm schreien könnte:
Warum löschst du die Sonnen, die du selbst entzündest?
Dann hoffe ich, mit dem Herzen Dinge zu erfahren,
die ich mit dem Verstand nicht begreifen kann.

Gott ist Liebe. Er liebt dich und die von dir Geliebten.
Denk daran am Grab deiner Toten. Halte dich an die Hoffnung,
daß du sterben wirst, um für immer zu leben in der Liebe.

3. NOVEMBER

DU BIST DA FÜR DIE FREUDE

Deine Augen sind da für das Licht,
für das Weiß des Schnees, für das Grün des Frühlings,
für das Grau der Wolken und für das Blau des Himmels,
für die Sterne in der Nacht und für das unglaubliche Wunder,
daß es so viele wunderbare Menschen um dich herum gibt.

Dein Mund ist da für das Wort,
für jedes gute Wort, auf das ein anderer wartet.
Deine Lippen sind da für einen Kuß und deine Hände
für Zärtlichkeit und Trost und um einem Armen Brot zu geben.
Deine Füße sind da für den Weg, der zu Notleidenden führt.

Dein Herz ist da für die Liebe, für die Wärme,
für die, die einsam, verlassen, die in der Kälte sind.
Dein Leib ist dazu da, um anderen nahe zu sein.
Ohne Leib bist du nirgends. Alles hat seinen tiefen Sinn.

Warum bist du dann nicht glücklich?
Sind deine Augen verschlossen?
Ist dein Mund voll Bitterkeit?
Können deine Hände nur nehmen?
Oder ist dein Herz verdorrt?

Du bist gemacht für die Freude.
Du bist nicht dazu da, um mit einem griesgrämigen Gesicht
und einem beleidigten, nachtragenden Herzen herumzulaufen.
Du bist gemacht für die Freude.

4. NOVEMBER

»APFELMUS«

Wir achten viel zu wenig aufs »Apfelmus« des Lebens,
auf die ganz gewöhnlichen Dinge an jedem Tag.
Sie fallen nicht groß auf, gerade weil sie so gewöhnlich sind:
am Morgen aufstehen und am Abend schlafen gehen;
gemeinsam essen, zusammensein mit Angehörigen, Freunden;
etwas fertigmachen, worüber ein anderer froh ist.
Das alles kann, wenn man mal mehr darauf achtet,
ein Erlebnis werden, das glücklich macht.

Wir müssen mehr Sinn bekommen für das »Apfelmus«,
für die einfachen Dinge, die eigentlich selbstverständlich sind:
für die Freundlichkeit, die Zuwendung zu den Mitmenschen,
für das Sich-Kümmern um Menschen, die uns brauchen.
Aufmerksamkeit für kleine Dinge kann so wichtig sein,
weil man so viel Liebe hineinlegen kann.
Warum kannst du über spielende Kinder nicht begeistert sein?
Kinder können Grübler aus dem Gleichgewicht bringen
und ihnen beibringen, daß nicht alles im Leben ein Problem ist.

Apfelmus«, das ist das gewöhnliche Leben jeden Tag.
Das Leben mit Freude und Verdruß, mit Hoffnungen
und Enttäuschungen, wie jeder sie erfährt.
»Apfelmus« weitergeben, damit sind die einfachen Zeichen
der Zuneigung zu den Menschen in unserer Nähe gemeint.
Vielleicht unscheinbare Gesten, die doch so wirksam sind,
daß sie jeden Tag aufs neue die Sonne scheinen lassen.

5. NOVEMBER

NICHTS TUN, NUR LASSEN

Vielleicht stehst du unter Druck, hast sehr viel Arbeit.
Vielleicht ist dein Leben gehetzt, voller Aufregung.
Es mag aber auch sein, daß du nicht soviel zu tun hast,
und dein Kopf steckt trotzdem voller Sorgen.
Laß uns schauen, wie es leichter werden kann.
Laß dir ein paar Dinge sagen, die innere Ruhe
und geistige Gesundheit bringen und bei denen
du nichts tun, nur etwas sein lassen mußt.

Du mußt nicht dauernd an Dingen herumkritisieren,
an denen du doch nichts ändern kannst.
Du mußt nicht bei jeder Kleinigkeit aus der Haut fahren
oder andere als Blitzableiter für deinen Ärger benutzen.
Du darfst niemals jemanden bloßstellen und fertigmachen,
schon gar nicht im Beisein von Dritten.
Du darfst nicht unentwegt von deinen Krankheiten,
von deinen Sorgen und deinen Beschwerden reden.
Du mußt es nicht gleich alle spüren lassen,
wenn du mal schlecht gelaunt bist.
Du darfst den Fernseher nicht weiterlaufen lassen,
wenn jemand mit dir sprechen will.

Wenn du das alles sein läßt, wirst du merken:
Es bleibt dir sehr viel Zeit übrig, um dicke Brocken
in deinem Herzen so klein zu bekommen,
daß sich da wieder ein paar Blumen pflanzen lassen.

6. NOVEMBER

LIEBE IST DER WEIN DES LEBENS

Wenn du einem etwas gibst, gib es mit Liebe.
Wenn du ohne Liebe gibst – nur weil es sich so gehört,
weil du es nicht anders kannst oder wagst –,
bereitet das Geben keine Freude, führt es nicht zum Fest.

Ich hörte ein schönes Gleichnis aus China,
aber es könnte genauso gut aus unserer Gegend stammen.
Es wollte jemand Hochzeit feiern und bat alle Freunde,
zum Fest zu kommen und Wein mitzubringen.
Den wollte man in ein großes Faß gießen,
und jedermann würde trinken von jedermanns Wein.
Als das Fest begann, entstand eine peinliche Stille.
Es stellte sich heraus: Im Faß war nichts als Wasser.
Jeder hatte gedacht, nur er gösse Wasser in den Wein,
und bei so viel Wein würde kein Mensch das merken.

Genauso kann, wenn jemand nicht mit Liebe gibt,
das Leben kein Fest werden. Egoisten können nicht feiern.
Sie können nur überall etwas für sich herausschlagen.
Du magst das Beste und Feinste geben, wenn du es aber
ohne Liebe gibst, dann macht das keine Freude.
Das wird dann kein Fest und bringt dich anderen nicht näher.
Wein, ohne Liebe gegeben, wird für die anderen zu Wasser.
Wer aber aus Liebe auch nur ein Glas Wasser gibt,
gibt immer mehr als Wasser, er gibt auch Liebe.
Die Liebe ist der Wein des Lebens.
Durch sie kann das Leben ein Fest werden.

7. NOVEMBER

WETTLAUF UM DIE ERSTEN PLÄTZE

Wenn du ein wichtiges Amt in der Gesellschaft anstrebst,
tu es im Geist des Dienens. Wenn du Verantwortung
im öffentlichen Leben und in der Politik übernehmen willst,
tu es aus Liebe zu den Menschen, vor allem zu den schwachen.

Ich weiß. Wenn du viel Geld und einen hohen Posten hast,
bist du bekannt und berühmt und sitzt in der ersten Reihe.
Viele interessieren sich für dich und buhlen um deine Gunst.
Aber wenn du kein Geld hast und keine Position,
dann bist du nicht wichtig, zählst du nicht, bist du eine Null.
Man sieht dich nicht, man läßt dich stehen – ich weiß.

Da ist in unserer Gesellschaft etwas gründlich verkehrt.
Dieser Wettlauf um die ersten Plätze, das höchste Einkommen
und die besten Positionen in der Gesellschaft
kommt im Grunde aus dem Drang nach mehr,
aus dem unersättlichen Verlangen, mehr zu haben,
auch mehr Einfluß und Macht über andere zu haben,
aus einer verkappten Form von Aggression.

Soll diese Gesellschaft anders werden, müssen wir sorgen,
daß ins große Räderwerk endlich ein Herz eingepflanzt wird.
Politische Wahlen sollten immer ein Versuch sein,
für verantwortungsvolle öffentliche Aufgaben
mehr Menschen zu bekommen, die fähig, ehrlich
und uneigennützig sind, Menschen mit Herz.
Aber vielleicht kannst du das für unsere kranke Gesellschaft
bereits selbst tun: dein Herz da hineinstecken.

---

8. NOVEMBER

IDEALBILD UND ENTTÄUSCHUNG

Es gibt sehr viele gute Ärzte, Gottseidank.
Menschen, die wissen, daß ihr Beruf eine Berufung ist,
die sich bewußt bleiben, daß sie es jedesmal
mit einem ganz konkreten Menschen in Not zu tun haben,
einem Kranken, der verzweifelt bei ihnen Hilfe sucht.

Viele haben vom Doktor eine sehr hohe Meinung.
Doch dieses Idealbild bricht in sich zusammen
und wird zu einer schrecklichen Enttäuschung,
wenn sie merken: Der Doktor, der beim Kranken steht,
ist nur ein kleiner Mensch, der vor allem
an seine eigenen Interessen denkt,
der in ein paar Jahren sehr reich werden will,
der zwar Hände zum Untersuchen und Behandeln hat
und zum Entgegennehmen von Honoraren,
aber kein Herz für die Leidenden in ihrer Not.
Ein Doktor dieser Art macht sich schuldig
an der schäbigsten Form von Ausbeutung, die es gibt,
und das ist: die Not des Mitmenschen ausnützen.

Halte darum den guten Arzt in Ehren,
trag ihn auf Händen.
Es gibt noch viele gute Ärzte, junge und alte.
Sie haben es wahrhaftig nicht leicht.
Sie lassen dich nicht im Stich.
Laß auch du sie nicht im Stich.

9. NOVEMBER

KEIN GARANTIESCHEIN

Es gibt Unverheiratete, die denken:
Wenn ich bloß verheiratet wäre,
dann würde ich viel glücklicher sein.
Es gibt Verheiratete, die denken:
Hätte ich bloß nie geheiratet,
dann hätte ich mir den ganzen Ärger erspart.

Glück ist nicht das Monopol
des einen oder anderen Lebensstandes.
Die Heiratsurkunde ist kein Garantieschein
für das Glück des Menschen.
Wenn du unverheiratet bist, mußt du nicht meinen,
dir würde das Glück am Hochzeitstag
in einem Päckchen überreicht.
Und wenn du verheiratet bist, mußt du nicht meinen,
du wärest wieder auf der Sonnenseite,
wenn du erst den Trauring los bist.

Willst du, ob verheiratet oder nicht,
wirklich glücklich sein, schau jeden Morgen an,
was du in der Hand hast, sag dazu danke
und dann mach einen Menschen glücklich.
Sei glücklich über das Glück eines anderen.
Wirklich unglücklich wirst du nur,
wenn du dich mehr ums Essen, ums Geld,
um das kümmerst, was du begehrst,
als um deinen Geist und um dein Herz.

DER RING

Schau mal deinen Ehering an.
Oder ging er verloren, wurde er weggeworfen?
Erinnere dich an den ersten Tag.
Klopfte nicht dein Herz, war deine Stimme nicht bewegt,
als du den Ring auf den Finger deines Lebenspartners,
deiner Lebenspartnerin stecktest und sagtest:
»Trag diesen Ring als Zeichen meiner Liebe und Treue«?

Erinnerst du dich noch an die Gefühle von damals?
Oder ist alles restlos ausgelöscht?
Ist von Liebe und Treue nichts geblieben?
Ist nichts mehr übrig als die Asche der Enttäuschung?

Nimm dir Zeit, denk noch mal über alles nach.
Steck den Kopf nicht in den Sand, stell dir die Frage:
Wie steht es mit meiner Liebe und Treue?
Menschen können versagen.
Liebe und Treue können in Sturm geraten.

Wenn durch törichtes Verhalten die Einheit zerbrach
und Nacht in euer Leben eingedrungen ist,
gibt es nur einen Ausweg zum Licht: Vergebung!
Wenn nicht alles irreparabel zerstört ist,
dann setzt einander aufs neue den Ring auf
mit denselben Worten wie damals.
Du kannst nur ein echter Lebenspartner sein,
wenn du ein treuer Liebespartner bist.

11. NOVEMBER

WIE IST DAS MÖGLICH

Zusammen leben ist nicht so leicht,
auch dann nicht, wenn man einander liebt.
Mach dir keine Illusionen. Du wirst dich selbst
und den anderen niemals ganz begreifen.
Der andere wird Dinge tun, von denen du sagst:
Wie ist das möglich!
Manchmal wirst du dir selbst ein Rätsel sein
und denken: Wie konnte ich nur so etwas tun!

Am Anfang trägt man einander auf Händen,
voller Begeisterung und ohne Sorgen.
Dann geht es darum, daß man sich verträgt,
und am Ende muß man um die Liebe kämpfen.
Nach jeder Auseinandersetzung erlebt man
das Wollen und doch nicht Können,
die Ohnmacht und den Schmerz.

Sprechen wollen – und kein Wort kommt über die Lippen.
Streicheln wollen – und die Hand wird stocksteif.
Lächeln wollen – und das Gesicht wird zur Grimasse.
Umarmen wollen – und man sitzt da wie ein Stück Holz.
Vergeben wollen – und man sagt doch noch:
Warum hast du das getan?

Lerne, mit dir und mit dem anderen zu leben
und viele Dinge hinzunehmen, ohne sie zu begreifen.
Lerne, mit einem Glück zu leben,
das aus vielen Stücken besteht, und eins ist immer zu kurz.

12. NOVEMBER

EINFACH MENSCH SEIN

Das ist herrlich: Mensch sein, leben!
Einfach Mensch sein, in die Luft gucken, Wolken bewundern,
Blumen anschauen, in der Nacht die Sterne betrachten.
Wie die Kinder sein, lachen, spielen, träumen,
Arbeiten, liebhaben, zufrieden sein: jeder Tag ein Fest.
Einfach leben, gut sein, nicht alles haben wollen,
Nicht neidisch sein, mitmachen, nicht jammern und klagen.
Helfen, trösten, da sein, wenn man mich braucht.
Einfach weil man Mensch ist, Mitmensch, weil man lebt.

Kennst du die Gefahr, die heute droht?
Alles muß gut funktionieren und sich rentieren.
Was kostet das, was nützt das, was bringt das?
Man berechnet Leistungen, Preise, Effektivität, Produktivität.
Man rechnet, alles muß schnell gehen, man hat keine Zeit.
Und man vergißt, daß die Schönheit des Lebens
in Augenblicken zu finden ist, da man nicht rechnet,
da man einfach Mensch ist, glücklich, weil man lebt.

Menschen leben immer länger, aber nicht immer fröhlicher.
Sie meinen immer noch, das sei das Glück des Menschen:
viel haben, alles genießen, möglichst lange leben.
Wie kann man so dumm sein! Mensch, wehre dich dagegen!
Du bist keine Maschine, du bist mehr als deine Funktion,
dein Beruf, deine Arbeit, deine Leistung. Zuerst bist du Mensch,
um zu leben, um zu lachen und zu lieben,
einfach um ein guter Mensch zu sein, ein Fest für die anderen.

13. NOVEMBER

UNTERSUCHUNGSERGEBNIS

Du möchtest glücklich sein, gerne alt werden?
Dazu will ich dir etwas erzählen.
Ein Gelehrter untersuchte einmal
das Leben von vierhundertfünfzig Menschen,
die mehr als hundert Jahre alt wurden.
Er wollte die Gründe dafür wissen und fand heraus:
Diese Menschen lebten so lange und zufrieden,
weil sie gerne tätig waren;
weil sie mit Maßen tranken und aßen;
weil sie viel lachten;
weil sie früh zu Bett gingen und früh aufstanden;
weil sie nicht viel grübelten,
ein Gemüt voller Gelassenheit besaßen
und ein großes Vertrauen auf Gott.

Davon können wir lernen! Betätigst du dich gerne?
Hältst du Maß im Essen und Trinken?
Lachst du gern, oder machst du dir unentwegt Sorgen?
Glaubst du an Gott?
Du solltest wieder Mut bekommen
durch den Frieden und das Glück
jener schwarzen Frau aus Afrika, die sagte:
»Wenn ich arbeite, arbeite ich hart;
wenn ich sitze, sitze ich gemütlich;
und wenn ich denke, fang ich an zu schlafen!«
Such dein Glück nicht zu weit weg.

14. NOVEMBER

KÜMMERE DICH UM SIE

Durch alle Jahrhunderte war Ehrfurcht
vor Vater und Mutter ein Zeichen von Kultur.
Du magst äußerlich sehr kultiviert sein
in deiner Kleidung, im Auftreten, im Reden,
aber wenn du deine eigenen Eltern im Stich läßt,
dann bist du im Grunde – ein Barbar.

Wenn du noch Vater und Mutter hast,
sei gut zu ihnen, kümmere dich um sie!
Um so mehr, wenn sie alt sind
und sich mit ihrer Gesundheit abplagen müssen.
Sie trugen dich durch den Morgen des Lebens.
Du mußt sie liebevoll, so gut es geht,
durch den Abend des Lebens tragen.

Wenn Vater und Mutter dir zuviel werden,
dann habe den Mut, einmal auszurechnen,
wie lange du auf ihre Kosten gelebt hast,
wie oft sie dir zu essen gaben,
dich angezogen haben und wieviel Nächte
sie um dich gewacht haben.

Jetzt ist noch Zeit, ihnen deine Liebe zu zeigen.
Warte nicht länger, dann brauchst du später,
an ihrem Grab, kein Theater zu spielen.

15. NOVEMBER

ALTE ELTERN

Erinnerst du dich noch an Vater und Mutter?
Du weißt doch – die beiden Menschen,
die dich in diese seltsame Welt gesetzt haben.
Vielleicht sind sie längst tot.
Vielleicht geht es dir ein bißchen nach,
daß sie in den letzten Jahren ihres Lebens
so wenig von dir gehabt haben.
Vielleicht leben sie noch. Dann möchte ich dich fragen:
Welchen Platz nehmen sie eigentlich bei dir ein?
Nicht in deinem Haus, sondern in deinem Herzen?

Redest du mehr über sie als mit ihnen?
Über ihre Krankheiten, ihre altmodischen Ansichten,
über Rente, Wohnung und Versicherung?
Behandelst du sie wie Menschen,
die nicht mehr mitkommen, die abgeschrieben sind?
Vielleicht denkst du, für sie ist gut gesorgt,
und zu jedem Fest bekommen sie einen Blumenstrauß.

Und doch fehlt ihnen alles, wenn sie nicht spüren,
daß du sie gern hast und daß du dankbar bist.
Wenn ihnen dein Herz, deine Freundschaft fehlt.
Für die alten Eltern mußt du vor allem ein Herz haben.
Sie hören und sehen vielleicht nicht mehr gut,
aber dein Herz spüren sie ganz genau.
Ihr Glück liegt in deinen Händen.

16. NOVEMBER

SEGEN EINES ALTEN MENSCHEN

Wenn ich so viele alte Menschen sehe, dann wünschte ich, daß sie viel Freundschaft erfahren und von Herzen diesen »Segen eines alten Menschen« sprechen können:

Gesegnet seien, die verstehen, daß meine Füße nicht mehr
gut gehen können und meine Hände zittrig geworden sind.
Gesegnet seien, die begreifen, daß ich schlecht höre,
und die sich bemühen, laut und deutlich zu sprechen.
Gesegnet seien, die wissen, daß meine Augen nicht mehr
viel sehen und daß ich nicht alles gleich mitbekomme.

Gesegnet seien, die nicht schimpfen, wenn ich etwas verschütte,
wenn ich etwas umstoße oder fallen lasse.
Gesegnet seien, die mir helfen, meine Sachen zu finden,
weil ich nicht mehr weiß, wo ich sie hingelegt habe.
Gesegnet seien, die mich anlachen und mit mir reden.
Gesegnet seien, die mir zuhören, wenn ich von früher erzähle.

Gesegnet seien, die meine Schmerzen lindern.
Gesegnet seien, die mich fühlen lassen, daß ich geliebt werde,
und die mich freundlich behandeln.
Gesegnet seien, die mir den Gang in die Ewigkeit leicht machen.
Gesegnet seien alle, die gut zu mir sind
und die mich dadurch an den guten Gott denken lassen.
Wenn ich einmal bei Gott bin, werde auch ich
bestimmt an sie denken.

WO DIENEN WICHTIGER IST ALS VERDIENEN

Wenn man mit Menschen und ihren Nöten zusammenkommt,
hat man oft das Gefühl, in einen Dschungel zu geraten,
wo Menschen zerbrochen, wo sie einfach plattgemacht werden.
Die modernen Barbaren können in feinen Büros sitzen.
Sie unterschreiben, ihre Hände werden nicht schmutzig.
Sie haben ihre Waffen im Panzerschrank.
In der Geschäfts- und Finanzwelt gibt es geradezu Gangster,
die Unwissende, Wehrlose, Schwache gnadenlos ausnehmen.

In der Welt der Kranken, Behinderten, Pflegebedürftigen,
in der Welt der Menschen, die einen Fehltritt begingen,
in der Welt der Menschen, die sich selbst nicht helfen können
und anderen Menschen völlig ausgeliefert sind,
auch in dieser Welt kann eine Ausbeutung vorkommen,
die genauso widerlich wie in der Welt der Wirtschaft ist.

Menschen in großer Hilflosigkeit sind äußert empfindlich.
Darum ist ihnen gegenüber Habgier besonders ekelhaft.
Sich an der Not anderer zu bereichern, ist unmenschlich.
Wenn du mit einem schwachen Menschen umgehst,
muß Liebe den Vorrang haben und nicht das Geld.

Wenn dein Beruf die Sorge für leidende Mitmenschen ist,
mußt du zuerst ihr Leid und ihre Not sehen und sie gern haben.
Dienen ist hier unendlich viel wichtiger als Verdienen.
Wer hier ausschließlich ans Verdienen denkt, versündigt sich
durch eine besonders scheußliche Form der Ausbeutung.

18. NOVEMBER

TÜR ZUM HIMMEL

Im November denken wir an unsere Toten.
Hast du aber schon jemals
an deinen eigenen Tod gedacht?
Ist der Tod für dich ein Schreckgespenst,
vor dem du lieber die Augen verschließt?
Etwas Entsetzliches, ein Horrorgedanke,
der dir eine Gänsehaut einjagt?

Du stirbst nicht gern – ich auch nicht.
Und doch kann der Gedanke an den Tod
für uns sehr heilsam sein. Stell dir vor,
in einer Viertelstunde wäre es mit dir soweit,
und du müßtest jetzt ein letztes Mal
auf dein Leben schauen.

Vom Tod aus siehst du alles viel klarer.
Du wirst entdecken, daß viel von den Dingen,
um die du gestern und heute noch gestritten hast,
ziemlich unwichtig oder völlig sinnlos war.
Mit dem Gedanken an den Tod lebst du
viel ruhiger, viel besser, mit weniger Sorgen
und – seltsamerweise – auch viel fröhlicher.
Aber wenn du der Welt von Geld und Genuß
mit Haut und Haar verfallen bist,
dann ist der Tod natürlich eine Katastrophe.
Lebe gern und lebe gut, führe ein gutes Leben.
Dann wird der Tod für dich
eine Tür zum Himmel sein.

19. NOVEMBER

DAS ALTE UND DIE ZUKUNFT

Alte Sachen entsorgen, die nichts mehr taugen.
Sich freimachen vom Ballast des Alten,
der das neue Leben erdrückt und sich nicht entfalten läßt.
Sei progressiv, ein Mensch, der in die Zukunft denkt und lebt,
der nicht am Alten klebt und nicht Vergangenes verhätschelt.
Es muß aufgeräumt und Schimmel beseitigt werden.

Aber mach es bitte nicht wie jene modernen Fanatiker,
die zuerst einmal alles niederreißen und heruntermachen.
Ihnen fehlt alles überlegte Urteil, jedes Verantwortungsgefühl.
Ihre Kritik ist nichts als krankhafter Widerspruchsgeist.
Ihnen geht es gar nicht um Reform, sondern um ihre Person.
Sie wollen um jeden Preis auffallen und Aufsehen erregen,
in die Zeitung und ins Fernsehen kommen.
Herr, befreie uns von den in ihr Ego verliebten Reformern,
die sich in ihren verwickelten Hirnwindungen verheddern
und uns die Freude am Leben verderben wollen.

Gib uns Menschen, die sich nicht so wichtig nehmen,
die wissen, wie weit wir gekommen wären,
wenn die Vorfahren nicht das Rad schon erfunden hätten,
und die damit rechnen, daß auch gestern schon
Blumen der Güte und der Schönheit blühten.
Herr, gib uns zuversichtliche, liebenswürdige Menschen,
die uns vorangehen auf einer Spur von Licht und Freude.

20. NOVEMBER

BEI KALTEM WETTER

Im November kann es draußen
höchst ungemütlich und kalt sein.
Viele Leute jammern jeden Tag darüber.
Und was machst du?

Bei kaltem Wetter zeige dein warmes Herz!
Laß die Menschen nicht in der Kälte stehen.
Hast du einen Becher heißen Kaffee oder Tee
für die Männer von der Müllabfuhr?
Liegen bei dir gute warme Sachen im Schrank,
Decken, Pullover, Kleider, die du nicht mehr anziehst
und über die Menschen in Not heilfroh wären?
Schau dich mal um, ob nicht in deiner Nähe
ein alter Mensch in seinem Zimmer sitzt und friert
vor Kälte und Einsamkeit?

Bei kaltem Wetter zeige dein warmes Herz!
Aber um ein warmes Herz zu zeigen,
mußt du ein warmes Herz haben.
Denn wenn in deinem Herzen keine Liebe brennt,
dann ist dein Herz wie das Wetter:
höchst ungemütlich und kalt.
Sorge also für Wärme –
zuerst in deinem eigenen Herzen.

LASS DEINE BLUMEN JETZT BLÜHEN

Es gibt unter uns eine ganze Menge Mitmenschen,
die krank, einsam, alt und verlassen sind
und die auf ein Zeichen der Zuneigung und Liebe,
der Dankbarkeit und Freundschaft warten.
Für solche wunderbaren menschlichen Gefühle
können Blumen ideale Dolmetscher sein.

Bis manche Menschen Blumen bekommen,
müssen sie allerdings lange warten – bis zu ihrem Tod.
Blumen gibt es für die Toten, während für viele
zeit ihres Lebens nie ein Blümchen übrig blieb.
Manche konnte man nicht schnell genug ins Grab bekommen,
denn sie galten als wertlos, als überflüssig,
und das manchmal im Haus der eigenen Kinder.

Ich habe mal irgendwo gelesen,
wie eine tote Mutter zu ihrem Kind spricht:
»Ich lag begraben und hörte dich kommen.
Du hattest ein paar Rosen dabei.
Die legtest du an den Rand meines Grabes,
und ich dachte: Hättest du mir doch, als ich noch lebte,
einmal eine Rose gebracht, eine einzige Rose
oder ein paar Blumen von der Wiese.
Wie glücklich wäre ich da gewesen!«

Darum warte mit den Blumen nicht bis zur Beerdigung.
Laß die Blumen deiner Zuneigung und Liebe,
deiner Dankbarkeit und Freundschaft jetzt blühen.

22. NOVEMBER

WARUM LIEF ER NICHT ZU EINEM MENSCHEN

Früh am Morgen. Da wird einer von einem Zug überfahren.
Der Zugführer sagte, daß der Mann plötzlich
auf den Schienen stand und auf den Zug zulief.
Warum wollte dieser Mann sterben?
War ihm denn das Leben eine solche Last,
daß er sich davon durch einen Zug erlösen lassen wollte?

Gott, für dich sind die Tage und Nächte vielleicht
voll von solchen Gästen, die auf alle mögliche Weise
der Qual des Lebens entfliehen wollen. Sei gut zu ihnen.
Das Leben hat ihnen zu viel Leid angetan.
Gib ihnen allen, auch diesem Mann, das wahre, volle Leben.
Er war unbekannt, namenlos, ohne Papiere.
Niemand wußte, woher er kam.
Aber du, Gott, du mußt ihn doch kennen,
denn auch sein Name steht in deiner Hand geschrieben.

Der brutale, harte Schlag eines heranrasenden Zuges
scheint einem Menschen manchmal
die ersehnte Erlösung von einem Leben zu sein,
das Tag für Tag zur unerträglichen Qual geworden ist.

Warum lief er zu dem Zug,
warum nicht zu einem Menschen?

IN ZUKUNFT MEHR SCHWEIGEN

Hast du einen großen Mund? Redest du gern?
Bist du schnell dabei, über andere zu urteilen?
Kannst du dich über die Fehltritte anderer empören?

Ja, du kennst vielleicht alle Skandale im Umkreis.
Du weißt, wer im Laden gestohlen hat.
Du weißt, wo es in der Ehe gekracht hat,
wer von Zuhause weggelaufen ist
und wer wieder mal bis oben hin voll gewesen ist.
Dann, wenn es um andere geht,
sagst du vielleicht mit scheinheiliger Miene:
»Ach, das ist doch schrecklich.«

Wenn aber andere alles von dir wüßten,
alles, auch deine Gedanken, deine geheimen Wünsche,
deine Begierden und deine ganze Vergangenheit!
Vielleicht würdest du bis hinter die Ohren rot werden.
Aber, Gottseidank, wer weiß denn das von dir?
Außer einem, der alles weiß: Gott.
Und der schweigt.

Er will, daß auch du über andere schweigst.
Denk mal darüber nach und sage zu dir selbst:
In Zukunft über andere schweigen!
Wenn andere alles von mir wüßten und ausposaunten,
darauf wäre ich auch nicht besonders erpicht.

24. NOVEMBER

AUCH ZU HAUSE

Denk nicht, daß du doch ein toller Typ seist,
ein unwiderstehlicher Mann oder eine bezaubernde Frau,
weil du dich in Gesellschaft, bei einem Festessen,
beim Kaffee, in feucht-fröhlicher Weinrunde
mit Gleichgesinnten glänzend unterhalten kannst.
Denk nicht, daß du bemerkenswert erfolgreich seist,
weil du so freundlich und charmant sein kannst,
wenn du mit Kollegen oder Kunden zusammen bist.

Erkenne dich selbst!
Du bist erst dann ein guter Mensch,
wenn du auch und zuerst zu Hause,
zu allen, die ständig mit dir leben,
freundlich, herzlich und hilfsbereit bist.

Mach dir nichts vor!
Wenn dich dein Mann, deine Frau, deine Kinder,
wenn dich deine Mitbewohner
unleidlich und unausstehlich finden,
dann sag nicht: »Das liegt nur an denen!«
Schau mal tief in dich hinein.
Wenn du draußen bei anderen gut ankommst,
dann frage dich ganz ehrlich:
»Bin ich zu Hause auch so sympathisch?«

RICHTERSTÜHLE

Tag für Tag stellen wir die Frage: Wer ist schuld?
Und immer dieselbe Antwort: Die anderen sind schuld.
Die anderen, die anders denken, anders glauben, anders leben.
Man selbst weiß es natürlich besser und ist auch besser.
Man setzt sich auf einen hohen Richterstuhl
und urteilt von oben herab: Die anderen sind schuld.

Diese Einstellung vergiftet das Zusammenleben der Menschen,
in der großen Öffentlichkeit ebenso wie im kleinen Zuhause.
Sie findet sich bei Männern und Frauen, bei Kindern und Lehrern,
bei Politikern und Journalisten, bei Gewerkschaften und Parteien,
bei einzelnen und bei ganzen Völkern.

Sei nicht so streng mit den anderen. Versuche dir vorzustellen,
es könnte sich bei ihnen auch etwas Gutes finden lassen.
Du wirst überrascht sein, wieviel Gutes sich da findet,
wovon du keine Ahnung hattest, und daß andere
bestimmt so gut sind wie du selbst, vielleicht noch besser.

Die meisten Richterstühle, von denen wir herab urteilen,
haben wacklige Beine: Überheblichkeit, Dummheit,
Rechthaberei und gnadenlose Unbarmherzigkeit.
Die wahren Richter über uns werden die Menschen sein,
die unseretwegen am meisten entbehren mußten,
denen wir am meisten vorenthalten haben, jene unter uns,
die vor Hunger und aus Mangel an Liebe sterben.
Sie haben das Recht zu urteilen.

26. NOVEMBER

ES WIRD SO VIEL GELITTEN

Der Mann am Telefon sagte zu mir:
»Heute morgen hat mich meine Frau verlassen.
Was soll ich machen? Wir haben zwei Kinder,
das dritte ist unterwegs. Ich will meine Frau wiederhaben.«
Das gleiche bei einer Frau, sie war um die vierzig.
Achtzehn Jahre verheiratet, seit Monaten verlassen.
Alle Versuche, den Mann zur Rückkehr zu bewegen,
vergeblich. Sie konnte nicht mehr, sie war am Ende.

So geht es Männern, so geht es Frauen.
Es zerbricht so viel, es wird unbeschreiblich gelitten.
Der Wohlstand hat viel materielle Not beseitigt,
aber statt dessen entstand eine moralische Not,
die noch viel schwerer zu ertragen ist.
In der mit Sexualität ständig aufgeheizten Atmosphäre
der Massenmedien wird der Eindruck erweckt,
als ob sexuelle Beziehung das ein und alles der Liebe sei.
Hier wird die Wirklichkeit auf den Kopf gestellt, denn:
Nicht die sexuelle Beziehung ist grundlegend für die Liebe,
sondern die Liebe ist grundlegend für die sexuelle Beziehung.

Liebe, wirkliche Liebe ist eine Kraft, die dir hilft,
dich selbst zu überwinden, auf daß es dem anderen gutgeht.
Wenn du in der Liebe treu bleibst, wirst du nichts verlieren,
auch wenn du durch einen dunklen Tunnel gehen mußt.
Wenn du in der Liebe nicht treu bleibst,
findest du vielleicht vorübergehend Befriedigung,
aber am Ende verlierst du alles.

27. NOVEMBER

IN DEINER HAND

Du bist geschaffen für das Glück
deiner Mitmenschen, Freunde und Bekannten.
Sie brauchen dich, dein Gutsein,
dein Lachen, dein Herz.
Bist du egoistisch und denkst nur an dich selbst,
dann bist du eigentlich überflüssig.
Wozu lebst du, wenn du anderen zur Last fällst,
obwohl das keineswegs so sein müßte?
Wenn du vielleicht dir selbst zur Last wirst?
Für einen Egoisten ist es unmöglich, glücklich zu werden.

Sei wie ein Kind,
einfach, spontan, fröhlich und zufrieden.
Sei kein Faß voller Probleme, sondern lache gern.
Sei strahlend frisch und offen
wie eine Blume, die in der Sonne aufleuchtet.
Versuche jeden Tag aufs neue,
die Menschen gern zu haben, die um dich sind,
und in aller Behutsamkeit die Wunden derer zu heilen,
die weinen und verzweifelt sind,
und auch die Wunden derer, die ihr Leid
hinter einer Maske des Lächelns verstecken.

Schenke denen ein wenig Liebe,
die zu wenig geliebt wurden.
Es ist wunderbar: In deiner Hand
liegt das Glück der anderen.

28. NOVEMBER

VOR ALLEM NICHT DEN MUT VERLIEREN

Wie geht's dir? Gut oder schlecht?
Ausgezeichnet oder katastrophal?
Es gibt ein paar Gedanken,
die man ganz fest im Kopf behalten sollte.
Wenn es gut geht, dann vermiese dir
deine guten Tage nicht mit Grübeln,
mit Sorgen und Ängsten um morgen.
Wenn es schlecht geht, dann verliere
vor allem nicht den Mut.
Sonst geht es noch schlechter,
und du gehst völlig unter.

Hab Mut!
Mit Mut überwindest du alles.
Wie? Das kann keiner im voraus sagen,
aber du wirst es schaffen.
Denk an die gar nicht so dumme Geschichte
von den zwei Mäusen im Milcheimer.
Die eine verlor den Mut,
sie rührte sich nicht mehr und ertrank.
Die andere gab nicht auf,
mutig zappelte und zappelte sie,
bis es ein Klümpchen Butter gab.
Da war sie gerettet.

In den unmöglichsten, finstersten Situationen
mußt du mutig nach Lichtblicken suchen.
Und du wirst sie finden!

29. NOVEMBER

EIN WAGEN DER LIEBE

Dein Leib ist eine wunderbare Gabe.
Mit deinem Leib bist du gegenwärtig: sichtbar, greifbar.
Mit deinen Augen kannst du lachen und weinen.
Mit deinem Kopf kannst du denken, träumen, dich erinnern.
Mit deinem Mund kannst du essen, sprechen und singen.
Mit deinen Händen kannst du streicheln, arbeiten, schreiben.
Mit deinem Herzen kannst du liebhaben, zärtlich sein, trösten.

Dein Leib ist dein Haus auf Erden.
Deine Augen sind deine Fenster zur Welt.
Du bist mehr als dein Leib, aber du kannst ihn nicht entbehren.
Du mußt gut für ihn sorgen und ihn nicht verwöhnen.
Laß dir keine sinnlose Bequemlichkeit aufdrängen,
bis du am Ende Füße nur noch für das Gaspedal hast
und Hände nur noch für elektronische Tasten und Knöpfe.

Der Leib ist ein Wagen der Liebe.
Ein gutes Wort ist möglich, weil du einen Mund hast.
Eine sanfte Gebärde, weil du Hände hast.
Ein liebevoller Blick, weil du Augen hast.
Dein Leib ist Träger der Zärtlichkeit. Dein Leib braucht Wärme.
Liegt er zu lange im Eisschrank, dann wird er starr und kalt.
Dann wird er zu einer Eß- und Arbeits- und Schlafmaschine.
Das pulsierende Leben stirbt ab.
Die Verbindungen zu anderen hören auf,
und der Mensch fällt tot auf sein eigenes Ich zurück.

30. NOVEMBER

DEZEMBER

Sag danke, kleiner Mensch,
für alle Liebe,
in der dir Gott begegnet

LÄNGST BEGRABEN

Ein Mensch wohnt in der Stadt. Ein Namensschild.
Viele Namensschilder, viele Wohnungen, viele Häuser.
Alles voll mit Menschen, mit Menschen, die keiner kennt.
Man sieht sich, man steht zusammen im Aufzug.
Man starrt vor sich hin. Man weiß, da ist einer,
so wie man weiß, daß da irgendwo ein Pfahl ist,
gegen den man nicht laufen darf.

Ein Mensch wohnt in der Stadt. Aber die Stadt
ist kein geselliger Wohnraum mehr für die Menschen.
Sie bietet keine Wärme und Geborgenheit.
Eines Tages stirbt ein Mensch auf der Straße.
Gedränge von Neugierigen, der Verkehr stockt.
Ein Krankenwagen bringt den Toten weg zum Friedhof.
Man legt ihn in eine Kammer, um auf Angehörige,
einen Freund, einen Bekannten zu warten.
Drei Tage lang, vierzehn Tage lang. Keiner kommt.

Der Mensch war ganz allein in der Stadt,
die anderen Menschen hatten ihn längst begraben.
Ich weiß, wenn die letzten Blumen auf dem Friedhof
verwelkt sind, sind die meisten Toten schon vergessen.
Aber ich bitte dich: Sei wenigstens nicht gleichgültig
zu den Lebenden, vor allem zu denen,
die ganz in deiner Nähe leben.
Wenn du für diese Menschen kein Auge hast,
hast du kein Herz.

1. DEZEMBER

DER WEG DES SAATKORNS

Das Saatkorn. Das große Geheimnis
von Leben und Sterben, von Stille und Verborgenheit.
Es überläßt sich der Dunkelheit der Erde,
es fühlt die Wärme der Sonne, den Segen des Regens.
Es sieht die Ähre nicht, aber es glaubt an die Ernte.
Der Weg des Saatkorns ist der Weg
jedes Menschen zur Fruchtbarkeit und Reife.

Wir müssen neue Wege gehen:
den Weg des Saatkorns.
Wir müssen den Weg der Gewalt verlassen,
den Weg von Blut und Tränen,
den Weg des Glaubens an die Macht,
an den Besitz, an das Recht des Stärkeren.
Wir müssen lange Wege gehen,
den Weg zur Menschlichkeit unter den Menschen,
den Weg zum Licht durch die Nacht,
den langen Weg zur Liebe,
damit die Freude am Leben aufblüht,
wie ein farbiger Regenbogen
am Himmel unseres Dorfes, das Erde heißt.

Ein Fluß beginnt mit einer Quelle,
ein Sturm mit Rauschen in den Blättern,
ein Feuer mit einem Funken,
ein Kornfeld mit unsichtbaren Saatkörnern.

2. DEZEMBER

EIN WUNDERBARER THERAPEUT

Ich liebe den Clown: die Blume am Hut,
die Knollennase im Gesicht, die Hose viel zu groß,
die Jacke viel zu lang und das Hemd knallbunt.
Der Clown rennt und rudert mit den Armen,
und nie weiß er genau, wohin.
Begeistert legt er los, und jedesmal geht etwas schief.
Das ist seine Kunst: In allem, was danebengeht,
findet er ein Stückchen Paradies,
und mit diesem Bruchteil ist er überglücklich.

Ich liebe den Clown, er ist ein wunderbarer Mann.
Er existiert nie für sich, allein ist er kein Clown mehr.
Er tritt aus sich heraus, um den Menschen zu gehören.
Er geht in die Torheit der Menschen hinein
und bringt sie zum Lachen über sich selbst.
Der Clown ist der wahre Lebenskünstler.
Nur er kann lachen, wenn er weint.
Und wenn er weint, lachen die Menschen.
Sie lachen Tränen. Mit seinem Humor
ist er ein wunderbarer Therapeut.

Humor trägt die Menschen durch die Wüsten des Lebens.
Wenn alles so traurig ist, daß keiner mehr lachen kann,
und alles so aussichtslos, daß es nichts mehr zu lachen gibt,
kann Humor immer noch ein Lächeln hervorzaubern.

SOVIEL THEATER

Wenn manche Menschen ihre vier Wände verlassen
und unter die Menschen gehen, besteigen sie
ein hohes Podest, eine unsichtbare Bühne. Sie denken:
Jetzt gehen die Scheinwerfer an, jetzt stehe ich im Licht,
jetzt schauen alle auf mich. Und während alles andere
vor ihnen im Dunkel versinkt, genießen sie den hellen Schein:
Schaut her, hier bin ich, hier ist mein Ich.

Von sich eingenommene Menschen finden sich großartig.
Sie können sich nicht vorstellen, daß es außer ihnen
etwas Bemerkenswertes geben könnte.
Immer ist ihre Meinung die klügste, ihre Arbeit die wichtigste,
ihr Erlebnis das aufregendste, ihre Krankheit die schlimmste.

Wie oft sagen wir im Laufe eines Tages: ich? Was meinst du?
Ich glaube, wir würden ganz schön staunen
über eine Aufzählung unseres tausendfachen Ichs.
Wie schnell rücken wir uns selbst in den Vordergrund,
wenn wir mit Menschen umgehen.
Wie gern richten wir Scheinwerfer auf uns selbst,
wenn wir mit anderen sprechen.

Soviel Theater – ist es nicht zum Lachen?
Ist es nicht viel einfacher, vom Podest herunterzusteigen
und die Scheinwerfer auszumachen?
Wir werden erst glücklich, wenn wir frei werden
von der lächerlichen Jagd nach eingebildeter Größe,
wenn wir einfach Mensch bleiben, ein ganz normaler Mensch.

4. DEZEMBER

DAS GUTE BEI ANDEREN ENTDECKEN

Nikolaus: ein heiliger Mann,
der auf wunderbare Weise
den Menschen Gutes bereitet,
überraschende Freude für Groß und Klein,
aber besonders für die Kleinen.
An den Nikolaus glauben heißt:
an das Gute im anderen glauben.

Glaubst du noch an das Gute,
oder erwartest du alles von deinem strengen Gesicht,
von harten Worten, von einer drohenden Faust?
Das Leben ist so schön, wenn du glauben kannst:
Meine Frau ist noch besser, als ich denke;
mein Mann meint es gar nicht so,
auch wenn er manchmal schwierig ist;
meine Nachbarn, meine Kolleginnen und Kollegen,
meine Vorgesetzten haben auch viele gute Seiten.

Wenn du das nicht mehr siehst,
dann bitte den heiligen Nikolaus
dringend um eine Brille –
um wieder das Gute zu entdecken.
Und noch etwas: Hilf dem heiligen Nikolaus,
alles etwas besser zu verteilen.
Nikolaus will auch den armen Menschen,
den armen Kindern etwas geben.
Aber dazu braucht er – ausgerechnet dich!

5. DEZEMBER

DIE BRILLE VOM BISCHOF NIKOLAUS

Ich glaube an den Bischof Nikolaus.
Nicht an den Nikolaus der Kaufhäuser,
den Weihnachtsmann mit der Leuchtreklame,
der nur dazu dient, den Umsatz zu steigern.
Der echte Nikolaus ist in größter Gefahr,
durch die Werbung umgebracht zu werden.
Denn durch sie wird das Wunder der spontanen Güte
zu allen Kindern auf der Welt
auf geradezu brutale Weise ausgebeutet.

Ich glaube an den Bischof Nikolaus,
der seit Jahrhunderten unter den Menschen
einen Geist der Güte und Liebe verbreitet.
Der 6. Dezember ist der Tag des Wunders.
Die Kleinen jubeln und tanzen vor Freude,
und die Großen genießen die Freude der Kinder.
Dieses Wunder kann jeden Tag passieren,
nicht nur für die Kinder.

Darum bitte ich den Bischof Nikolaus
um eine Brille für die großen Leute,
um eine ganz besondere Brille,
daß sie etwas weniger aufs eigene Ich
und etwas mehr auf die anderen schauen:
zu Hause, am Arbeitsplatz, in der Öffentlichkeit, überall.
Ich bitte für sie um das Geschenk
eines guten Herzens.

6. DEZEMBER

GUTE NACHT

Viele klagen: »Ich bin mit den Nerven fertig.«
Wir leben zu gehetzt und gejagt.
Wir haben den Sinn für Stille und Ruhe verloren,
für die Nacht, die Gott uns zur Erholung gab.
Gestörte Nächte machen gereizt,
und Nervosität schafft neue Probleme.

Ärger schlägt auf den Magen.
Verbitterung geht auf die Galle.
Pessimismus legt sich aufs Gemüt.
Über Nacht wirken diese Gifte weiter,
bis man ganz und gar sauer ist,
unleidlich, unausstehlich.
Und der erquickende Schlaf ist dahin.

Versuch es mal, warte bis zum anderen Tag,
um dich aufzuregen. Du wirst sehen,
wie wenig die ganze Wut wert ist.
Eine Nacht gut schlafen, löst manches Problem.

Geh nicht mit Gift im Herzen schlafen.
Denk an die schönen Dinge des Tages.
Fülle dein Herz mit Vertrauen,
Verständnis, Güte und Vergebung.
Leg dich nicht schlecht gelaunt ins Bett.
Geh mit einem Herzen schlafen,
das morgen wieder lieben kann.

7. DEZEMBER

MENSCHEN BEKOMMEN FLÜGEL

Manche Menschen bekommen nie
ein anerkennendes Wort, ein freundliches Lob.
Sie machen die mühsamsten Arbeiten,
und jeder findet das selbstverständlich.
In aller Stille tun sie tausend kleine Dinge
im Hause, im Büro, im Betrieb, im Verein.
Und da ist keiner, der das sieht.

Nur wenn sie mal einen falschen Schritt tun,
dann hat es jeder gesehen.
Die Fehler werden ihnen vorgezählt
und auf den Rücken gebunden.
Darum gehen zu viele Menschen gebückt
in einer Gesellschaft, die nicht
nach Zuverlässigkeit und Treue fragt.
Darum fühlen sich zu viele Menschen
niedergedrückt, ausgenützt, abgeschrieben.
Die Arbeit macht ihnen keinen Spaß mehr,
sie haben keine Lebensfreude mehr.

Niedergeschlagene Menschen
müssen Flügel bekommen.
Mit Flügeln wird das Leben leichter.
Mit Flügeln wird alles beschwingter.
Ein anerkennendes Wort kann sie beflügeln.
Lob ist wie eine Feder.
Von Zeit zu Zeit ein Lob,
und Menschen bekommen Flügel.

IMMER ZUR VERSÖHNUNG BEREIT

Kennst du die fabelhafte Formel: 70 x 7?
Sie steht im Evangelium und bedeutet:
Vergib vierhundertneunzig Mal!
Sag nicht: »Das ist Blödsinn. Ich vergebe einmal,
und das ist schon mehr als genug.«
Deine Liebe zum Mitmenschen
ist am schönsten in der Vergebung.
Nächstenliebe heißt geben und vergeben.
Gib von dem Gut, das du besitzt.
Vergib das Böse, das dir ein anderer angetan.

Wenn du nach Rache und Vergeltung suchst,
dann hast du vielleicht einen Augenblick Befriedigung.
Willst du aber in deinem Herzen und deiner Umgebung
bleibende Freude und bleibenden Frieden,
dann vergib, vergib reichlich,
vergib vierhundertneunzig Mal.

Haß und Rache versetzen dich in Finsternis.
Du verkümmerst seelisch und körperlich,
du kannst abgestumpft werden bis zur Brutalität.
Das ist der Boden, aus dem Verbrechen wachsen.
Je schneller du vergibst, desto einfacher.
Darum zögere nicht: Vergib!
Das kann viel Zeit und Ärger sparen.
70 x 7! Sei immer zur Versöhnung bereit.

9. DEZEMBER

RECHTE UND PFLICHTEN

Pflichten sind Dinge, die man tun muß,
damit andere ihr Recht bekommen.
Wenn keiner seine Pflicht tut, bekommt keiner sein Recht.
Es gibt nur so viele Rechte, wie es Pflichten gibt.
Man kann noch soviel über Menschenrechte reden,
solange die Menschenpflichten totgeschwiegen werden,
bleibt die großartige »Erklärung der Menschenrechte«
für Millionen von Armen, Schwachen und Hilflosen
nicht mehr als ein Fetzen Papier.

Was für einen Wert haben diese schön formulierten Rechte
für Menschen, die verhungern, weil andere nicht teilen wollen?
Was bedeuten diese Rechte für Kinder, die verwahrlosen,
die zu Arbeit, Prostitution, Gewalttaten gezwungen werden,
weil Staat und Gesellschaft, Familien und Schulen
ihre Pflicht nicht tun und die Rechte der Kinder nicht schützen?

Rechte fordern ist leichter als Pflichten erfüllen.
Das Pflichtgefühl ist bei vielen unterentwickelt.
Viele Menschen bei uns hören und wissen nichts davon.
Aber Rechte und Pflichten sind ineinander verzahnt.
Getrennt voneinander können sie nicht existieren.
Rechte und Pflichten fangen an, sich zu umarmen,
wo Menschen zu Mitmenschen werden,
wo Liebe die Norm für alle menschlichen Beziehungen wird.
Da entsteht Frieden und wächst Freundschaft.
Da tut jeder gern seine Pflicht. Da bekommt jeder sein Recht.

10. DEZEMBER

DAFÜR IST DIE ZEIT ZU SCHADE

Ängstliche Menschen neigen zum Grübeln.
Sie ergehen sich in Vermutungen.
Sie müssen sich immer verteidigen.
Sie machen sich selbst unglücklich.
Sie sehnen sich nach überflüssigen Sorgen,
nehmen sie in die Arme und hätscheln sie.
Sie glauben erst gar nicht, daß die Sonne scheinen könnte,
und verkriechen sich frierend im Schatten.

Aber das Leben ist nicht zum Grübeln da.
Dafür ist die Zeit zu schade.
Dafür ist der Mensch nicht gemacht.
Angst vor morgen kommt immer einen Tag zu früh.

Angst hat viele Gesichter:
Angst, verlassen zu werden und allein zu sein;
Angst, zu versagen und zu verlieren;
Angst vor der ungewissen Zukunft;
Angst vor rechts und vor links;
Angst vor Gewalt, Unglück und Krankheit.
Alle Angst im Leben geht letzten Endes zurück
auf die Angst vor dem Tod.
Weil der Mensch so fest am Leben hängt,
verursacht das Loslassen so viel Schmerz.

Nur wer lernt: geben statt nehmen, loslassen statt festhalten,
der kann frei leben, glücklich und entspannt, ohne Angst.

11. DEZEMBER

NICHT ZU KAUFEN

Du suchst Geselligkeit, ein gemütliches Heim.
Du willst Entspannung in gelöster Atmosphäre,
um fröhlich und glücklich zu sein.
Und du fängst an zu kaufen, weil du manchmal
mehr auf dem Konto als in deinem Herzen hast.
Du kaufst schöne Möbel und flaumenweiche Teppiche.
Du kaufst die neueste Fernseh- und Stereoanlage.
Du legst dir sanfte, indirekte Beleuchtung zu.
Du richtest dir eine Sitzgruppe zum Essen ein
und eine eigene Hausbar, alles sehr gemütlich.

Armes Wohlstandskind,
warum siehst du nicht glücklicher aus?
Warum lachst du so wenig,
bist du so schnell mit den Nerven fertig?
Warum läßt dich der ganze Wohlstand
am Ende so leer und so unausgefüllt?
Weil das alles tote Dinge sind.
Sie sind vielleicht sehr praktisch und nützlich,
doch dafür bekommst du nicht ein Gramm Liebe.

Was du unbedingt zum Leben brauchst, ist Liebe.
Aber Liebe kannst du nicht kaufen.
Wenn Liebe käuflich wäre, ist es keine Liebe mehr.
Liebe entsteht dadurch, daß du gibst,
dich selbst gibst mit deinem ganzen Herzen.
Das ist der Schlüssel zu all deinen Problemen,
armes Wohlstandskind.

12. DEZEMBER

VERGEBUNG

Nichts belastet so schwer wie nicht vergeben können.
Nichts ist so schlimm, wie Tag und Nacht leben zu müssen
mit dem scharfen Stein von Wut und Haß im Herzen.
Von einem, vielleicht vielen Menschen wurde dir Böses getan,
Dein Innerstes ist allmählich in Kälte erstarrt.
Du bist nicht mehr derselbe. Du wunderst dich selbst.
Du bist nicht mehr so warmherzig, so sanftmütig.
Deine Sympathie ist in Antipathie umgeschlagen.

Wo Verbundenheit herrschte, besteht nun ein Bruch.
Aus Freundschaft ist Feindschaft geworden, aus Liebe Haß.
Du leidest darunter. Du fühlst dich wie in einem Gefängnis.
Die Rolläden sind heruntergegangen, alles ist zu.
Die Sonne bleibt draußen. Das Leben wird bleischwer.
Im Tiefsten deines Herzens sehnst du dich nach Befreiung,
vor allem möchtest du in deinem Innern wieder frei sein.

Es gibt nur einen einzigen Weg, glaub mir: Vergebung!
Vergib! Das kostet sehr viel, aber es ist den Preis wert.
Vergeben ist etwas Schöpferisches.
Vergeben heißt neues Leben wecken und neue Freude.
Vergebung macht Neues möglich, in dir und in den anderen.
Vergebung ist das schönste Geschenk jetzt zu Weihnachten.
Du mußt oftmals vergeben und darfst nie zählen, wie oft.
Vergib sieben mal siebzig Mal, das heißt unendlich,
denn selbst hast du doch auch soviel Vergebung nötig.

DER VORTEIL DER LEEREN KRIPPE

Die Geschäftswelt hat das Christkind in der Krippe ersetzt
durch Weihnachtsmann, der mit Geschenken vollbepackt ist.
Er wurde in unsere überreiche Wohlstandsgesellschaft
importiert, weil hier das Christkind nicht mehr zu Hause ist.

Das Christkind kam in Armut und Entbehrung.
Bei den Menschen in der Herberge war kein Platz.
Aber da war ein Stern, und da war eine Krippe,
die den Vorteil hatte, leer zu sein; so war Platz für das Kind.
Da waren ein paar Hirten, zwielichtige Elemente,
von den Menschen in der Stadt gar nicht gern gesehen.
Und da war eine Botschaft, die Botschaft von Frieden,
Hoffnung und Liebe für die Menschen, die guten Willens sind.

Der Weihnachtsmann kann helfen, gute Geschäfte zu machen,
den Tannenbaum zu schmücken, leckeres Essen zu besorgen
und ein ausgefallenes Geschenk. Mehr kann er nicht.
Das Christkind hat eine Botschaft, die uns antreibt,
für eine bessere Welt zu arbeiten und die unser Herz
mit Zuneigung zu den Armen, Kleinen, Ausgestoßenen erfüllt.

Diese Weihnachtstage tun mir weh, denn es gibt
so viel Geschenke und so wenig Verständnis füreinander.
Die Menschen in der Welt sind so hart zueinander,
so verschlossen die Freude über das Weihnachtsgeheimnis.
Ich wünsche, daß du den Weg zu diesem Geheimnis findest,
es ist ein Geheimnis von Hoffnung, Glaube und Liebe,
das Geheimnis vom Licht in unserer Finsternis.

14. DEZEMBER

DIE KUNST ANZUNEHMEN

Dies ist die Zeit, wo man sich
gegenseitig die besten Wünsche sagt
und Geschenke macht.
Du weißt, wie gut das tut,
jemandem etwas zu schenken,
der sich darüber von Herzen freuen kann.

Es ist eine große Kunst, richtig zu schenken,
und eine noch größere Kunst, richtig anzunehmen.
Vielleicht ist es eine Kostbarkeit, die du bekommst,
vielleicht ist es nur eine Kleinigkeit.
Sei dir auf jeden Fall bewußt,
daß sich da ein lieber Mensch Gedanken gemacht hat,
daß er etwas sorgsam ausgesucht und eingepackt hat
in der Hoffnung, dich damit zu überraschen
und eine Freude zu machen. Du bist nicht vergessen.

Hunderte andere werden vergessen,
sie bekommen nie etwas, keiner denkt an sie.
Sei also froh, wenn dich jemand gern hat
und an dich denkt. Sei dankbar.
Und dann gib auch zu erkennen,
daß du es zu schätzen weißt,
auch wenn es eine Kleinigkeit ist.

15. DEZEMBER

SINN ALLER GESCHENKE

Freundschaft ist das schönste und kostbarste Geschenk,
der Sinn aller Geschenke, die Menschen einander geben.

Ist dein Geschenk ein Zeichen der Freundschaft,
dann magst du es in farbenfrohe Papiere
und mit bunten Bändern einwickeln.
Aber die Freundschaft laß frei,
wie einen Schmetterling, der mit leichten Flügeln
von einem Herzen zum anderen fliegt.
Wenn du einen Schmetterling verpackst,
kann er nicht mehr fliegen.
Wenn du die Freundschaft verpackst,
bekommt sie keine Luft mehr und erstickt.

Freundschaft muß frei sein, ohne Hintergedanken.
Wenn du denkst, dir mit Geschenken Menschen
gewogen oder gefügig zu machen, stirbt die Freundschaft.
Wenn Geschenke zum Geschäft werden,
mit Verpflichtungen hin und zurück,
dann geht die Freundschaft zugrunde.

Ein Geschenk der Freundschaft
ist niemals groß und niemals schwer.
Es belastet nicht, denn es wird getragen
von Strömen der Sympathie, die absichtslos
von einem Herzen zum anderen fließen.
Geschenke magst du verpacken und verschnüren,
aber niemals die Freundschaft.

16. DEZEMBER

DAS SCHÖNSTE WEIHNACHTSGESCHENK

Lebst du in Frieden, hast du Frieden
mit deiner ganzen Familie, mit allen Menschen?
Oder liegst du im Streit?
Gibt es Menschen, die dich gekränkt haben,
die dir Wunden zugefügt haben,
die dich ganz tief verletzt haben?
Vielleicht dein eigener Mann, deine eigene Frau?
Vielleicht der eigene Sohn, die eigene Tochter?
Vielleicht ganz nahe Angehörige, ganz enge Freunde?
Dann ist in deinem tiefsten Innern
eine offene Wunde, die schmerzt und quält.

Nun bitte ich dich um etwas sehr Schweres.
Es kommt ja bald Weihnachten,
darum kann ich es sagen: Schenk Vergebung!
Sage nicht gleich: »Das ist unmöglich.
Ich habe für ihn, für sie alles getan, alles gegeben.
Und was hat er, was hat sie getan?
Vergebung – nein, das geht nicht.«

Ach, du hast nicht alles gegeben, noch nicht.
Du gibst erst alles, wenn du Vergebung schenkst.
Vergebung ist das schönste Weihnachtsgeschenk.
Es ist ein göttliches Geschenk.
Und auch du bedarfst der Vergebung.
Durch Vergebung schließen sich alle Wunden,
dann kann wieder die Liebe erblühen.

EIN GUTER MENSCH

Mensch sein, ein guter Mensch sein,
das ist das einzig Wichtige in der Welt.
Aber wen interessiert das? Wer ist schon scharf darauf?
Gut sein setzt Dinge voraus, die nicht im Trend liegen:
Einfachheit, Freundlichkeit, Freiwilligkeit, Güte,
Einsatzbereitschaft, Selbstlosigkeit.

Immer wieder wird nach etwas Neuem gerufen,
nach einer neuen Wirtschaftsordnung,
nach einem neuen Sozialsystem, aber selten höre ich etwas
über diese Fundamente menschlichen Zusammenlebens.
Die große Welt hat allein Augen für die großen Dinge,
die Dinge, die auffallen, Dinge, die in der Wertskala
bei vielen ganz oben stehen: Karriere, Ehre, Glück, Geld.
Verlangt werden Titel, Diplome, Leistung, Ehrgeiz.
Verlangt wird der technische, der wissenschaftliche Mensch.
Möglichst immun gegen menschliche Gefühle, gegen das Herz.
Mit dem Herzen rechnet ein Computer nicht.

Warum gibt es so entsetzlich viel Not in der Welt?
Die guten Menschen haben keine Macht,
und die sie haben, handeln oftmals so,
als ob die Güter der Erde ihr Privateigentum wären.
Laß dich nicht entmutigen!
Werde ein guter Mensch, ein ganz guter Mensch.
Dann wird das kleine Stück Welt, wo du lebst und arbeitest,
doch bereits ein besseres Stück Welt.

18. DEZEMBER

EINEN EINSAMEN EINLADEN

Lade einen Einsamen ein.
Mach es selbst, nicht über irgendeine Organisation.
Tu es persönlich, nimm ganz normal Kontakt auf
zu einem Einsamen, möglichst aus deiner Umgebung.
Tu es nicht mit der Einstellung:
Zu Weihnachten will ich mal was Gutes tun.

Einen Einsamen einladen ist nicht einfach.
Nicht alle Alleinstehenden sind Einsame.
Du mußt ein feines Gespür entwickeln,
um die wirklich Einsamen zu entdecken
und sie nicht beim ersten Kontakt zu verletzen.
Niemand möchte als Einsamer behandelt werden,
als einer, mit dem man Mitleid haben muß.

Lade einen Einsamen ein.
Mach es selbst, mit ganzem Herzen,
spontan und voller Freundschaft.
Der Eingeladene kann jemand sein,
den das Leben schwer getroffen hat
und der nicht darüber hinwegkommt.
Der Eingeladene kann schon sehr alt sein
oder noch sehr jung und doch schon hilflos.
Lade einen Einsamen ein, aber vor allem
sorge durch Aufmerksamkeit und Zuwendung
daß erst niemand in deiner Nähe einsam wird.

DANKBARKEIT

Es gibt ein Gedächtnis, das hängt mit dem Kopf zusammen.
Der eine behält leichter, der andere vergißt schneller.
Und es gibt ein Gedächtnis, das hat viel tiefere Wurzeln.
Die Wurzeln dieses Gedächtnisses sitzen im Herzen.

Menschen waren gut zu mir.
Sie sorgten für mich, als ich klein war.
Sie begleiteten mich, als ich größer wurde.
Sie machten mir Mut, als es mir schlecht ging.
Sie haben sich gefreut, weil ich voller Freude war.
Das alles tat mir gut. Mein Herz vergißt das nicht.
Das Gedächtnis des Herzens heißt Dankbarkeit.

Sag danke, kleiner Mensch, für den Strom der Liebe,
der in aller Stille durch die Welt geht.
Danken heißt erkennen, was dir alles Gutes getan wird.
Hast du dir selbst das Augenlicht gegeben?
Hast du dir selbst die Finger an die Hand getan?
Irgendwie ist das Geheimnis der Liebe eingebaut.
Irgendwo hat dich jemand unglaublich gern.

Danken heißt sich erinnern an das, was andere für dich taten.
Du mußt nicht reich sein, um dankbar zu sein.
Kaum etwas schmerzt so sehr wie Undankbarkeit.
Meist ist sie ein Ausdruck von Gefühllosigkeit und Härte.
Der Undankbare findet alles normal und selbstverständlich.
Der Dankbare zeigt, daß sein Herz ein gutes Gedächtnis hat.

EIN WUNDER

Gott ist Liebe für dich und für mich,
jeden Tag und jedes Jahr.
Gott ist Liebe in dir und in mir.
Sie soll heute noch sichtbar und greifbar werden
in einer guten Tat, in Freundlichkeit und Güte,
in Verständnis für andere, in Vergebung,
in dem Trost, den wir bringen.

Du lebst doch nicht für dich allein.
»Jeder für sich«, das ist das Tor zur Hölle.
Deine Aufgabe jeden Tag ist es,
Liebe zu verwirklichen,
der Liebe Gestalt zu geben,
ob du Minister bist oder Straßenfeger.
Die Welt muß durch dich besser werden.

Fülle darum deinen Geist, dein Herz
und deine Hände mit Liebe.
Bleib nicht in der Kälte der Gleichgültigkeit,
des Hasses, der Vergeltung und der Rache.
Komm einen Schritt hinter deiner Mauer hervor,
und Gott wird für dich ein Wunder wirken.
Niemand wird es wissen,
aber an Weihnachten wird dein Herz
übervoll sein von Freude.

DIE FRUCHT DER FREUDE

Es wird Weihnachten.
Vergiß jetzt allen Ärger und alle Wut,
alle Enttäuschungen und Schwierigkeiten
mit deinen Mitmenschen.
Denk an Frieden in deinem Haus
und in deinem Herzen.

Schenk wieder einmal Vergebung!
Vergiß noch einmal das Leid, das man dir antat.
Laß zu Hause alles wieder gut sein.
Sag nicht: Das ist unmöglich.
Sag nicht: Ich fühle mich machtlos,
so arm, so leer und so kalt.

Merk dir gut: Wenn du so offen bist
wie die arme kalte Weihnachtskrippe,
dann wird Gott kommen
und in deinem Herzen Wunder wirken.
Er selbst wird mit deinem guten Willen
in den Wurzelgrund deines Herzens
Güte und Liebe einpflanzen.

Dann wirst du wunderbare Früchte pflücken,
Früchte des Friedens und der Freude.
Sie sind es, die dich glücklich machen
in diesen Weihnachtstagen.

LICHT UND WÄRME

Um Weihnachten glücklich zu sein, brauchst du
keine Weihnachtsgans, kein überreiches Essen und Trinken,
kein lange vorbestelltes teures Festmenü im Restaurant,
um hinterher Bauchschmerzen oder Herzinfarkt zu bekommen.
Licht, Frieden, Freude hängen nicht wie Kugeln am Christbaum.
Sie kommen nicht über dich mit etwas sentimentaler Musik.
Weihnachtsmärkte, Wunschträume in Geschenkverpackung
können kein einziges leeres Herz zum Fest mit Glück erfüllen.

Um in diesen Weihnachtstagen glücklich zu sein,
brauchst du Licht und Wärme, kein kaltes Neonflimmern
und keine Wärme, die ein Heizkessel liefert, wenn er funktioniert.
Du brauchst Licht im Herzen, um den Sinn des Lebens zu sehen,
und die Wärme lieber Menschen, die dich gern haben.

In Armut und Kälte und in tiefer Verlassenheit
ist einer in die Welt zu allen Menschen gekommen,
der mit seinem ganzen Leben Licht und Wärme sein wollte.
An einem Kreuz hat er die Welt wieder verlassen.
Wenn du offen bist für das Geheimnis dieses Menschen,
offen wie ein Kind, wirst du Licht empfangen und Wärme fühlen.

Vielleicht fühlst du nichts, vielleicht hängst du noch
an zu vielen materiellen Dingen. Jede Stelle,
wo du angekettet bist, wirkt wie ein Kurzschluß.
Ich wünsche dir in diesen Tagen viel Licht im Herzen,
um im Dunkel bei dir ein paar Sterne anzuzünden,
und viel Wärme in dir, um Menschen aus der Kälte zu holen.

23. DEZEMBER

FRIEDE AUCH FÜR DICH

Weihnachten! Friede allen Menschen guten Willens!
Friede auch für dich, wer du auch seist,
was du auch denkst oder glaubst!
Friede! Denn auch du trägst im tiefsten Herzen,
vielleicht unbewußt, unendliches Heimweh
nach dem verlorenen Paradies,
Heimweh nach Frieden, Güte und Liebe.

Wenn du an Weihnachten nichts anderes suchst
als einen Tisch mit Essen und Trinken,
ein nettes Lokal, Abwechslung, Betäubung,
dann findest du keinen Frieden.
Unbefriedigt wirst du jedesmal verlangen
nach einem neuen Lokal, einem neuen Festessen,
einem neuen Genuß, einer neuen Abwechslung.
Immer wirst du unbefriedigt bleiben.
Immer der gleiche Schmerz, immer derselbe Hunger.
So wirst du niemals Frieden finden.

Weihnachten: Mach dich frei
von der Zwangsjacke des Egoismus.
Suche Frieden in Güte und Liebe zu anderen –
und du wirst Frieden finden.
Weihnachten: Gottes Liebe soll sichtbar werden
in deinem Herzen und in deinem ganzen Leben.
Weihnachten: nichts als Friede,
nichts als Güte und Liebe
allen Menschen auf der ganzen Welt!

WO GOTT WOHNT

Weihnachten ist der Durchbruch Gottes,
der Durchbruch der Liebe in dieser Welt,
die so dunkel und kalt ist, bis hin zu deinem Herzen.
Das ist etwas Gewaltiges.

In diesen Weihnachtstagen kann jeder
Güte und Liebe aufnehmen. Auch du.
Auch wenn du noch so arm bist, leer und kalt.
So war doch auch die Krippe.
Sie hatte nur einen Vorteil: sie war offen.
Das ist aber auch alles, was von dir verlangt wird
in diesen Weihnachtstagen: offen sein!

Jede Verschlossenheit ist eine Form von Haß,
eine Form davon, daß einer nicht annehmen will.
Gott kommt nicht im Haß, nicht im Laster,
nicht in Zank und Streit, nicht in Nörgelei,
nicht in Neid und Verbitterung.

Gott wohnt einzig und allein
in der Güte von Mensch zu Mensch,
in der Vergebung, in der Versöhnung,
im Verständnis füreinander,
in Freundlichkeit und Nachsicht.
Gott ist Liebe. Gott wohnt – in dir?

GOTT LÄSST SICH ERKENNEN

Weihnachten. Gott ist sichtbar geworden auf Erden
in jeder Freundlichkeit und Liebe unter den Menschen.
Aber viele machen sich keine Gedanken über Gott,
und nicht selten wird heute Gott für tot erklärt.
Es ist ein Klima entstanden, in der für die Frage nach Gott
kein Bedarf besteht. Gott ist nicht im Angebot.

Gott ist tot für jene, die nicht bereit
oder nicht imstande sind, ihn zu lieben.
Für jene, die nur sich selbst lieben können,
ihren eigenen Verstand, ihre eigene Meinung,
ihren eigenen Besitz, ihr eigenes Ich.
Gott ist nicht tot. Er lebt, aber er ist
nicht leicht zu erkennen und vertraut sich
nur denen an, die ihn lieben wollen.
Er ist kein Gott der Philosophen und Gelehrten,
die jedes Jahrhundert ihre Meinung über ihn ändern.
Gott läßt sich erkennen: Die Einfachen, Kleinen,
Armen, die Sünder können ihm begegnen,
alle, die von ihrem hohen Roß heruntersteigen
und die Maske des Hochmuts absetzen wollen.

Darum, lieber Mensch, lege allen Ballast
der Überheblichkeit und Selbstgerechtigkeit ab.
Öffne dein Herz und deine Arme –
mögen die auch hart sein wie die Krippe,
wenn sie nur offen sind – und tritt ein
in das Geheimnis der Liebe von Weihnachten.

26. DEZEMBER

HOCHSAISON FÜR NEUE CHANCEN

War das letzte Jahr für dich ein gutes Jahr?
Bist du mehr Mensch geworden, ein besserer Mensch?
Du hast doch 365 Tage Zeit dazu gehabt!
Schau mal zurück, was hast du dazu getan?
Hast du Sonne und Freude gebracht
oder Trauer und Schmerz?
Hast du dich um andere gekümmert
oder ihr Glück zerbrochen?

Dein Leben vom letzten Jahr liegt jetzt unerschütterlich da,
ein Dokument für die Ewigkeit, und es beginnt
ein neues Jahr, eine neue Chance.
365 Tage, um gut, freundlich und hilfsbereit zu sein.
365 Tage, um zu lieben, um Glück zu säen für andere.

Zu Neujahr werden Glückwünsche hin und her geschickt.
Könnte man die Gedanken vieler Menschen
mit Extra-Strahlen durchleuchten,
käme man wahrscheinlich zu dem Ergebnis:
»Neujahr – Hochsaison für viel Verstellung!«
Nur die Liebe kann in diesen Tagen alles echt und neu machen.

Verkriech dich also nicht in deine eigenen kleinen,
alltäglichen, selbstsüchtigen Interessen.
Mach das neue Jahr zu einem Jahr voller Chancen,
voller Glück für alle deine Mitmenschen und wünsche ihnen:
Ein glückseliges neues Jahr!

27. DEZEMBER

NACHDENKEN AM JAHRESENDE

Ein Jahr geht zu Ende.
Was ist dir von ihm geblieben?
Vielleicht Enttäuschungen und Mißerfolge,
ein Haufen Ärger und graue Haare.
Vielleicht ein leiser Schmerz im Herzen,
weil alles so schnell gegangen ist?
Weil das Glück, das du gefunden hast,
so kurz und so brüchig war?
Weil dir keiner helfen konnte,
die guten Tage zu verlängern
und die schlechten zu verkürzen?

Bist du müde? Fühlst du
vielleicht zum ersten Mal,
daß jedes Jahr von deinem Leben
ein Stück abschneidet?
Denk mal ruhig darüber nach.
Es kann ja nicht schaden,
wenn du ein paar Illusionen los wirst.
Aber es wäre eine Katastrophe,
solltest du den Mut verloren haben
und den Glauben an das kommende Jahr.

Suche weiter nach Frieden.
Suche nach unbelasteter Verbindung zu Gott.
Er kann dir die leeren Hände und das leere Herz
mit Güte und Liebe füllen.

MEINE OASE

Ich weiß, daß in der Oase alles am Wasser liegt
und daß eine Wüste nur blühen und fruchtbar sein kann,
wenn Wasser da ist. Ohne Wasser verdorrt alles, stirbt alles.
Wenn du in der Wüste irgendwo Wasser findest,
mußt du ihm nachgehen, um die Quelle zu finden, die Oase.

Ich weiß, daß die Oase des Menschen in der Liebe liegt
und daß die Liebe der Ursprung ist von allen Oasen
unter den Menschen, und ich glaube, daß Gott »Liebe« ist.

Wasser ist Leben. Liebe ist lebendiges Wasser.
Wenn du in der Wüste des Lebens irgendwo Liebe findest,
wahre Liebe, dann geh mit der Liebe mit,
und du kommst zum Quell aller Liebe, zu Gott,
der großen Oase für Zeit und Ewigkeit.

Gott ist meine Oase. Er ruft mich aus der Wüste heraus
und will mir zu kosten geben die Wunder in seinem Garten,
die Gaben seines Herzens, die Früchte seines Geistes.
Ich soll ein kleiner Wasserträger sein in einer großen Wüste.

Gott ist ein wahres Zuhause, wo ich Geborgenheit finde.
In Gott kannst du leben und dich bewegen.
In Gott kannst du wohnen. In ihm kannst du tief atmen.
Alles ist frisch, alles ist neu. Du kannst ein- und ausgehen
und Nahrung finden und lebendiges Wasser.
Du fühlst dich sicher. Du lebst nicht länger in der Leere.
Du hängst nicht verzweifelt über dem Abgrund des Nichts.

29. DEZEMBER

ATEMHOLEN

Was ist Beten?
Für mich ist Beten eine Frage von Liebe, Vertrauen
und Hingabe, eine glaubende, beinahe blinde Hingabe an Gott,
das unergründliche Wesen, in dem ich mich geborgen weiß.
Ich fühle mich eingeholt vom magnetischen Feld eines unendlich
lieben Gottes, der mich immer weiter an sich zieht.
So ist Beten etwas Selbstverständliches,
etwas ganz Natürliches, eine Art Atemholen.
Beten beginnt ganz tief im Menschen.
Und darum denke ich, daß Beten etwas ganz Persönliches ist,
so verschieden, wie Menschen verschieden sind.

Was ist Beten?
Mit deinem ganzen Wesen antworten
auf das unergründliche Geheimnis einer Liebe,
die nicht vergeht, die zu dir spricht in der ganzen Welt
und durch alle Wunder um dich her.
Sich ansprechen lassen und Antwort geben,
danken, sich freuen, fragen klagen, schreien,
schweigen, mitgehen, ja sagen mit Worten, Zeichen,
Taten und mit deinem ganzen Leben.
Beten ist nicht fern vom Leben.
Beten ist die grundlegende Tat deines Menschseins.
Wer betet, kann leben, auch in dieser Zeit.

Ein Vogel ist ein Vogel, wenn er fliegt.
Eine Blume ist eine Blume, wenn sie blüht.
Ein Mensch ist ein Mensch, wenn er betet.

MEIN GEBET

Wenn ich müde bin vom Weg zu den Sternen,
um den Menschen in der Nacht ein bißchen Licht zu holen,
dann setze ich mich in die Stille und finde dich, mein Gott!
Dann lausche ich der Quelle, und ich höre dich.
Ganz tief in mir selbst und in allem, was um mich ist,
spüre ich ein großes Geheimnis.

Gott, für mich bist du ganz nah, für mich bist du da,
spürbar, greifbar gegenwärtig.
Gegenwärtig bist du in mir, mehr als die Luft
in meinen Lungen, mehr als das Blut in meinen Adern.

Gott, ich glaube an dich.
So wie der Blinde an die Sonne glaubt,
nicht weil er sie sieht, sondern weil er sie spürt.
Lieber Gott, in Jesus hast du mich spüren lassen,
wieviel du von mir hältst. Wie sehr du mich liebst!
Deine Liebe zu mir hast du in die ganze Natur gelegt
und in die Menschen, die um mich sind.
Du bist ein Gott der Liebe.

Mit tausend Händen streichelst du mich.
Mit tausend Lippen küßt du mich.
Mit tausend Früchten speist du mich.
Alles hast du mir gegeben,
alles, was ich habe, und alles, was ich bin.
Auf tausend Flügeln trägst du mich.
Bei dir bin ich zu Hause wie ein Kind.

PHIL BOSMANS ODER DAS JA ZUM MENSCHEN

Von Ulrich Schütz

Es gibt ihn noch, den Bucherfolg, den keiner prophezeite, den keine Pressekampagne herbeiredete und keine Marketingstrategie vorprogrammierte, der auch heute noch für den flämischen Autor Phil Bosmans »een mysterie«, ein geheimnisvolles Rätsel ist. 1972 erschien die niederländische Originalausgabe seines bekanntesten Buches »Vergiß die Freude nicht«. Es war eigentlich gar kein »richtiges« Buch, denn das überhohe Format paßte in kein Bücherregal; der Autor hatte hartnäckig darauf bestanden, es sollte in die Hände lebendiger Menschen, nicht in ein staubiges Regal. Nach fünfundzwanzig Jahren waren allein von der niederländischen Ausgabe rund 750 000 Exemplare verbreitet, von der deutschen, einige Jahre später erschienenen Ausgabe über eine Million. Bosmans-Bücher sind zu einem weltweiten Phänomen geworden: zwei Millionen Exemplare in niederländischer Sprache, drei Millionen in deutscher Sprache, Übersetzungen in 24 Sprachen, geschätzte Gesamtauflage neun Millionen Exemplare. Was sind die Gründe, daß Menschen über alle Verschiedenheiten von Sprache, Kultur und Lebensverhältnissen hinweg von diesen Büchern so intensiv angesprochen werden?

»Ich bin kein Theoretiker. Die Universität, an der ich gelernt habe, ist der lebendige Mensch«

Der erste wesentliche Grund ist die Verwurzelung der Bosmans-Bücher im Leben, im Leben der Menschen und im Leben des Autors. Diese Bücher sind alles andere als Kopfgeburten. Hier geht es nicht um intellektuelle Spekulationen, die für einige hochinteressant und für die meisten sterbenslangweilig sind. Aber auch nicht um gefühlvolle, schwammige Anbiederungen an vernachlässigte, in der modernen Leistungsgesellschaft verkümmerte Seelenbedürfnisse. Sosehr Phil Bosmans auf Menschen zugeht, die –

auf welche Weise auch immer – unglücklich sind, die Psychoszene ist seine Welt nicht. Und er erhebt keine literarischen Ansprüche, auch wenn seine Texte, die immer kurz sind und die er gern in Sinnzeilen gliedert, gelegentlich als »Gedichte« apostrophiert werden.

Nein, er ist weder Intellektueller noch Psychoguru, weder Literat noch Starautor. Er ist einfach Mensch unter Menschen, sein ganzes Leben hat es ihn zu Menschen hingezogen. Wenn er von seinen Büchern meint, sie seien im Grunde von den einfachen Menschen selbst geschrieben, die in der sogenannten Öffentlichkeit »ohne Namen« sind, dann ist das keine liebenswürdige Koketterie, sondern die Realität. Hinter jeder Zeile, die er geschrieben hat, stehen lebendige Menschen, Erfahrungen mit ihrer Hilflosigkeit und Verzweiflung, mit ihrer Sehnsucht nach Glück und Geborgenheit, steht das Leben von Phil Bosmans.

»Es gibt viele Wege zu Gott,
so viele Wege, wie es Menschen gibt«

»Ich hatte Glück«, so bekennt er in seinem persönlichsten Buch (»Gott nicht zu glauben«, seit 1997 unter dem Titel: »Vergiß die Liebe nicht«) und singt ein Loblied auf seine Eltern, die arme Bauern, aber trotz vieler Sorgen glücklich waren, und auf sein Heimatdorf Gruitrode in der ostbelgischen Provinz Limburg, wo er am 1. Juli 1922 geboren wurde. Später zog die Familie in die nahe Stadt Genk, wo Vater und Brüder Arbeit und Brot im Steinkohlebergbau fanden. Eine Tante ermöglichte dem begabten Jungen den Besuch einer Ordensschule in Rotselaar. Bei den Patres, den Montfortanern – ihr Gründer ist Anfang des 18. Jahrhunderts der bretonische Wanderprediger und Volksmissionar Grignion de Montfort –, trat er dann 1941 selbst ein und wurde 1948 Priester aus Berufung und innerster Überzeugung, an der sich in den folgenden fünfzig Jahren nichts geändert hat.

Prägend für den jungen Pater wurden die ersten Arbeitseinsätze in völlig entchristlichten Milieus in Nordfrankreich, in denen traditionelle Formen von Seelsorge wie Ruinen aus grauer Vorzeit wirkten. Es zog ihn zu den Arbeiterpriestern. Indem er die Lebensbedingungen von Menschen außerhalb der wohlsituierten Gesellschaft teilte, das Leben der Bergarbeiter in ihren Baracken, unter ihnen russische Flüchtlinge, lernte er noch besser die Sprache der einfachen Leute kennen, ihre Gefühle, ihr Herz und das, was ihnen fehlt.

»Manche Dinge sehen aus wie Katastrophen und sind doch Gnaden«

Anfang der fünfziger Jahre wurde er in seiner geliebten Heimatprovinz Limburg bei dem kräftezehrenden Unternehmen eingesetzt, das damals »Volksmission« hieß: unzählige Begegnungen und Gespräche mit Menschen bei Hausbesuchen, Reden über den Lautsprecherwagen, Predigten und Prozessionen, Versammlungen und Gottesdienste, oft von frühmorgens bis spät in die Nacht, monatelang, ohne Ferien, ohne Rücksicht auf sich selbst, bis er im Sommer 1954 einen Totalzusammenbruch erlebte. Zwei Jahre lag er krank im Bett, von den Ärzten für das restliche Leben zum Wrack deklariert, aufgenommen »von dem gastfreundlichsten Pfarrhaus der Welt, wo zwei Engel mit unendlicher Geduld mich wieder zum Lachen brachten«. Über diese Zeit sagt er heute: »Ich hatte sehr viel Glück. Jetzt weiß ich: Manche Dinge sehen aus wie Katastrophen und sind doch Gnaden.«

Als er entgegen allen ärztlichen Prognosen wieder auf die Beine kam und nach drei Jahren wieder ans Arbeiten denken konnte, wurde ihm die Aufgabe angetragen, den »Bund ohne Namen«, den zwanzig Jahre zuvor ein damals sehr erfolgreicher Radioprediger in den Niederlanden gegründet hatte – eine freie Sympathiebewegung nach dem Motto »Verbessere die Welt! Fang bei dir selbst an!« –, nun auch in Belgien zu betreiben. 1959 begann er damit von Antwerpen aus. Der »Bund ohne Namen« sollte seine Lebensaufgabe und sein Lebenswerk werden. Alles, was er schrieb und veröffentlichte, steht irgendwie in Verbindung mit dem »Bund ohne Namen«, der sich an alle Menschen »mit Herz« wendet, an Menschen, »die ein Herz unter ihrer Jacke haben«. Ohne diesen Zusammenhang mit dem Leben zahlloser Menschen, mit ihren Alltagserfahrungen und ihren Extremsituationen, ohne den Mutterwitz der einfachen Menschen, ohne ihre Bereitschaft zu Freundschaft und Hilfe, ohne ihre Lebensweisheit gäbe es keine Bosmans-Bücher. Sie stiften so etwas wie Identität unter den Menschen guten Herzens, ein stillschweigendes Einverständnis, das mit der Überzeugungskraft des einleuchtend Guten auch über schwere menschliche Krisen hinweghelfen kann.

»Eine Blume braucht Sonne, um Blume zu werden.
Ein Mensch braucht Liebe, um Mensch zu werden«

Bosmans' »Bund ohne Namen« wurde nicht am Reißbrett entworfen, sondern entwickelte sich organisch aus den Zeichen der Zeit, aus den Anforderungen der Stunde. Als Ex-Gefangene auf der Straße standen, weil sie keine Arbeit fanden, gründete Bosmans für sie in Antwerpen das »Arbeitshaus MiN«, die erste Sozialeinrichtung dieser Art in Belgien, fünf Jahre später ein Frauenhaus. Er startete Initiativen für Strafgefangene, für Benachteiligte. Er setzte sich gegen erbitterten Widerstand der Behörden für Aufenthaltsgenehmigungen und Standplätze der Zigeuner ein. Er vermochte Mitarbeiter und Mitarbeiterinnen zu gewinnen und zu begeistern. Noch wichtiger und innere Voraussetzung für alle äußeren Aktivitäten zugunsten von Menschen in Not ist ihm die geistige Grundlage, die er »Kultur des Herzens« nennt. Unermüdlich verbreitet er die Botschaft des Herzens: in monatlichen Spruchkarten mit kurzem Kommentar, in Vorträgen, in Radiosendungen, in einer Art Telefondienst, der jede Woche neu »Vitamine fürs Herz« anbietet. So arbeitet er an einer Mentalitätsveränderung in der Öffentlichkeit und inspiriert gleichzeitig die große Familie des »Bund ohne Namen« mit ihren über dreihunderttausend Mitgliedern in Belgien, deren Spendenbereitschaft die angedeuteten sozialen Initiativen ermöglicht. Die Idee des »Bund ohne Namen« schlägt Wurzeln in anderen Ländern, vor allem in Spanien und Südamerika, seit 1988 auch in Deutschland.

»Nicht Besitz macht reich, sondern Freude.
Glück kann man nicht kaufen, Liebe gibt es nur umsonst«

Bücher sind für Bosmans niemals Selbstzweck gewesen. Wenn er aber Möglichkeiten sah, durch Publikationen die Botschaft von der »Kultur des Herzens« Menschen nahezubringen, dann hat er das Medium Buch keineswegs verschmäht. Was ist das Besondere an den Bosmans-Büchern? Das eine ist die hochgradige Anreicherung mit erlebtem, oft genug auch erlittenem Leben. Immer geht es um elementare Lebenserfahrungen, zu denen Phil Bosmans manchmal mit schockierender, meistens aber mit humorvoll gewinnender Unverblümtheit durch das tausendfältige Geflecht menschlicher Blindheiten und Selbsttäuschungen, Abwehrhaltungen und Distanzierungen hindurch vorstößt. Das andere ist seine unverwechselbare Sprache. Er wurde zu einem Meister des Slogans, der überraschenden Schlagzeile, der sprichwörtlichen Sentenz. Scheinbar mühelos gelingt es ihm, mit Worten zu spielen, mit bildhaften Ausdrücken unbewußte Sehnsüchte und Ängste anzusprechen, nachdrückliche Appelle zu lancieren. Seine Zielgruppe ist der einfache Mensch, der Mensch dort, wo er nicht mehr Professor oder Strafgefangener, nicht mehr der Wohlsituierte oder der Obdachlose, sondern wo er einfach Mensch ist. Auf ihn hat es Phil Bosmans abgesehen, auf das Herz dieses Menschen, der oft so unglücklich ist, dem Trost und Mut fehlen, der leidet und heilenden Anstoß braucht.

Es sind alles andere als »fromme Sprüche«, wenn man darunter ausgelaugte Worthülsen oder verschlissene Floskeln aus ferner Zeit versteht. Seine Texte sind immer kurz und bündig. Er argumentiert nicht mit komplizierten Gedanken, sondern mit einleuchtenden und zupackenden Bildern. Er bringt die Sache sozusagen in einem Satz auf den Punkt. Er kann wunderbar erzählen, in wenigen Worten eine anrührende Szene, eine zu Herzen gehende Parabel. Und er liebt die uralten und ewig jungen Symbolworte von der Nacht und dem Stern, von der Wüste und der Oase, von Sonne, Blume, Vogel, von Haus und Hafen und wie sie alle heißen. Da kann der Prediger, der auf seine Weise den Menschen ins Gewissen redet, zum heimlichen Poeten werden, der Tiefenschichten der menschlichen Seele zum Schwingen bringt.

»Schuld an der Zerstörung seiner Lebenswelt
ist der Mensch selbst,
sein vergifteter Geist, seine verwüstete Seele«

Phil Bosmans hat den Menschen etwas zu sagen, was für das Leben vielleicht das wichtigste ist und wovon heute, wie er sagt, in tausend Sprachen geschwiegen wird. In seinen Texten steckt eine ganze »Philosophie«. Im modernen Menschen gibt es einen unterentwickelten Bereich, in der »Stadt« des Menschen ein völlig verwahrlostes »Elendsviertel«, und das ist das menschliche Herz. Ihm geht es um eine neue Kultur des Herzens, wo man nicht länger an das Geld glaubt, an Macht und Besitz, sondern an das Licht, an Güte und Liebe. Diese einfache Grundmelodie entfaltet er in immer neuen Variationen. Der Mensch ist nicht zum Produzieren und Konsumieren da, sondern um Mensch zu sein, um glücklich zu sein, um andere glücklich zu machen. Seine »Philosophie« des Glücks: Glück ist wie ein Schatten, der der Liebe folgt, wie ein Echo, das dir antwortet, wenn du dich selbst gibst. Glück kann man nicht kaufen, Liebe gibt es nur umsonst. Phil Bosmans ist dabei keineswegs blauäugig und naiv, wofür ihn manche halten, die ihn nicht kennen. Er geht den dunklen Fragen des Lebens nicht aus dem Weg, noch überspringt er sie mit allzu voreiligen Antworten. Mit großem, geradezu kindlichem Staunen begegnet er den Wundern der Natur und sieht darin ein Geheimnis der Liebe am Werk, aber er verschließt auch nicht die Augen vor dem, was der Mensch daraus gemacht hat.

Und dann kann er auch von Gott sprechen – in der Sprache der Liebe: »Mit zärtlichen Händen streichelt er mich, wenn er im Abendwind kommt, das Korn in den Schlaf zu wiegen. Im Klopfen meines Herzens höre ich seine sanfte Stimme. In der Güte und Zuneigung von Menschen fühle ich seine Liebe zu mir. Gott ist verliebt, und alles ist Gabe. Jede Gabe ist ein Wort Gottes, mit dem er sagen will, wie gern er mich hat. Ich sage jeden Tag zu Gott: Du bist wunderbar. Je mehr ich das sage, desto mehr Wunder läßt er mich sehen.« Aus dieser Erfahrung schöpft er seine ansteckende Freude, die Kraft der Geborgenheit, der Zuwendung und des Vertrauens, durch die er unzählige Menschen getröstet und begeistert hat.

»In der finstersten Nacht sehen wir,
manchmal durch unsere Tränen hindurch,
die schönsten Sterne«

Seit 1957 lebt er in dem für heutige Wohnverhältnisse sehr bescheidenen kleinen Kloster der Montfortaner in der Nähe von Antwerpen. »Ich bin verliebt – in einfache Dinge.« Wer ihn hier erlebt, glaubt ihm diesen Spruch aufs Wort. Seine Autorenhonorare investiert er bei »MiN«. Das geheimnisvolle Kürzel, das über Wohnheimen und Werkstätten steht, heißt: »Menschen in Not«. Vor einigen Jahren hat er die Verantwortung für den belgischen »Bund ohne Namen« in andere, jüngere Hände gelegt. Dann kam es ganz anders, als er dachte, Ereignisse, die er so kommentierte: »Gott hat meinen Terminkalender durchgestrichen.« Die Pfarrhaushälterin und Krankenschwester, ohne deren Pflege er fast vierzig Jahre vorher als hoffnungsloser Fall wohl niemals gesund geworden wäre, erkrankte plötzlich selbst an einem Gehirntumor. Über ein halbes Jahr lang übernimmt er wie selbstverständlich die ungewohnte Aufgabe, sie zu Hause zu versorgen, und begleitet sie auf dem schweren Weg des langsamen Sterbens. Wenige Monate danach erleidet er selbst mitten in der Nacht einen Schlaganfall. Ein Vierteljahr ist er in der Klinik, es bleibt eine rechtsseitige Lähmung, die trotz aller Therapie und Willenskraft nur unwesentlich zurückgeht. »Ich hoffe, daß es noch etwas besser wird«, schreibt er seinen Freunden, »mit dem Rest versuche ich mich zu versöhnen. Wir brauchen vor der Nacht keine Angst zu haben, denn in der finstersten Nacht sehen wir, manchmal durch unsere Tränen hindurch, die schönsten Sterne.« Und dennoch, von Resignation keine Spur. Er lernt links schreiben, hält bald wieder Vorträge, kümmert sich um den deutschen »Bund ohne Namen«, tippt Briefe mit der linken Hand auf dem Computer, ja er lernt sogar wieder Autofahren in einem behindertengerechten Wagen.

»Wir müssen neue Wege gehen, den Weg des Saatkorns«

Das schreibt er 1979 in dem Buch, das die Kultur des Herzens am ausführlichsten darstellt (»Liebe wirkt täglich Wunder«). Das Los derer, die Leben geben, ist es, gerade daran zu sterben. So wie ein Getreidekorn, eine Saatkartoffel, ein Fruchtkern und ein jedes Samenkörnchen, aus dem neues Leben erwächst. »In der Zustimmung zu diesem Sterben liegt die allerreichste Frucht verborgen, die Frucht tiefer Freude am Leben.« Er zitiert nicht das biblische Bild vom Weizenkorn, das in die Erde fallen und sterben muß; ihm kommt das Wort Jesu: »Wer sein Leben um meinetwillen verliert, wird es finden«, nicht so leichthin über die Lippen. Es braucht keine verbalen Beteuerungen mehr, denn was die Bibel vom liebenden Gott sagt, ist in seine Sprache und in sein Leben eingegangen. Phil Bosmans ist ein großer Prediger, gerade weil niemand merkt, daß er predigt. Er ist Anwalt und Helfer der Menschen in Not, weil er sie besonders gern hat. Und er ist ein heimlicher Mystiker, der Gott im Schweigen – jenseits aller Worte und Gedanken, jenseits aller Gefühle und Vorstellungen – begegnet, der aber auch bekennen kann: »Ich habe Gott gesehen – in den Gesichtern der Menschen.«

Bücher von Phil Bosmans in deutscher Sprache

Aufgeführt in der Reihenfolge des Erscheinens (in Klammern Jahr des Ersterscheinens). Alle Bücher wurden von Ulrich Schütz ins Deutsche übertragen und erscheinen im Verlag Herder, Freiburg – Basel – Wien

Vergiß die Freude nicht (1976)
Blumen des Glücks mußt du selbst pflanzen (1978)
Liebe wirkt täglich Wunder (1980)
Ja zum Leben (1983)
Ich hab' dich gern (1985)
Worte zum Menschsein (1986)
Gott nicht zu glauben (1987, seit 1997 unter dem Titel: Vergiß die Liebe nicht)
In dir liegt das Glück (1990)
Nimm dir Zeit zum Glücklichsein (1991)
Zum Glück zu zweit (1994) (Fotos von H. Steigert)
Applaus für das Leben (1995) (Fotos von W. Richner)
Sonnenstrahlen der Freude (1996) (Fotos von F. Werner)
Sonnenstrahlen des Glücks (1996) (Fotos von W. Richner)
Sonnenstrahlen der Hoffnung (1996) (Fotos von W. Richner)
Sonnenstrahlen des Herzens (1996) (Fotos von F. Werner)
Sonnenstrahlen der Liebe (1997) (Fotos von F. Werner)
Sonnenstrahlen der Freundschaft (1997) (Fotos von F. Werner)
Mit allen guten Wünschen (1998) (Fotos von R. Höpker)
Fest der Freude (1998) (Fotos von K. Ender)
Sonne für das Leben (1999) (Fotos von F. Werner)
Leben jeden Tag. Ein Jahresbegleiter (1999)
Weihnachten mit Phil Bosmans. Texte für alle Tage der Advents- und Weihnachtszeit (1999) (Fotos von R. Höpker)

Die von Phil Bosmans gegründete Bewegung:
damit die Welt menschlicher und der Mensch glücklicher wird

Bund ohne Namen: die Bewegung für mehr Herz in dieser Welt. BoN wirkt wie ein Herzschrittmacher: Er mobilisiert den Herzschlag der Liebe. Alle sechs bis acht Wochen werden an Interessenten Impulskarten verschickt. Attraktiv gestaltet, bringen sie in immer neuen Spruchtexten die Botschaft von der Kultur der Liebe zur Sprache.

Bund ohne Namen wendet sich an alle Menschen guten Herzens. Er hat seine Wurzeln in der Botschaft des Evangeliums, die Kultur der Liebe ist ja der Kern des Christentums. Aber er vereint Menschen über politische, soziale, weltanschauliche, religiöse Grenzen hinweg und ist offen für alle Menschen, die ein Herz unter ihrer Jacke haben.

Bund ohne Namen unterstützt mit Hilfe von Spenden Initiativen für Menschen in Not. Neben kleineren Aktionen mitmenschlicher Hilfe gibt es größere BoN-Hilfsprojekte. Hierüber berichtet regelmäßig ein BoN-Informationsblatt (K 13).

Bund ohne Namen ist ein eingetragener, als gemeinnützig anerkannter Verein. Aber es gibt (außer für einige verantwortliche Mitglieder) keine Verpflichtungen wie sonst in einem Verein.

Wer zu BoN gehört, bleibt ganz frei. BoN wird finanziert durch Spenden, Verkaufserlöse und ehrenamtliche Mitarbeit.

Spenden für BoN sind steuerbegünstigt.